■ 普通高等学校政治学与行政学系列教材

A History of Chinese Political Thought (1840-1949)

中国政治思想史

（近现代部分）

◎ 张星久 编著

WUHAN UNIVERSITY PRESS
武汉大学出版社

图书在版编目(CIP)数据

中国政治思想史.近现代部分/张星久编著 .—武汉:武汉大学出版社,2011.1(2021.4 重印)
普通高等学校政治学与行政学系列教材
ISBN 978-7-307-07779-9

Ⅰ.中… Ⅱ.张… Ⅲ.①政治思想史—中国—近代—高等学校—教材 ②政治思想史—中国—现代—高等学校—教材 Ⅳ.D092

中国版本图书馆 CIP 数据核字(2010)第 089422 号

责任编辑:王雅红　　责任校对:王　建　　版式设计:马　佳

出版发行:**武汉大学出版社**　(430072　武昌　珞珈山)
(电子邮箱:cbs22@ whu.edu.cn 网址:www.wdp.whu.edu.cn)
印刷:湖北金海印务有限公司
开本:720×1000　1/16　印张:15.5　字数:275 千字　插页:1
版次:2011 年 1 月第 1 版　2021 年 4 月第 3 次印刷
ISBN 978-7-307-07779-9/D · 1003　定价:28.00 元

目 录

总　论

按照体例安排，这本《中国政治思想史》(近现代部分）主要讲授1840—1949年中国政治思想的基本演变脉络和主要思潮，属于中国政治思想史的"近现代"部分。

考察分析中国近现代政治思想的演进情况，首先不能不引起我们思考的是：这些思想是发生在一种什么样的历史舞台上的？其内部和外部条件是什么？

"总论"部分将主要说明：应从外部和内部两个方面把握中国近现代政治思想的发生背景。从内部看，它是发生在中国这样一个有着漫长的相对独立发展历史的文明古国，其固有的思想传统中既有拒斥外来文化的成分，也存在着激发思想变革的内在动力；从外部看，它是在资本主义主宰的世界秩序已经形成的条件下，是在西方的冲击下，同时又是在"西方精神分裂"的冲击下揭幕的！另外，还将对于这个时期政治思想的主要特点、大致演进过程作一个概括与说明，以方便读者从总体上把握这一段政治思想发展变迁的轨迹，以及主要内容的展开。

第一节　传统思想的危机与中国政治思想的转型

一、国际背景：西方的扩张与"西方的分裂"

(一）全球性的资本主义扩张

历史进入到19世纪上半阶段，即中英的鸦片战争前夜，当中国还处在闭关锁国的清王朝专制统治之下的时候，西方国家不仅早已完成了工业革命，并且其占领海外的原料市场与商品市场、对外强占和瓜分殖民地的狂潮也已接近尾声。截至19世纪中叶，除了古老的中国之外，世界大部分地区已经被主要资本主义国家瓜分完毕。正如《共产党宣言》所说，资本主义正迫使一切民族采用它的生产方式，资产阶级正在“按照自己的面貌为自己创造出一个世界”。这就是说，当时的中国正处在资本主义征服世界、改造世界的历史浪潮的包抄与冲击之下。

如何看待和评价资本主义列强向落后国家和地区的扩张？马克思在《不列颠在印度的统治》中的精辟阐述可以给我们很大的启示。他谈到英国对印度的侵略时说，从“人的感情来看”，亲眼看到无数宗法制的和平的社会组织崩溃瓦解，亲眼看到它的成员“既丧失自己的古老形式的文明又丧失祖传的谋生手段，是会感到难过的；但是我们不应该忘记，这些田园风格的农村公社不管看起来怎样祥和和无害，却始终是东方专制制度的牢固基础，它使人类的头脑局限在极小的范围内，成为迷信的驯服工具，成为传统规则的奴隶，表现不出任何伟大的作为和历史首创精神”；又说，虽然英国在印度“造成的社会革命完全是被极卑鄙的利益所驱使”，但是问题在于，“如果亚洲的社会状态没有一个根本的革命，人类能不能实现自己的命运？如果不能，那么英国不管干出了多么大的罪行，它在造成这个革命时毕竟充当了历史的不自觉的工具。这么说无论古老世界崩溃的情景对我们个人的感情是怎样地难受，但是从历史的观点来看，我们有权同康德一起高唱：‘既然痛苦是快乐所源泉，那么又何必因痛苦而伤心……’”① 毛泽东也在《中国革命和中国共产党》这篇著名的文章中指出，帝国主义对中国的侵略，“一方面促使中国封建社会解体，促使中国发生了资本主义因素，把一个封建社会变成了一个半封建的社会；但是在另一方面，它们又残酷地统治了中国，把一个独立的中国变成了一个半殖民地和殖民地的中国”。所以，一方面必须承认，资本主义在世界范围内取代封建制度是具有历史的必然性的，是一种历史的进步；相对于中国的封建制度和封建文化来说，资本主义文化也无疑更具有进步性；但另一方面，资本主义文明又是伴随着西方帝国主义、殖民主义的侵略传入的，是伴随着洋枪洋炮的强烈刺激进入中国的。破坏封建结构的资本主义生产方式是和外国列强势力的入侵同时出现于中国近现代历史舞台，顽固的封建堡垒在遭到先进的资本主义洗礼时又伴随着洋枪洋炮的野蛮轰击。于是，落后的生产方式就很容易同民族主义甚至是“爱国主义”纠结在一起，先进的资本主义又往往总是和帝国主义侵略者的凶残形象分不开，先进与落后的斗争又与侵略与自卫的冲突相交织。这正如马克思在《鸦片贸易史》中所说，“陈腐世界的代表是激于道义原则，

① 《马克思恩格斯选集》第1卷，人民出版社1995年版，第765~766页。

而最现代社会的代表却是为了获得贱买贵卖的特权——这真是任何诗人想也不敢想的一种奇异的对联式的悲歌"①。这样对于当时的中国人来说，必然会面临到如何协调好感情与理智的关系，解决好对于帝国主义侵略者与封建势力的关系，以及对于固有传统与外来文明的关系问题。而破坏封建结构的先进的资本主义生产方式又是和帝国主义侵略者的凶残形象叠印在一起的，捍卫旧的封建制度的举动又容易和民族主义爱国主义相纠缠，与此同时是先进与落后、自卫与侵略的斗争，理智与情感的冲突交织错杂在一起，必然会在中国的政治思想领域激起复杂的反应，形成不同的流派。

（二）"西方的分裂"对中国思想的冲击

另外还有一个值得注意的变化，这就是"西方的分裂"特别是"西方精神的分裂"问题。进入19世纪后，资本主义经历了早期发展的黄金时代，开始暴露出严重的社会矛盾。正如号称永不沉没的"泰坦尼克"号一样，启蒙时代是一个生气勃勃、活力焕发、令思想家们信心十足的年代，工业文明如初升的太阳，向人们展示了一派辉煌灿烂的前景，私有制及其所释放的能量似乎可以解决一切社会问题，到达理想的彼岸。西方甚至有人曾极其自信地宣称：历史已经终结！在思想界，天赋人权观念、契约论观念、对理性主义的崇尚成为压倒一切的思想主流。到了工业革命完成后，尤其是进入19世纪，资本主义这条航船却遇到了严重的问题，于是西方人的精神世界也产生危机，发生分裂。首先引人注目的是三大空想社会主义的出现，对资本主义私有制进行了尖锐激烈的批判，它们的矛头直指早期主流思想家视为天赋人权核心内容的财产私有制；在资产阶级主流思想内部，也开始转向消极保守，放弃从契约论、自然法的角度论证资产阶级国家的合法性，而代之以功利主义的方法加以论证。特别是19世纪中叶随着马克思主义的产生，科学社会主义以更加彻底、更加决绝有力的姿态对资本主义制度展开猛烈的抨击，成为对资本主义最具有挑战性、颠覆性的社会批判理论，不仅造成了资本主义精神世界的严重分裂和危机，而且影响所及，引发了波澜万状的工人运动。除了马克思主义之外，还出现了形形色色的社会主义。这样，19世纪末20世纪初似乎成了资本主义声名狼藉、人人喊打、社会主义大流行的时代。此外，在传统的资产阶级思想体系之外，还出现了国家主义、工团式的改良主义、文化有机体论、民粹主义，以及尼采的权力意志理论等。由于西方列强的入侵事实上已经造成中国和这些国

① 《马克思恩格斯选集》第1卷，人民出版社1995年版，第716页。

家之间的依附——主宰关系，所以这些形形色色的思想也必然会在中国引起错综复杂的反应，从而在中国近现代政治思想领域内引起激烈的冲突与分裂，甚至同一个人身上就存在着思想的分裂、自我“交战”的矛盾状况。

二、国内背景：思想变革的内在动力与障碍

理解中国近现代政治思想的演进与变迁，当然不能像过去某些西方汉学家那样，将其简单地归结为对“西方冲击”的一种被动的“反应”。毫无疑问，西方资本主义的世界性扩张是理解近现代中国政治社会变迁的不可或缺、极其重要的因素，但离开中国文化传统自身的因素，如传统中国思想内部的冲突斗争、传统中国人对于世界的解读、认知方式也无法理解：面对来自西方的“冲击”，中国会有这样的（而非别的）思想“反应”！

（一）对于外来挑战排斥或不适应因素

我们知道，今天人们所熟悉的西方民主自由科学等观念和制度，是西方内部各种因素综合作用下自然成长起来的（西方现代化是内生型的），比如它们有源远流长的希腊罗马民主法治传统，有自古就十分发达的商业贸易和市场经济，以及其政教分立、诸侯割据等多元化的政治格局，特别是有基督教教义对民主法律制度作神圣性论证。中国则相反，经济上一直是以小农经济为主体的农本经济，商品经济一直处于被抑制的状态；思想上和政治上都是高度大一统，不存在多元化的政治格局，而且有几千年的专制传统。在社会结构、政治制度、思想文化及其所反映的思维方式和价值观念等深层次方面，都对于西方输入的现代价值具有顽强的排斥因素。

正是在这种思想文化的基础上，形成了根深蒂固的专制主义思想以及相应的思维模式，如君权神授观，君权永恒观，强调君权至上、君主绝对的无限的权力和权威，主张君主乾纲独断，在政治价值观上就是一元论的价值观，臣民对君主的片面服从和义务；以伦理家族主义为本位的政治观，主张由“孝父”而推演出“忠君”的原则，将“治家”的原则误用于“治国”，往往将道德问题与政治问题混为一谈，把“善”的“应然的”问题和“真”的“实然”的问题等同，把方法之争视同为立场之争。在这种君权至上、伦理本位的思维方式主导下，中国人的政治思维就很难跳出专制主义的窠臼，就很难做到相对独立、客观超脱地讨论政治中的一般问题，发展出高深系统的政治哲学治国智慧，而侧重于统治的权术，轻视根本政治问题的讨论，即重“治术”而轻“治道”，采取政治上的实用主义，尤其是清朝以少数民族统治中国，专制主

义思想发展到登峰造极的地步，思想僵化尤为严重。

尤其值得注意的是，当进入19世纪、中国面临西方列强瓜分威胁的时候，大多数中国人的思想不仅仍然停留在以上的思想水平和思想方法上，而且对于外部世界、对于即将到来的强大对手完全懵懂无知。

在考察中国近现代政治思想史的背景时，必须承认一个基本的事实，即近代以前的中国历史一直是相对独立发展的。这里所谓的“相对独立发展”，是相对于十五六世纪世界范围内的海道大通、资本主义向全世界迅速扩展而使世界连成一个整体的划时代事件而言的。正是基于这一事实，马克思多次表达了这样一种思想：作为今天的整体的世界历史并不是从来就有的，“世界史是过去一直存在的，作为世界史的历史是一种结果”①，是随着生产的发展、民族之间的交往扩大而形成的，尤其是伴随着资本主义工业化大生产而形成的。他在《德意志意识形态》中说，正是资本主义的大工业“首次开创了世界历史。因为它使每个文明国家以及这些国家中的每一个人的需要的满足都依赖于整个世界，因为它消灭了以往自然形成的各国的闭关自守的状态”②。他在《共产党宣言》中也明确指出，在资本主义工业化大生产之前，各个民族之间是处于经济上“自给自足和闭关自守状态”的，资本主义生产打破了各民族的封闭隔绝，消除了民族的片面性与局限性，“按照自己的面貌为自己创造出一个世界”。③ 总之，在近代资本主义之前，世界各国各民族都是处在相对隔绝、相对独立的发展道路的。

中国的历史文化虽然也必然会和外部发生一定的交流，而不可能处于完全的独立状态，但从马克思的立场上看中国历史，其发展的相对独立性则是不争的事实。而且从历史实际来看，中国历史文化发展的独立性似乎更加突出。在中国历史上，虽然也曾发生过诸如佛教东来、基督教与犹太教传入的事件，虽然也曾在历史上掀起一定的文化交流冲撞的波澜，但是并没有从根本上动摇中国固有文化传统的本体地位，并没有使中国的主流思想发生被颠覆的危机，还不至于使中国人产生要不要传统的困惑。相反，外来的文化因素一经传入中国，便被中国文化所吸附、同化，如佛教、基督教就被中国化了。在欧洲历史上，曾经有过希腊文化与罗马文化、罗马文化与日耳曼文化之间的大规模冲撞

① 《马克思恩格斯选集》第2卷，人民出版社1995年版，第28页。
② 《马克思恩格斯选集》第1卷，人民出版社1995年版，第114页。
③ 《马克思恩格斯选集》第1卷，人民出版社1995年版，第276页。

与交汇。中国文化则一直没有遇到过外来异质文化的这种大规模的颠覆性的挑战，中国文化的本体地位一直没有动摇过。这种相对独立的发展道路，再加上近代以前的中国，在人类尚处在农耕文明的时代，确实在世界文明历史上独领风骚，可以说，它把前资本主义文明的优点作了最为充分、最为出色的展示，把传统农业社会的优越性表现得淋漓尽致，而处在中国周边的民族又都在文化上明显地处于落后状态，与中国文化适成鲜明对比。

正是在这种情况下，中国人一方面自古就有很强的文化自豪感，同时也不可避免地养成天朝大国意识和华夏文化的优越感。这种心态到了明代以后，尤其是在中国已经落后于西方的情况下，就会显得不合时宜，甚至有些愚昧荒唐：第一，华夏中心观念。中国自古就以华夏为中心，虚构了一个世界体系即所谓的天下。如朱熹说，中国居于天下之中，中国之外是夷狄，夷狄之外是禽兽，禽兽之外是草木，草木之外是金石；宋人石介也说："居天地之中者曰中国，居天地之偏者曰四夷，四夷外也，中国内也。"故中国人很难产生现代的世界观念，自然也没有现代的国家观，只有以中国为中心的天下观。这种天下观是不承认其他与中国一样的国家存在的，直到鸦片战争之前都是如此。第二，与这种天下观相联系的是华夏文化的一元论和至上论。中国人认为中国是天朝大国，其他国家和民族都是几近于禽兽，根本不承认其他民族存在的理由。其他民族的出路在于接受中国文化的礼仪教化，即被中国文化所同化。如孟子就说"吾闻用夏变夷，未闻变于夷者"。《国语·周语》也说，中原六国之争是兄弟之争，而中原与夷狄之争是内外之争，因为夷狄是"豺狼之德也"，"其血气不治，若禽兽也"。

在这种心态支配下，中国的君主自古就认为，他不仅是中国的最高统治者，而且也是普天下人民的最高主宰，其职责便是"协和万邦"，使"四夷宾服"。正因为如此，中国周边的少数民族一直对汉族政权处于朝贡的地位；直至近代以前，清王朝还把英国殖民者的对华贸易与扩张活动视为远方夷狄的"输诚向化"。如 1793 年英王遣特使马嘎尔尼向乾隆祝寿，乾隆就回信说："咨尔国王，远在重洋，倾心向化"，并拒绝英国通商的要求，说"天朝威德远被，万国来王，种种贵重之物，梯航毕集，无所不有，无需尔国制办物件"。①

总之，中国人就是这样抱着文化上的优越感和满足感，在对外部世界毫无了解、毫无应变准备的情况下，步入了近代社会，猝不及防地遭遇到了西方文

① 王先谦：《东华续录》卷四十七，上海古籍出版社 2007 年版。

化的巨大冲击和严峻挑战。这种背景预示着未来的中国人将会面临一场异常痛苦激烈的心灵搏斗，预示着中国的这段思想史将会是一段充满坎坷的心路历程！

（二）近代思想变革的内在动力和对外来思想挑战的适应因素

中国固有的思想传统中也存在着接受西方观念的一些有利因素或条件。如果西方的这些思想观念和中国固有的思想毫无沟通之处，如果双方完全找不到契合点，一部近现代政治思想史简直也无从说起，无法解释中国近现代西风东渐的事实。具体来说，中国的传统思想自古就不是铁板一块，并不只是腐朽、保守拒变和崇尚专制，其内部也存在着某种程度的不协调，儒家思想与专制主义的意识形态并不完全是一回事，特别是明清时期，传统思想的分裂趋势更为明显（尽管远不如西方思想分裂来得巨大和明显），中国近现代的思想革命既有对西方冲击的反应，也有其内在的动力。

首先，儒家思想本身就存在着一些否定专制、强调民本和个人独立的因素。

儒家思想与专制制度的关系非常微妙。儒家思想自命为绝对的真理系统，具有自己独特的道德理想与政治追求，被视为一种垂千古而不朽的“常道”，因而具有对现实政治的独立姿态与超越精神，如所谓“道以天子而明，及其衰而帝王之统绝，儒者犹守其道……是以儒者之统，孤行而无所待者也；天下自无统而儒者自有统”；但是儒家为实现自己的“大道”，又不能不借助于专制制度这个“器”，不能不以现实的君主专制作为行“道”的工具，由此就必然肯定现实的政治统治，与现实的君主采取合作的态度。这样就造成它外圆内方的双重性格：一方面是入世的，是肯定现实、依附于专制制度的；另一方面又是出世的，具有自己的理想和追求，强调“道”尊于“势”，所谓“君天下者道也，非势也”①，“天地之间，至尊者道”（周敦颐语），从而总是站在自己的立场上批评现实的政治，企图用儒家的思想去规范和改造专制制度。具体表现为：

1. 民贵君轻的民本思想。儒家以人民利益的代言人的身份，强调“民本”，即百姓的福祉利益为国家政治的根本目的，这是儒家“道”的重要内容，也是儒家与现实政治权威根本分歧之所在。如《尚书》就有“天听自我

---

① 以上引文见王夫之《读通鉴论》卷十五，中华书局1996年版，第429～430、423页。

民听，天视自我民视”的话；《孟子》则直言“民为贵，君为轻，社稷次之”，“君之视民如草芥，则民之视君如寇仇”，主张独夫民贼“可革”、“可诛”，而不算犯上作乱；《吕氏春秋》也说“天下者非一人之天下，天下人之天下”。五代时期的冯道因不讲臣节、历事数姓而为后世诟病、鄙夷，而明代的李贽却一反当时社会的君主本位观念，对其大加赞赏，说冯道五十年间事四姓十二君，能使百姓“免锋镝之苦”，在“君不安养其民”的情况下，“臣独为之安养”，使人民少受战乱之苦，这就是“尽臣责”①。李贽显然也是从“民本”的立场出发，以普通老百姓的利益为取向的。

2. 反专制思想。如王夫之在《读通鉴论》卷十一写道：“天下者非一姓之私……苟易姓无原野流血之惨，则轻授他人而民不病。”他是说国家不是一姓的私产，如果不需要流血就改朝换代，对百姓也不是坏事；唐甄的《潜书·下篇》则说“自秦以来，凡为帝王者皆为贼”；黄宗羲在《明夷待访录》中的《原君》篇也说：“古者以天下为主，君为客；尽也以君为主，天下为客”，故“古者天下之人爱戴其君比之父母，今也天下之人怨恶其君，视之如寇仇，名之为独夫”。清代更有人这样挑战君主的权威，说：“皇帝合该是吾学中儒者做，不该把世路上英雄做。周末局变，在位多不知学，尽是世路中英雄，甚者老奸巨猾，即谚所谓‘光棍’也。若论正位，春秋时皇帝该孔子做，战国时皇帝该孟子做，秦以后皇帝该程、朱做，明末皇帝该吕子（笔者按：即吕留良）做，今都被豪强占据去了。吾儒最会做皇帝，世路上英雄他哪晓得做甚皇帝？”②

3. 强调人格独立和思想自由。孔子主张“乱邦不入”，道不行就浮海而去，显示其对于政权的独立姿态，主张对于不符合理想标准的统治者保留不合作的自由；韩愈写了《伯夷颂》，对不食周粟的伯夷大加称赞；朱熹提倡独立思考精神，说即使“言出于孔子，亦须明白讨个是非”；王夫之也表示，不能无条件地效忠于君，而是要“择君而后仕，仕而君不可仕则去之。君子之守固然也”；王阳明则说“夫学贵得之心。求之于心而非也，虽其言之出于孔子，不敢以为是也”；“夫道，天下之公道也；学，天下之公学也。非朱子可得而私也，非孔子所得而私也”。黄宗羲更是大胆地把怀疑的对象指向专制君

① 李贽：《藏书》卷六十。

② 清雍正编：《大义觉迷录卷》卷二。

主，说“天子所是未必是，天子所非未必非”①。这种怀疑主义思想，一定程度上开了“五四”思想解放思潮的滥觞。

其次，中国传统思想中的进化、“变易”与“革命”观念也对近现代思想的变革产生重要影响。

一般人都知道孔子“言必称周公”，似乎儒家真是复古主义。其实儒家思想中含有丰富的进化因素，孔子谈到夏、商、周三代礼制沿革时认为，商代比夏代的礼仪有所损益修正，周又比商代有所损益修正，所以礼仪比前代有所进步。儒家推崇三代盛世，其实并非确信真有其事，而是用来寄托自己的政治理想，用牟宗三先生在《政道与治道》中所说的话就是：“将政治形态之高远理想置于历史的开端，将有待于历史之发展努力以实现之者置于历史开端。”因为在孔子看来，春秋末期礼崩乐坏，社会混乱，缺乏起码的社会秩序，政治腐败，老百姓的生活极为困苦，不如西周那样兴盛，这其实是不满一个王朝后期（春秋属于周朝的没落时期）的衰弱，憧憬向往王朝前期的那种兴盛时光，对于人类进步报有强烈的希望，不能说就是复古倒退。此外，韩非子、王充、柳宗元等都曾从不同的角度，系统论述过历史发展进步的观念。这种对于社会进步的渴望，以及对于美好政治秩序的憧憬，恰恰构成了中国近现代政治思想变革的主要条件和动力。后来康有为的进化论就是在此基础上提出的。

中国自古又有“变易”、“革命”的思想，它们也为近现代中国人接受西方新思潮提供了心理准备和“支援意识”。所谓“变动不居”，“革故鼎新”，“穷变通久”，所谓“穷则变，变则通”，这些都是早已为人们熟知的语言。《易经》中十分重要的内容就是讲“变易”。值得提出的是，在儒家的天命观里也包含着“革命”的思想。按照儒家的说法，君主是受天命来掌握国家统治权、代表天为百姓谋福利的，即所谓“敬天保民”、“替天行道”。然而皇天无语，天意最终要以民意为归依，所谓“天听自我民听，天视自民视”，所以，原则上君主要对天负责，受天的监督，而在实际生活中，就是要看其是否能够“保民”。如果君主失德无道，上天就会降下灾异以示谴告，反复谴告而不听，上天就会收回成命，“更命有德”，另外选择“有德”之人担任君主之职，故《易·革》称“汤武革命，顺乎天，应乎人”。所以，中国传统中的“天命”与“革命”思想是一致的，都是以民心、民意和百姓福祉为现实内容，以是否“为民”作为最高政治原则的，从而也蕴含着肯定反抗暴政的

① 见王夫之《读通鉴论》卷十九，中华书局1996年版，第568页；王阳明《传习录》卷中《答罗整庵少宰书》；《明夷待访录·学校》。

“革命”合法性的内涵，这就意味着一旦进入近现代社会，一旦遇到新的危机新的挑战，中国人就比较能够“顺理成章”地从这些“变易”、“革命”思想出发，寻求思想方面和社会、政治方面的变革与调整之道。因此，中国近现代政治思想史上发生的重大变革与转型，既是外部环境变化带来的巨大挑战所致，同时在一定意义上也是中国思想传统的“内在逻辑”的展开。

此外，中国古代文化与学术传统（特别是儒家传统）中“经世致用”的知识论，对近代以来的政治思想变革也产生很大的影响。从儒家思想的立场看，治学、求知、掌握世间的“道”，都是为了解决人生的实际问题，所谓“道不远人”，真正的理论和学问是能够“经世致用”而不会脱离人的生活的。所以，一个人做学问应该“不语怪、力、乱、神”，而应该和做人、做事密切结合在一起，应该循着“修身、齐家、治国、平天下”的方向去设计治学和做人的道路，也就是所谓“内圣外王”之道。为此就应该积极入世，以天下为己任，以实践儒家的“大道”为己任，做到“国事、家事天下事，事事关心”。虽然中国思想史上各家对于“经世致用”的具体理解可能有所不同，虽然传统意义上的“经世致用”思想在近代语境下已经发生了某些变化，但是思想史上中国强烈的现实关怀和“经世致用”的治学态度，正是龚自珍提出社会批判思想和改革思想的重要前提，也对康有为、梁启超等近代无数仁人志士产生了重要的影响。

总之，正是以上因素，才使得近代以来的中国人具备了接受西方思想的思想和心理基础，不然就无法理解：为什么中国最早一批主张向西方学习的人，他们首先接受的是传统的国学教育，却为何能够接受西学？康有为就是在儒家的仁学的基础上推演出大同世界观，然后接着从这个大同世界观下顺理成章地将西学纳于其思想体系，进而实行托古改制的；即使是胡适，也是在传统思想（如老子的为无、不争，儒家的独立思考和怀疑主义精神等）的基础上接受西方观念；梁启超则是从明清思想家批判专制制度的思想中获取了精神资源。值得提及的是，早期西方汉学家在看待中国近代以来的思想变革的问题上，一般都站在西方中心的立场上，从“西方的冲击”这个单一角度加以解释，如列文森（又译李文森）那本在国内颇有影响的《梁启超与近代中国思想》就是如此。后来美国学者史华兹写了《寻求富强：严复与西方》一书，批评了这种基于西方中心的立场，提醒人们应当注意中国传统思想的复杂性。在这种背景下，一位华人学者张灏写了《梁启超与中国思想的过渡》一书，以梁启超为个案，具体地分析了传统思想对梁启超以及近代思想变革的影响，标志着这种“西方冲击论”的转变。

第二节　中国近现代政治思想的演变特点与基本线索

一、中国近现代政治思想的演变特点

（一）以关注民族危机为“基本焦虑”

从某种意义上说，一部中国近现代政治思想史就是一个国人对内外危机的心理反应过程。帝国主义的侵略和中国封建统治的相互作用，造成了近代中国严重的民族危机，中国近现代面临的最严峻的课题就是挽救中国文化与民族生存的危机，救亡图存，救国救民，建立一个富强独立的新中国。这一问题构成了近代以来思想界的“基本焦虑”，各派政治力量站在不同的立场做出了不同的回答。有的主张维持现状，保存封建帝国统治；有的主张在根本保存封建经济结构的基础上实行和平渐进的改良，这其中又有主张通过政治改良以图救国的，也有主张以复兴传统文化以谋救亡之道的；有的主张以资产阶级革命的方式，建立资产阶级民主共和国；而中国共产党则主张在实行彻底的社会革命的基础上，建立劳动人民当家作主的人民民主专政国家。由于危机迫在眉睫，任何人都无法回避民族问题，民族主义、爱国主义构成许多思想家的共同心理基础。在今天看来，这一方面是中国近代以来形成的中华民族的宝贵资源，特别是爱国主义，它是一种引人奋发向上、使人生命能够突破“有限”天地而不断升华的精神力量。在爱国主义的激励下，许多仁人志士成就了丰功伟业，成就了生命的辉煌与高贵。从世界范围看，爱国主义也是近代各种文学、艺术、科学发明的创造力的重要源泉。

但也要看到，民族主义是一把利弊互见的“双刃剑”，由于民族矛盾太尖锐，又不可避免地使思想家们在对待政治问题时容易情绪化、功利化，一切都得服从民族斗争的需要，很难区别和处理学术问题和政治问题，以至于在许多问题上来不及深入探讨。由于外来压力和挑战太大，被“包围”的危机感太重，造成一些学者所说的“突围”心切，这就非常容易产生两方面的偏差：要么是完全丧失自己的“心灵主权”，一味崇洋媚外，要求在文化上来个彻底大放血；要么是义和团式的盲目排外仇外，采取关门主义。特别值得指出的是，由于中国人自古把中国视为“天下之中”，将中华文化视为唯一的文化，而其他民族则是近于禽兽、最终都要“输诚向化”的夷狄，所以传统中国人认同的只是“文化中国”或作为中国文化载体的“天下”与王朝，而从来不

曾出现过严格意义上的民族主义，因为正像有的学者指出的那样，现代意义上的民族主义主要不是以宗教、文化或人种作为认同符号，而是忠诚于自己的民族国家，因而能够具有比较开放的性格，不一定排斥外来的文化。而中国近代崛起的民族主义意识，由于受到中国古代“王朝中国”和“文化中国”的历史传统影响，仍然带有强烈的种族和文化的认同感，尤其在遇到外来侵略和压迫时，就容易产生“排外”、“封闭”倾向。一旦民族主义成为各家各派都要利用的思想武器和意识形态符号时，“其实际内涵越来越空，那种种族的、文化的排他性却愈来愈强化了”，从而在强大的亡国灭种压力下，最具有民族意识而不一定具有现代意识的人往往最容易成为主导潮流的政治领袖。① 蒋介石利用孙中山的“反帝”主张和民族建国思想，在“训政”的口号下公开要做人民的“保姆”和“导师”，在抗战时期要求人民对他“绝对服从”，就是明显的一例。今天在发扬健康的民族意识和爱国主义的同时，也要高度警惕民族主义对政治现代化可能带来的负面效应。

（二）从传统向现代：过渡型政治思想

由于整个中国社会都处在从传统到现代的转型时期，这就决定了这个时期的政治思想也不能不带有过渡性的特点，它主要表现为：一方面，中国几千年来对于政治的基本看法发生了革命性的转变，传统政治思想体系逐步走向瓦解，现代政治思想、政治文化逐步占据主导地位；另一方面，过渡期的政治思想和政治文化又处在新与旧、传统与现代政治思想明显重叠与交错阶段，现代政治思想、政治文化虽然表现出强劲的发展趋势，但仍处在确立其支配地位的过程中，而传统政治思想、政治文化虽然节节后退，却并没有最后退出历史舞台。

在近代以前的几千年专制政治时代，虽然也存在着一些“民本”思想以及抗议“不道君主”的言论，虽然儒家思想甚至和专制政治之间存在着深刻的紧张和摩擦，但这些思想和言论始终没有跳出专制主义的窠臼，始终没有上升到对于整个专制制度的批判、反省。而在专制时代的各个王朝，论证君主专制政体的正当性或合法性，维护君主及其统治集团的利益，就始终成为当时政治思想中的核心价值目标和中心内容，任何怀疑、挑战这一制度的思想都是“大逆不道”的、不可想象的。可以说，既存的君主专制政体、专制政治构成了传统中国人政治想象力方面无法逾越的边界。一旦进入近代之后，各种新思

① 参见许纪霖《中国现代化的历史反思》，收入《许纪霖自选集》，广西师范大学出版社 1999 年版，第 14~16 页。

潮蜂拥而来，从鸦片战争到1911年这短短半个多世纪里，中国人过去闻所未闻的政治观念如“民主”、“共和”、“民权”、“自由”、“社会主义”等迅速风靡全国，形成中国政治思想领域内新的关键词，以及人们进行政治价值判断、政治思维的标准。尤其对于“民主”、“共和”这类观念，不管人们是否真心拥护，至少会高举这面大旗，而很少有人敢于公开反对。由此可见，以民主政治为基本诉求的现代政治思想确实已经成为中国近现代政治发展史上浩浩荡荡、不可抗拒的潮流。然而正因为变化得迅猛、快速，也就可能存在着浮光掠影、囫囵吞枣、消化不良的问题，因此，在上述思想变革的大趋势之外，又可以看到另外一种情形，这就是传统的政治观念、政治思维方式的延续与存在，它们以各种方式与现代政治观念、思维方式重叠共存，其突出的表现是：虽然一些政治思想家表面上接受了“民主”、“共和”等现代政治价值观，但是并不理解这些观念背后的理论预设，如知识论背景、人性假设等，甚至从传统的思维方式去理解这些现代政治观念，导致其结论、主张虽然是新的，但是其整个思维方式、知识背景还是传统的。再就是理论和实践的脱节，即虽然一些思想家和政治人物在理论上、理智上认同现代民主政治为核心的价值，但是进入实际政治过程后，又往往不自觉地实行起专制、人治的原则。这一切都似乎预示着，要想彻底清除传统的专制政治思想与文化的影响，完成向现代政治文明的转型，中国人还需要走过一段很长的历程。

（三）“不究虚理”的现实关怀与实践性格

考察中国的近现代政治思想演变过程，不难发现一个明显的特点：这个时期的思想家一般都同时又是政治家，他们一旦找到了一种自己认为能够救国济世的理论，就会立即付诸直接行动，而很少出现像西方那种“坐而论道”的单纯思想家。再就他们所思考的内容来看，一般也是围绕着“建立什么样的国家”、“中华民族向何处去”等迫切问题展开的。即使非常有体系的思想流派，也都是紧紧围绕现实政治问题提出的，涉及的都是比较具体的政治问题，因而具有强烈的现实性与实践性格。这一点和西方有很大不同。西方自古就具有较强的为学问而学问的理论思辨色彩，正如亚里士多德在其《形而上学》中所描述的古希腊人那样，他们“探索哲理只是为想脱出愚蠢，显然，他们为求知而从事学术，并无任何实用的目的”。

究其原因，首先，是由于中国近代以来的民族危机太严重，它的各种社会政治问题不是像西方那样是在现代化过程中顺次展开的，而是蜂拥而至、全面地“总爆发式”地到来，形成极其尖锐复杂、极其紧迫的局面，要求必须紧扣时代的“热点”和主题思考问题，容不得人们从容地进行纯粹的理论思辨和系统的学术构建。其次，这种注重研究实际问题、强调理论服务于现实的倾向也与中国文化中的务实性格有关。中国自古以来的学术风格就是讲究“经世致用”与“知行合一”，注重学问的实用性而“不究虚理”，所谓“六合之外，圣人存而不问”、“志尽于有生，语绝于无验”，以至于有人用“实用理性”来概括中国文化的特色。清代虽然大盛考据之学，但一则多数人“读书”还是为了做官，与战国时期的游士“干禄”没有什么区别；一则这些考据学家所考据的儒家经典本来就是一种“入世”之学，就是讨论经国济世问题的，只不过由于清廷对知识分子的种种防范和控制而不能直接问政而已。一进入近代以后，在内忧外患的刺激下，“经世致用”就不仅迅速表现为直接的论政，更转化为政治上的“直接行动”。这种思想风格与学术路径的好处是务实，尊重人类生活中的常识与基本经验，不好空发议论；缺点是很难对一些问题形成持续的、持之以恒的关注和探索，很难使一些现代观念融入心灵深层，产生根深蒂固的信仰，而是容易急功近利，外来的主义或思想往往被当成工具，拿来服务于非常具体的目标，一旦发现没有用，就立即轻易抛弃。关于这一点，陈寅恪先生就曾指出，中国古人“素擅长政治及实践伦理学。与罗马人最相似。其言道德，惟重实用，不究虚理。其长处短处均在此。长处即修齐治平之旨；短处即实事之利害得失，观察过明，而乏精深远大之思。故昔则士子以习八股，以得功名富贵。而学德之士，终属极少数。今则凡留学生，皆学工程实业，其希慕富贵，不肯用力学问之意则一。而不知实业以科学为本，不揣其本，而治其末，充其极，只成下等工匠”。他认为，一个国家的国民如果“专趋实用者，则乏远虑，利己营私，而难以团结、谋长久之公益”，因此要想救国经世，“尤以精神之学问（谓形而上之学）为根基”①。

正是在这种学术传统与现实危机的双重作用下，晚清以降的思想界有一个普遍的倾向，就是认为中国以往的学问多不切实际，只重“虚理”，造成中国的衰弱落后，因而转向讲求经世致用的“实学”而鄙弃“虚文”。且不说中国传统文化是否只重“虚理”，单是这种看似合理的“矫枉过正”就值得我们今天认真反思。从人类已有的思想历程与经验看，一种思想或学术路径究竟产生何种社会政治功能，除了看其是在什么样的社会政治环境下之外，还要看当时的文化与精神构成是什么样的。因此，评价一种思想、学术路径的好坏对错，也应该从当时的社会政治环境以及思想文化的实际构成出发，而不能离开特定

① 参见吴学昭《吴宓与陈寅恪》，清华大学出版社1992年版，第9~10页。

的环境和思想文化结构去孤立地、绝对地断定孰是孰非。这样，就很难说重“虚理”就是绝对地坏，而讲实学实用就是绝对地好。理想的知识结构、思想结构也应该是百花齐放、百家争鸣式的，是一种多层次、多取向、多个知识门类、多种学术风格并存的优良的生态系统，譬如既有人追求形而上的“精神学问”，又有人讲求实用性的学问；既有人研究科学，又有人钻研技术，才能满足人类多层次、多方面的需要。一个民族只重研究“虚文”固然不好，但如果走到只讲实用、一切都要以经济效益加以衡量的极端，也是非常危险的。这种从一种极端走向另一种极端的思路，始终假定存在着一种超越具体环境和思想结构之上的绝对正确东西，实际上是从一种片面走向另一种片面。

（四）内容的复杂性与快速多变性

内容丰富、复杂，而且快速多变，是中国近现代政治思想演变的另外一个突出特点。而思想的复杂与多变，又是和社会的复杂多变同步的。正如鲁迅曾经形容的那样，近代以来的中国社会简直是将几十个世纪的变化缩在了一起：“自油松片以至电灯，自独轮车以至飞机，自镖枪以至机关枪，自不许妄谈法理以至护法，自食肉寝皮的吃人主义以至人道主义，自迎尸拜蛇以至美育代宗教，都摩肩擦掌地存在。”在思想领域也是如此。在古今中外各种思想的影响下，思想界打破了儒家定于一尊的局面，形成了纷繁复杂的思想流派。各种政治思想的主要派别都在这时纷纷登场，上演了一幕幕现代政治思想的“博览会”。由于社会变化剧烈，演变迅速，不仅思想流派繁多，而且思想进程快速多变，许多思想都是来去匆匆。维新思想风靡了不久，就变得“保守过时”，新的东西很快就变成了旧的。有的思想如无政府主义、基尔特社会主义、国家主义等更是浮光掠影，昙花一现，刚刚传播不久便销声匿迹。思想史的进程也可以说是以扫描的速度，飞奔了欧洲几百年的历史。①

由于内容复杂多变，造成各种思潮之间的矛盾、冲突、融合关系也异常错综复杂，给我们今天带来了认识和评判方面的困难。首先，由于当时的社会政治思潮的快速变化，由“新”到“旧”的变化时间很短，这就要求我们在判断一种思潮是“保守”还是“先进”、是“革新”还是“守旧”时，必须格外谨慎。其次，虽然各政治思想流派、各派思想家的“基本焦虑”或思想出发点，都集中在如何处理现代与传统、“反帝、反封建”与学习西方先进文化之间的关系问题上，但是他们的具体主张却各不相同，甚至势同水火。比如，

① 参见李华兴《中国近代思想史》，浙江人民出版社 1988 年版，第 7~19 页。

由于西方文明是伴随着帝国主义侵略传入的，因循守旧、闭关自守的“国粹”思想常常因为其极端的排外而被视为“清流”或“爱国”，获得人们道义上的同情；而勇于学习西方先进文化、立志改革的人往往很难摆脱“崇洋媚外”的道义谴责。即使是在同一个人身上，也会一方面在情感上依恋自己的文化传统、渴望民族的自尊；另一方面在理智上认同来自西方的现代化文明，形成价值判断与事实判断之间的激烈矛盾与冲突，产生灵魂的撕裂感。这一切，都会造成中国近现代政治思想界异常错综复杂的局面。

二、中国近现代政治思想的演变过程

（一）从重大思想事件看近现代中国政治思想演进

考察一个国家特定时期的思想变迁，固然要重视其宏观的社会历史背景和国际环境这些“长时段”或者“结构性”因素，但是如果我们的视野仅止于此，就容易陷入机械的决定论中，从而忽视历史发展的复杂性、曲折性和一定意义上的偶然性。事实上，历史上一些重大政治事件不仅本身就是上述“背景”的集中体现，而且往往最能直接、明显地刺激那个时代人们的思想，引领时代精神和基本的政治态度、政治思维方式发生急剧的、划时代的转变。重大历史事件之所以“重大”，很大程度就在于它能对思想的变革发生深远而直接的影响，从而成为思想史上里程碑式的“事件”，因此，认真考察历史上一些重大政治事件在政治思想史上的价值，对于了解政治思想史的变迁是十分重要的，尤其是对一些初学者来说，更不失为一种方便的门径。

近现代中国发生了很多导致民族思想沸腾、激荡和变迁、转向的事件。限于篇幅，这里只能举其意义最著者，如鸦片战争、甲午战争、戊戌变法、辛亥革命，以及世界大战、巴黎和会、十月革命等略作讨论。

鸦片战争的爆发，无疑是中国近现代最具有划时代意义的事变。其直接的思想后果就是中国惨败于船坚炮利的“洋夷”，使部分中国人开始意识到中国文化在技术层面的不足，意识到单有礼义、道德、人心不足以御敌，不足以立国，从而提出了“师夷以制夷”、通过发动洋务运动以图自强的思想。这一思想看似限于技术问题，实际上意味着对技术问题和道德问题、方法问题的区分，是对传统的泛道德主义、道德万能等治国思想的一大冲击，是思想界的一大转折。

甲午战争也是近现代政治思想史上另一个里程碑式的事件。这场战争使洋务派苦心经营的近代军事工业、尤其是近代海军毁于一旦，促进了对解决中国社会政治问题的更深层思考和探索。因为中国这次惨败于日本，一方面说明单是学习西方技术并不能使国家富强；另一方面也让中国人无法回避这样的严峻问题：日本原是以中国为师的“蕞尔小国”、“弹丸之地”，向为国人所轻，竟能通过明治维新、大力采行西洋新政而富强，一举打败号称“天朝大国”的中国，可见洋人不光在技艺方面，而且在制度和文化教育方面也有值得学习的地方，中国要想富强，谋政治改革之外别无他法。于是，在这场战争的直接刺激下，谈西学、西法者蔚然成风，改良主义思潮遂成风云激荡之势。而戊戌变法的失败以及接下来的《辛丑条约》的签订，又把人们的思想逼到进一步的反满革命道路上。起初当孙中山创立兴中会的时候，赞同革命的人只是极少数。而这两个事件使清政府的腐朽无能暴露无遗，民族的危局更趋严重，于是志士仁人报国无门，纷纷折入革命造反一途；革命思想也随之风靡全国。辛亥革命的一个重大思想成果就是，革命党人以其三民主义的理论和具体实践彻底颠覆了专制帝制的合法性，传播了民主共和的种子。从此以后，追求民主、反对专制日益成为基本的政治价值观。

在现代政治思想史上，第一次世界大战、巴黎和会和十月革命是几个相互联系的事件，可以说在它们共同的作用下，揭开了政治思潮变迁的新局面。第一次世界大战给中国思想界最深刻的刺激，是让许多人看到了资本主义严重的危机，甚至看到资本主义已经走到穷途末路的下场。如前所述，正是在凭吊了欧洲战场之后，梁启超坚信“社会主义必兴，资本主义必亡”，从而成为他宣传基尔特社会主义的一个直接理由。还有一个著名的事例就是，梁漱溟也从此次大战得到鼓舞，认为西方文化已经走到尽头，“东方文明是救世的福音”，下一步全世界都要“走孔家的路”，进而提出其乡村建设理论。另外，在新文化运动期间，本来思想界的主要倾向是激烈地反叛传统、全面接受西方的科学民主思想。但是，在一战结束后的巴黎和会上，列强却拒绝中国关于归还青岛的请求。这种外交上的失败，使一心要向西方学习的知识分子感到极度的愤懑和挫折感，从而对标榜自由、民主的资本主义文明产生了怀疑。而在十月革命胜利后不久，列宁领导的苏联政府则宣布废除旧政权对中国的不平等条约，使苦闷彷徨的中国人看到了中国的希望和出路。比如戴季陶就发表《俄国劳农政府公告的真义》的文章，盛赞苏联政府此举是“自有人类以来的空前美举！任何民族，任何国家，在历史上从来没有这样伟大的事业，没有这样清洁高尚的道德”①。所以，这几次事件对于 19 世纪 20 年代各种社会主义的流行，对

① 转引自范小芳的《戴季陶传》，河南人民出版社 1992 年版，第 117 页。

于思想界的“左转”无疑产生了很大影响。当然，十月革命最显著、最直接的思想后果还是如毛泽东所说：给中国“送来了马克思主义”。

以上所考察的都是对一个时代思想产生重大影响的事件。事实上，对于一个具体的政治思想家而言，他个人的独特经历、发生于他个人生活中的某些具有特殊意义的事件，也可能对其思想产生重大的影响。严格地说，也只有将这些事件纳入我们的研究视野，才能更深入透彻地理解某种政治观念和思想。

（二）层层推进的演变过程

总起来看，近现代政治思想进程虽然错综复杂，步履艰难，但是百流归综，其最终的结局是马克思主义战胜了各种形形色色的思潮，在中国逐步传播运用和发展，这是中国近现代政治思想的基本趋势和基本走向。

就具体进程而言，在近代各种矛盾的作用下，中国近现代的思想变革大致分三个阶段、三个层面依次深入展开：

首先是在鸦片战争的刺激下，在物质层面及器物方面接受外来新事物，一改乾嘉考据之风和盲目排外心理，转而经世致用，承认在技术上不及西方，主张“师夷之长技以制夷”，以洋务运动为其代表。

其次是主张制度层面的变革，洋务运动经甲午战争遭到失败，器物上的变革不足以应付外来冲击，以戊戌变法、辛亥革命为代表，谋求制度上的变革。

再次是辛亥革命的失败，以及随后而来一战以及中国外交的失败，又激起了国人的“最后的觉悟”，要求从民族精神、从国民思想方面实现彻底变革，时称“伦理革命”、“全人格觉醒”，激起了彻底颠覆传统文化的五四运动，在传播资产阶级的独立、自由、个性解放精神的同时，为马克思主义的传入作了准备，并且由此开启了对中国问题进行“彻底解决”、全方位变革的思路，最终是中国共产党的新民主主义思想取得指导中国革命的成功。

正如守旧学者曾廉所说：“变夷之议，始于言技，继之以言政，益之以言教，而君臣父子夫妇之纲，荡然尽矣。”① 梁启超在其著名的《五十年中国进化论》中，也认为中国近代思想的变化经历了从器物变化到制度变化，又从制度变化到文化变化的演变过程。从政治思想的进程看，也大致经历了类似的三个阶段：

第一阶段，1840年至1905年，政治思想的主要问题集中于在如何在现有政治秩序下进行封建改革与资产阶级改良。

---

① 苏舆：《翼教丛编》卷四，上海书店2002年版。

第二阶段，1905 年至 1922 年，主要集中于是否进行资产阶级革命的问题。

第三阶段，1922 年至 1949 年，主要问题是围绕是否通过无产阶级领导的反帝反封建的新民主主义革命，挽救民族危机，彻底解决中国的问题。

☞思考题：

1. 为什么马克思在谈到中英鸦片战争时会说，这“是任何诗人想也不敢想的一种奇异的对联式的悲歌”？

2. 如何看待传统中国人在知识和学问上“惟重实用，不究虚理”的精神？

3. 在解释一个时代甚至一个人的思想产生与变化时，除了从重大事件来解释之外，还可以有哪些角度？

第一章
从龚自珍到洋务运动期间的思想冲突与演变

第一节 龚自珍在政治思想史上的地位

一、家世、学术背景与经历

龚自珍（1792—1841 年），字定庵，又名巩祚，浙江仁和（今杭州）人。出身于一个诗礼传家的官宦家庭，父祖都曾在京礼部为官。其外祖父段玉裁是清代著名考据学大师、戴震的入室弟子。

据说龚自珍聪颖早慧，幼年随父母迁居北京，在母亲的指导下学习诗文，这为他后来能够在诗歌方面取得很高成就、名噪晚清诗坛打下了很好的基础。12 岁又随外祖父学习文字学。虽然后来他本人并没有继续外祖父的家学，走上“白首下书屋”、皓首穷经的文字考据生涯，但是从戴震到段玉裁这些考据学家所主张的实事求是、经世致用的治学态度，对其后来的思想和言论还是产生了影响。尤其是在 1819 年他 28 岁那年，开始师从当时常州学派的著名今文经学家刘逢禄学习《公羊春秋》①，接受了今文经学的观点、方法，主张学术应切合时用，探索经书的“微言大义”，这对他后来的学术路向与政治观点更有着直接的影响。

优越的家庭条件与教育背景，使龚自珍和一切这类旧式知识分子一样，很早就胸怀澄清天下之志，并且个性张扬，颇以才华自负，学问不落俗套。然

① 汉代以后，儒家的经典由于使用了不同的书写文字而有古文、今文之分。用先秦传下来的古文字书写的经典属“古文经”，而用汉代隶书书写的经典即为“今文经”；由不同的文字传抄的经典必然造成在字音、字义等方面理解的不同，于是形成分别宗奉古文经、今文经的不同学派，大体古文经学重文字训诂、考据，主张忠实原典，对经典述而不作；今文经学重义理阐释，主张理解经典里的“微言大义”，治学应该通经致用，并倾向于发掘儒家经典中的“改制”、变革精神。清末乾嘉考据治学主要继承的是古文经学传统。

而，他在科举考试和仕途上并不顺利。自嘉庆十五年（1810 年）18 岁时首次参加乡试，至 27 岁才正式中举人；此后四次参加会试，38 岁才中进士。七天后参加由皇帝主持、选拔翰林庶吉士的朝考，他作《安边绥远疏》，虽然阅卷官看后赞叹不已，却因龚自珍的楷书（即当时科举考试通用的“馆阁体”楷书）不规范，不列优等，不入翰林；后来又二次参加朝考失利，失去了进入翰林院谋求高官的机会。只能在朝中辗转充任内阁中书、宗人府主事、礼部主事等低级官职，郁郁不得其志。不过尽管仕途坎坷，但又毕竟是颇负盛名的才学之士，也使他有机会通过官场的经历和广泛的交游，接触社会各方面的情况，了解当时政治上的积弊。最后在他 48 岁那年，终因长期困厄下僚，言辞和行为又动遭时忌，因而辞官南下，于鸦片战争的第二年病故。有《龚定庵文集》、《龚自珍全集》存世。

从龚自珍所处的时代大背景来看，进入 19 世纪上半叶，以武力高压造就的康乾盛世已是明日黄花，帝制中国已经走上了穷途末路，面临着全面的危机。像一切行将垮台的王朝一样，清王朝官场极端腐败污浊，士大夫们或者寡廉鲜耻，麻木冷漠，营营苟苟，不顾人民死活，一心钻营功名利禄；或者面对严密的文网和恐怖的文字狱噤若寒蝉，沉湎于烦琐的文字考据，“避席畏闻文字狱，著书都为稻粱谋”。① 思想界一片死寂，万马齐喑。一方面是旧王朝赖以存在的一切条件都在无声无息的腐烂；另一方面是人民对现存制度的愤怒和仇恨也在潜滋暗长。他们利用古老的宗教外衣如白莲教、天地会，在全国各地发展组织，举行反抗清王朝的起义。白莲教的一支天理会曾在 1813 年攻入皇宫。从外部来看，西方资本主义此时正在加紧向中国渗透，大量的商品和鸦片源源不断地输入中国，导致社会经济全面衰竭萧条。这些严重的社会危机，对于像龚自珍这样极具敏感心灵的知识分子不能不产生强烈的刺激和触动，成为他的政论文字中关注的中心。

总之，龚自珍独特的教育与学术背景、科举与仕途的坎坷经历、不合流俗的性格以及危机四伏的时代大环境等，在种种因素共同作用下，使他的个体生命体验与大时代的命运融为一体，在求取功名、宦海浮沉之余，深切关注国计民生，写下大批针砭时弊的政论文章，形成自己关于社会改革与批判的政治思想。

① 龚自珍：《咏史》，《龚自珍诗词选》，中华书局 2009 年版。

二、龚自珍的社会批判思想与改革主张

其政治思想主要集中于两个方面：一是社会批判思想；二是社会改革的主张。真正有新意、在思想史上真正有启示意义的是前者。

（一）社会批判思想

首先，龚自珍揭露了清王朝封建统治的腐朽黑暗，抨击了专制制度。

在龚自珍的笔下，一方面是清朝统治者对人民诛求无厌，横征暴敛，竭泽而渔；另一方面是劳动人民纷纷破产，走投无路。如他的《己亥杂诗》："不论盐铁不筹河，独倚东南涕泪多。国赋三升民一斗，屠牛那不胜栽禾。"① 保护耕牛，筹划盐铁，修筑水利，原本是历代王朝维护统治的起码能力和功能，现在却专靠增税加税，靠盘剥农民来维持，以至于富庶之地的农民也不堪忍受，只得抛荒宰牛充饥。在这种情况下，昔日繁华的东南，到处啼饥号寒，而大大小小的官僚则是寡廉鲜耻，荒淫奢侈，蠢笨无知："知车马、服饰、言辞给捷而已，外非所知也。"只知汲汲于名利而"莫知大义"，"耻已存者寡矣"，而且是"官益久则气愈偷，望益崇则谄愈固，地益近则媚愈工"，官越大，名声越大，地位越接近高层，越是无生气，无廉耻，无责任心。② 他讽刺那些昏庸老朽的官僚是富家门前的石头狮子，满脸笑容，感觉良好，死死地占着位子却什么事也不干，好比是"缚草为形，实之腐臭，教之拜起，以充满于朝市"③，讥讽挖苦这些人是一堆用稻草裹着烂肉的傀儡，只会对着上司和皇帝跪拜行礼。

龚自珍还分析了这种腐败政治形成的原因。他朦胧地感觉到，专制制度是造成官僚队伍腐败堕落和政治黑暗腐朽的重要原因。比如他在《古史钩沉》中说："昔者霸天下之氏……未尝不仇天下之士，去人之廉，以快号令，去人之耻，以嵩高其身。一夫为刚，万夫为柔……大都积百年之力，以震荡摧锄天下之廉耻。"为什么君主要致力于铲除人民的良知和廉耻之心呢？他在《京师乐籍说》中分析指出：老子早就讲过，"法令者也，将以愚民，非以明民"；孔子也说过"民可使由之，不可使知之"。对于一般人民尚且如此，而"士"

---

① 龚自珍：《己亥杂诗》，见《龚自珍全集》上册，上海人民出版社 1975 年版，第 52 页。

② 龚自珍：《明良论》，见《龚自珍全集》上册，上海人民出版社 1975 年版，第 31 页。

③ 龚自珍：《与人笺五》，见《龚自珍全集》上册，上海人民出版社 1975 年版，第 339 页。

又是“四民”之中最聪明又好发议论的人，他们“留心古今好议论，则于祖宗之立法，人主之举动措置，一代之所以为号令者，俱大不便”，所以要想出种种“苦心奇术”，消磨他们的廉耻心与良知，这样就可以使官僚士大夫“耗其壮年之雄才伟略，则思乱之志息，而议论图度，上指天、下画地之态益息，则议论军国、臧否政事之文章可毋作矣，如此则民听一，国事便”。

可见，在他看来，专制制度似乎存在着一种排斥道德良知的“抗体”。专制君主的无上权威就是建立在天下人无廉耻无尊严基础之上的；专制必然导致官僚阶层的道德败坏，唯此才能使臣民对他绝对服从。臣民的寡廉鲜耻乃是专制制度的必然需要。这些思想对后来的梁启超影响很大，也使我们联想起西方思想界的类似观点，如约翰·密尔在谈到思想自由时指出，如果思想遭到控制和束缚，就会使人类的良知泯灭，而一旦良知泯灭，便会使人类“在智慧和德性方面产生毁灭性后果”；潘恩也说过，专制制度是一种最容易堕落的政体；马克思也指出，专制制度的原则就是轻视人、蔑视人，使人不成其为人。

龚自珍又从科举制度的弊端分析了政治腐败的原因。他在《明良论》和《对策》中指出：士人考取进士的年龄在 20 岁至 40 岁不等，以中等情况而言，也要 30 岁才能进入官场。如果再往翰林院爬，从庶吉士到一品尚书，又要 30 年至 35 年；如果再升至大学士，又要 10 年。每一个台阶都得论资排辈，“贤者终不得越，愚不肖者亦得以驯而至”，所以这些人进入官僚队伍后，尤其是爬到上层后，“少壮之心早耗于禄利之筌蹄”，只能“浮沉取容，求循资序”，“奄然而无有生气”，不仅导致官虽多而“办事者”少，而且直接造成官场腐败。

其次，他揭示了清王朝行将灭亡的历史趋势。

龚自珍出身于官宦之家，周旋于士大夫之间，又曾在京城做官，对于社会上层和全国的局势比较熟悉，因此能够透过最高统治者和一些无耻官僚粉饰的“太平盛世”的红漆招牌，看到无药可救的严重社会危机和封建制度的沉疴积痿。在他看来，当时的情况看似“文类治世，名类治世，声音笑貌如治世”，其实不过是假象。由于封建统治的腐败以及西方资本主义商品倾销、鸦片的输入，已经造成社会经济的全面凋敝和社会结构的全面解体：“自乾隆末年以来，官吏士民，狼艰狈蹷，不士不农、不工不商之人，十将五六……自京师始，概乎四方，大抵富户变贫户，贫户变饿者，四民之首奔走下贱。各省大局，岌岌乎不可以支岁月，奚暇问年岁！”在这种情况下，阶级矛盾自然十分尖锐。在给友人的信中，他这样感叹道：“开辟以来，民之骄悍，不畏君上，未有甚于今日中国也。"① 他形容这种全面的社会危机是："履霜之屩，寒于坚冰；未雨之鸟，戚于飘摇；痹痨之疾，殆于痈疽；将萎之华，惨于槁木"，"日之将夕，悲风骤至"。② 专制国家已是日薄西山，气息奄奄，走到了穷途末路。可见，一个王朝末期，连起码的维持统治的功能都已萎缩了。专制国家的上层建筑直接地走向了经济基础的对立面，成为纯粹阻碍与破坏生产力的力量；其统治基础也日益狭隘薄弱，不光与穷苦人，而且与一切人对立，丧失了其代表社会整体利益或阶级整体利益的资格。

再次，他预言和期待着社会巨变的爆发。

在《尊隐》和《乙丙之际著议》中，龚自珍指出，这种腐败黑暗的现实必然会导致尖锐的社会矛盾和危机，会使"人畜悲痛，鬼神思变"，导致"极不祥之气郁于天地之间"，而"郁之也九，发之也必暴"。这是说这种腐朽统治已经引起人神共愤，天怒人怨，必然引发社会大动荡。他又说，一个王朝可以分为早、午、黄昏时期，当时清朝就已经到了"日之将夕"的黄昏。在歌舞升平、醉生梦死的京师之外，反抗这种黑暗统治的风暴正在积聚和孕育之中，"山中之民，将有大音声起也，天地为之钟鼓，神人为之波涛"；并且与那些"寡助失亲"的统治者相反，这些山中之民却是"一啸百吟"，必然会摧垮清王朝的统治。面临这种即将带来的社会变革，龚自珍在《乙丙之际著议》中甚至以期待的心情"早夜号哭以求天下大治，求治不得，则早夜号哭以求天下大乱"。

（二）社会变革思想

龚自珍一方面已经看到了封建统治的无可挽回的衰败之势，对于清王朝实际上业已绝望，但基于强烈的社会责任感和对下层人民的深切同情心，又使他产生了要求社会变革的强烈愿望。直到 1839 年也就是他临死前两年还写诗："九州风气恃风雷，万马齐喑究可哀。我劝天公重抖擞，不拘一格降人材。"他在呼唤变革的风雷。他又认为"自古及今，法无不积，事例无不变迁，风气无不移易"，没有不出现弊端的祖宗之法，没有不改变的社会风气，因此呼吁统治者主动推行改革，不要错过自我调整、更新的机会："祖宗之法无不弊……与其赠来者以劲头改革，孰若自改革。"③

① 龚自珍：《龚自珍全集·西域置行省议》、《龚自珍全集·与人笺八》。
② 龚自珍：《龚自珍全集·乙丙之际著议》、《龚自珍全集·尊隐》。
③ 龚自珍：《龚自珍全集·上大学生书》、《龚自珍全集·乙丙之际著议》。

但是龚自珍又毕竟属于统治阶级的一员，不可能跳出几千年君主专制制度的旧格局，提出根本否定这种制度的全新的改革方案，所以他尽管主张变，但是在怎么变的问题上，却没有提出有新意的见解。在经济方面，主要是主张平均土地，限制土地占有方面贫富悬殊。具体办法是利用宗法血缘关系与土地制度结合，根据家族的大宗、小宗、群宗等授予多少不等的土地，其余不属于本族者为闲人，租佃这些家族的土地。在政治方面，注意发现选拔人才，破格起用贤才，惩治贪官污吏，恢复古代三公坐而论道的制度，给大臣以实权，废除大臣对皇帝长跪觐见之礼。这些连他自己也觉得陈旧，是“何敢自矜医国手，药方只贩古医丹”。可见，中国历史上的改革变法其实都是封闭的复古老套子，都是动机可嘉，目标高尚，大方向正确，但就是找不出操作的方法和适当的手段，最后如果强作解人，强要开出药方，也往往落入旧套路。而这些旧套路的不可行，已经为历史多次证明。

三、传承与过渡：龚自珍政治思想的历史地位

单就内容和深度看，龚自珍的思想并未超出传统思想内部要求改革、批判专制的思想范畴；就对专制政治批判的尖锐激烈程度而言，像他之前的明清思想家黄宗羲、顾炎武、唐甄等人的言论也不比他逊色。然而，龚自珍思想的“近现代性”，或者说他在近现代政治思想史上的价值主要在于：他起着从传统社会向近现代社会过渡的作用，其社会批判思想对近现代思想家产生了直接的、巨大的启蒙作用，代表着晚清思想的一个重大转折。他以饱含激情和极富华彩的文字，对封建王朝的种种腐败丑恶进行了深刻的揭露与批判，尤其是在一定程度上触及了君主专制制度本身；揭示了封建制度面临的全面危机和即将灭亡的历史趋势，给后来的思想家提供了反对专制政治的思想武器；他的思想打破了思想界的沉闷，给晚清窒息、麻木的思想界吹进了一缕清新的空气，起了振聋发聩的启蒙作用，成了近代知识分子“慷慨议论天下事”的第一人。不仅影响了当时的思想界，而且奏响了近代社会变革思想的前奏曲，对于后来思想运动以及政治运动都产生了深远的影响。梁启超《中国学术思想变迁之大势》说：“定庵的思想盖甚复杂……能以恢诡渊渺之理想以证衍古谊。其于专制政体，疾之滋甚……语近世思想自由之向导，必数定庵。吾见并世诸贤，其能为现今思想解放之光明者，彼最初率崇拜定庵。当其始读定庵集，其脑识未有不受其刺激者也。”在《清代学术概论》这本书里，梁启超又说龚自珍“讥切时政，诋排专制……晚清思想之解放，自珍确与有功焉，光绪间所谓新

学家者，大率人人皆经过崇拜龚氏之一时期。初读《定庵文集》，若受电然……”① 南社诗人柳亚子也说他是“三百年来第一流”。

第二节　魏源“师夷”主张与洋务派思想的政治启蒙价值

一、魏源“师夷”主张的政治意义

魏源（1794—1857年），字默深，湖南邵阳人，下级官僚家庭出身。1882年中举人。曾学《公羊春秋》，后辗转出任地方官的幕僚，虽仕途不顺，但鸦片战争前就已经注意经世致用之学，即所谓“经济之学”，在江苏参与过谋划海防水利。鸦片战争后又亲身经历过浙江的抗英战争，后受林则徐所托，编写了《海国图志》，首次详细介绍西方各国的情况。1845年即52岁时中进士，官至江苏高邮知州。后弃官学佛。魏源与龚自珍是好友，同为宣南诗社的社友，都是文章高手，以文名著称，世称“龚魏”，且在政治上都是经世致用一派。其思想除见于《海国图志》外，另外主要见于《魏源集》等著作。

魏源的思想最值得注意的方面，首先就在于他开始用新的眼光和思维方式看待社会政治问题和时代的危机，其思想中传递出很多新的信息；其次则是他主张以包容、开放的心态看待西方的文化和技术，主张“师夷之长技以制夷”的思想，以及要求改革内政的主张。

（一）哲学思想中的新信息：看待社会政治问题的思维方式发生转变

首先，为了应对来自西方文化的挑战和国内外的危机，魏源试图在一种新的语境下阐释传统的“体用观”、“道器观”，强调和突出“道”和“体”的功用、功效的重要性，从而为其变革思想提供哲学论证。

本来在中国传统思想中，一直存在着“体”和“用”、“道”和“器”的关系问题，以及与此相接近的“内圣”与“外王”的关系问题这些古老的命题。它主要涉及的是：人类的一些普遍道德原则、人类信奉的某种“道”的真理如何在实践中证成和彰显的问题。从理论上说，一种真理（“道”）之所以成为真理，成为人们必须坚守的原则与规范，就是因为它应当而且能够对我们的生活带来实际的好处，能够产生应付环境危机的功效。如果一个真理、一种“道”不能具体落实到现实生活中，不能产生实际的“用处”，不能提供应

① 见《定庵文集》，东方出版社1996年版，第67~68页。

对环境的方法与手段(“器”)，则真理之“真”又该如何体现？因此，中国传统思想特别是儒家思想一般都主张“体用不二”、“道不离器”、“内圣外王”之道等，即坚持认为真理、普遍原则与其对生活世界的指导效用之间，应该是内在的、统一的。同时，正统的儒家也反对离开“道”的原则去追求“功”与“利”，更反对从后果的“成功”去逆推、去评判事物的善恶、是非。然而这一思想却在中国近代遇到了最为严峻的挑战：相信“仁者无敌”、并且自信是“放之四海而皆准、俟诸百世而不殆”的“王道”思想体系的儒家思想，在面对西方文化的冲击时却显得似乎束手无策，节节败退，表现不出应有的“外王”之功！正是鉴于这种尴尬的事实，魏源重提“体用不二”这一传统命题，提出“道存乎实用”的口号，却赋予了新的含义。他指出，如果“王道”的思想仅仅停留于“口心性，躬礼仪，动言万物一体，而民瘼之不求，吏治之不习，国计边防之不问，一旦与人家国，上不足制国用，外不足靖疆圉，下不足苏民困，平日胞与民物之空谈，至此无一事可效于民物，天下亦安用此无用之王道哉？……托玄虚之理，以政事为粗才，而不知腐儒无用亦同于异端!”① 在这里，魏源实际上是非常大胆地挑战了儒家正统思想的“义利观”和“体用观”，强调要从功效、从“有用”还是“无用”的角度重新反省中国传统的思想、文化与知识体系，那些不能产生实效的“无用之王道”就不能算是“王道”，应该像对待“异端一样”加以拒绝和反对！可见，魏源是在利用传统的“体”“用”关系命题表达这样一种思想：要抛开传统思想和学术传统的束缚，关注眼前的现实问题和迫在眉睫的危机，并暗示着一种对各种文化、各种知识呈现开放、包容的心态。

其次，他主张用发展变化的眼光看待儒家经典对现实的指导意义，用包容的心态对待各派思想。正统的儒家坚信“天行有常”、“天不变，道亦不变”，强调儒家之“道”的绝对性和永恒性。而魏源则认为事物是不断发展变化的，“三代以上，天皆不同今日之天，地皆不同今日之地，人皆不同今日之人，物皆不同今日之物”，强调古今情势不同，时代不断发展变化，所以不能“执古以绳今”，泥古不化，照搬儒家的教条来应对新的情况。② 更为难能可贵的是，他打破对儒家独尊观念，指出：“道一而已。老氏出而二，诸子百家出而百，天下果有不一之道乎？”认为儒家与诸子百家实际上殊途同归，其道同归于一。由此，他明确主张，要“兼黄、老、申、韩之所长而去其短，斯治国之

① 《魏源集》上册，中华书局1976年版，第36~37页。

② 《魏源集》上册，中华书局1976年版，第47~48页。

庖丁乎！”①

此外，他还一改传统思想重义轻利甚至耻于言利的态度，公开倡导一种崇利的观点，把“利”提高到“仁”的高度。从传统的眼光来看，这些思想也算是惊世骇俗了。②

（二）改革内政与“师夷”“制夷”的思想

正是在上述思想的指导下，魏源提出自己改革内政、应付变局的主张。

在魏源看来，既然时代和客观形势不断在变化，治理国家的方法也应该变，所谓“天下无数百年不弊之法，无穷极不变之法”，因此，必须充分认识变法的必要性和必然性，顺应时代的变化而不断改革，在当前尤其需要进行大规模改革：“小变则小革，大变则大革，小革则小治，大革则大治。”③ 为此他提出了许多具体的改革措施，如培养人才、加强海防，等等。

为了应付各方面的危机，抵制来自西方的侵略，尤其要敢于正视自己在技术方面的不足，大胆向来自西方的“夷狄”学习。这一思想集中体现为“师夷之长技以制夷”的口号。它包括这样几个方面的内容：（1）承认中国有不如西方的地方，承认西方国家在科学技术方面的长处，如战船、火器、养兵之法都值得中国学习，而不再把这些看成是不屑一顾的“奇技淫巧”；反对顽固派那种拘泥于“夷夏之辨”、既不了解敌情又盲目排外的蛮悍做法，强调“欲制夷患，必筹夷情”，积极了解西方，大胆学习西方。（2）学习了解西方的目的是为了“制夷”，为了反抗帝国主义的侵略。他认为洋人给中国人带来的奇耻大辱，凡是有血气的中国人都会愤恨，凡是有良知的中国人都应当设法反抗，问题是必须冷静思考，认清敌我的情况。（3）向西方学习的内容包括制造战舰、火器的技术和养兵练兵之法，主张在沿海设工厂，聘请西方人教授技术，自己制造轮船枪炮；按照西式方法养兵练兵，改造中国的军队，并编练中国自己的海军，组建精锐水师；同时主张引进西方技术，发展中国的民用工业，允许私人办工厂。希望以此使中国风气日开，智慧日出，使“东海之民犹西海之民”。④

① 魏源：《老子本义·论老子》，《诸子集成》第三辑，上海古籍出版社 1993 年版，第 2 页。

② 本节关于魏源哲学思想的内容，参见袁伟时《魏源与中国现代文化的开端》，收入其《中国现代思想散论》，广东教育出版社 1998 年版。

③ 《魏源集》，中华书局 1976 年版，第 432 页。

④ 参见魏源《海国图志》之《筹海篇》。

（三）从技术思考政治：魏源在政治思想史上的地位

中国传统政治统治的思想基础是所谓“圣学”、“圣道”，即以儒家思想为代表的伦理道德观念，强调以思想道德作为立国的根本，轻视和排斥科学技术。同时，儒家思想又被视为绝对的权威，是能够应付一切问题的法宝，因此只能以儒家倡导的礼义道德去影响和同化外来的文化，用夏变夷，绝对不能向其他国家和民族学习。对于技术，首先视之为“奇技淫巧”，即使承认有些价值，但也是圣人不屑一顾的末技，中国人不是不能，其实祖先早就有了，不过是能而不为，所以在科学技术上也应当是不假外求，应当向圣学圣教中去寻求，而无需向西方学习。有人就说，西学“固中国所有，而犹得其通宗”，中学“体用赅贯，初无遗阙”。更为重要的是，在一些顽固派看来，如果向西方学习技术，就等于否定了传统文化的至高无上的权威地位，否定了以道德为本的治国思想，动摇了“国本”。如顽固派的著名代表倭仁就说：“立国之道，尚礼义不尚权谋，根本之图，在人心不在技艺。”并认为学习洋人的技艺就是“变而从夷”，就会“尽驱中国之众咸归于夷”。可见，连是不是中国人都成了问题，这还不是攸关种族、文化命运的大事！于是，技术问题、方法问题在中国一直被混同为立场问题、道德问题和“国本”问题。

而魏源则是在中国人和西方帝国主义的初次接触中，第一次突破这种虚骄自大的传统文化价值一元论思想，跳出了儒家文化“独尊”、“万能”的封闭排他视野，对中国传统正统思想中的一系列重大观念进行了挑战和质疑；同时，也是第一次打破当时最大的思想禁忌，大胆喊出了向西方学习的口号，在与西方文化的接触中，第一次在物质层面上跳出了圣学阴影，触动了封建专制制度的思想基础；同时，在处理与外来文化关系时，也是第一次开始把感情和理智，技术问题和道德问题、动机问题、目的问题作了区分，在中国近代思想解放的过程中迈出了艰难的一步，对政治思想史和整个思想史都具有“创榛僻莽，前驱先路”的作用。

当然，作为传播现代文明的第一代思想家，不仅其目的仍然是要维护传统的秩序与统治体制，而且对于西方的认识也还比较幼稚肤浅，其思想的局限性也在所难免。

二、洋务派思想的政治启蒙价值

有关洋务派的政治思想，各家已经叙述得很多，这里只准备择要加以介绍，并略加评析。

洋务运动是在清朝面临内忧外患的情况下发生的，实际上是魏源“师夷”思想的全面展开和具体实践。第二次鸦片战争后，太平天国运动爆发，统治者面临心腹之患，为了挽救统治危机，迫切需要寻求自强之道；同时，两次鸦片战争的失败，使越来越多的实力派官僚在与洋人打交道中看到了西方技术的先进，领教了“西夷”的厉害，感到中国面临的是“数千年未有之变局”，“数千年未有之强敌”，完全不同于他们以往所蔑视的夷狄，必须学习西学，谋求富国强兵之道。

同时，西方列强通过两次鸦片战争取得了在华利益，不希望清王朝垮台造成中国混乱，因此希望维持清王朝的统治。清王朝在与洋人接触的过程中，逐渐了解了这一点，对洋人的敌意减弱，双方产生了一定的信任感，克服了学习西方的感情障碍。

洋务运动的时间为1860年（咸丰十年）至1895年（光绪二十年）。其中心是引进西方技术，求富求强。具体内容有兴建近代军事工业，创建近代海军；兴办近代民用工业，并围绕这些兴办了近代的教育，引进了近代自然科学，创办了同文馆。因为是从洋人那里传来的，故曰洋务。代表人物为恭亲王奕䜣、李鸿章、曾国藩、左宗棠，后期又有张之洞等人。洋务派的议论虽多，但概括地说，无外乎主张积极变革，应付变局，以“中体西用”的原则，寻求自强求富之道。

（一）主张积极应付变局，改变统治方式

相对于守旧官僚来说，洋务派更能清醒地认识到西方列强的入侵对中国造成的全面危机，列强这些来自海洋的“洋夷”已经完全不同于传统中国人所遭遇的“古旧夷狄”，这从李鸿章《筹议海防折》中那段著名的话里就可以看出：

> 历代备边，多在西北。其强弱之势，客主之形，皆适相埒。且犹有中外之界限。今则东南海疆万余里，各国通商传教，往来自如，麇集京师及各省腹地。阳托和好之名，阴怀吞噬之计，一国生事，诸国构煽，实为数千年未有之变局。轮船、电报之速，瞬息万里；军器机事之精，工力百倍；炮弹所到，无坚不摧；水陆关隘不足限制，又为数千年未有之强敌。

因此，面对这样“数千年未有之变局”、“数千年未有之强敌”，不能再用老眼光看待新问题，不能死报着过去的那一套天朝中心、道德治国的思想不放，而

要发愤知耻，敢于正视自己有“不如人”之处，积极变革。奕昕尖锐地指出：“夫天下耻莫耻于不如人”，“若日本蕞尔小国，也知发愤为难，中国狃于因循积习，不思振作……今不以不如人为耻，将安于不如，而终于不学，遂能雪其耻乎？”① 他因此批评顽固派一味“空言塞责，取誉天下”，“仅以忠信为甲胄，礼义为干橹等词，谓可折冲樽俎，足以制敌之命”。② 李鸿章也指出：“外患之乘，变幻如此，而我犹以成法制之，譬如医者疗疾，不问何病，概报之以古方，诚未见之效也。”“洋人论势不论理，彼以兵势相压，我第欲以笔舌胜之，此必不得之数也”，所以“穷则变，变则通”，当务之急就在于“力破成见，以求实际”，“居今日而欲整顿海防，舍变法与用人，别无下手之方”。③ 只有稍变其法，才能应付局势。

（二）变法的基本纲领：自强、求富

变法的根本目标或基本指导思想是“自强”和“求富”。为此，首先，要积极向西方学习，如李鸿章在《筹议制造轮船未可裁撤折》中说“治国之道，在乎自强……自强之道，在乎师其所能，夺其所恃耳”，所以要“师彼夷人之长，去我之短”。④ 具体内容就是要学习西方的练兵、制器之法。其次，在向西方学习的过程中，应当坚持“攘外必先安内”、“中体西用”的原则。顽固派攻击洋务派学习西方是“师敌忘仇”，是“用夷变夏”，是动摇“国本”。为了维护封建统治的根基不动摇，也为了解决向西方学习的感情障碍，反驳顽固派的批评，洋务派提出：第一，“攘外必先安内”。他们认为虽然内忧外患交织在一起，但农民起义是“心腹之患”，而夷人为“肢体之患”，所以首先要“师夷”，使国力强盛，才能实现“安内”，去“心头之患”；而“安内”之后才能抵御外侮。为了反抗侵略，也要学习西方的技术，正如大臣文祥所说的那样，今天的敌人已经不是历史上所遇到的敌人：“今日之敌非得其所长，断难与抗。”⑤ 总之，无论为解燃眉之急还是为了长远之计，都要向西方学习。第二，学习西方必须坚持“中学为体，西学为用”的原则，即应该向西方学习的只是科学技术，必须在保持儒家文化纲常名教、圣学圣道的根本地位前提

---

① 奕昕：《酌议同文馆章程疏》，见《同治中兴京外奏议约编》。
② 《筹办夷务始末·同治朝》卷四十八。
③ 《筹议海防折》，见《李文忠公全集·奏稿》卷二十四。
④ 《李文忠公全书·奏稿》卷十九。
⑤ 引文俱见《筹办夷务始末·咸丰朝》卷七十一；《清史稿·文祥传》。

下向西方学习，在坚持这一最高原则的基础上引进西方技术，而不是要否定这一根本地位。“中体西用”的说法是当时人对洋务派这一主张的概括，洋务派的许多人都表达了类似思想，如李鸿章就曾说过，西方技术只能治标，只有中国的文物制度才能治本；张之洞则在《劝学篇》外篇《设学》、《会通》中系统地提出“中体西用”思想，即所谓“旧学为体，新学为用”；“中学为内学，西学为外学；中学治身心，西学应世事”。

（三）洋务派思想的破产及其影响

洋务运动因甲午战争而以失败告终。究其原因，首先是由于顽固派的阻挠力量太大，肖公权先生对此论述颇为精当，他在《中国政治思想史》下册中这样写道：

> 同治新政权为少数朝士所支持。绝对多数之士大夫仍坚守华夷门户，深以被发左衽为忧。此种不合时宜之顽固态度，虽贤者亦不能免。曾国藩中兴名臣，竟不能纳戈登整顿武备之言，而深怪沈葆桢翰林学习洋务之论。彭玉麟中兴名将，至谓洋枪呆笨，轮船薄小，洋务有不必讲者。大学士倭仁痛恶西学，朝廷命其在总理衙门行走，屡辞不获，乃堕马伤足以求免。……明公巨卿之识见如此，则顽固党壁垒之坚强，可以不言而喻。故当时言新政谈时务之人，如郭嵩焘、曾纪泽、李鸿章等皆大为“清议”所不容，而新政应举办者或以遭反抗阻挠而废止。①

著名戏剧理论家齐如山先生当年曾在同文馆学习、生活过，他对同文馆的记述也颇能反映当时清廷的腐败及国人拒斥洋务的情形。如谈到同文馆招生之困难，他写道：

> 馆是成立了，但招不到学生，因为风气未开，大家以为学了洋文，便是降了外国。在汉人一方面，政府无法控制，招生太费事，于是就由八旗官学中挑选，虽然奉官调学生，但有人情可托的学生谁也不去，所挑选者，大多数是没有人情、笨而不用功的学生。……这些人入了同文馆以后，亲戚朋友……对于学生们的家庭，可就大瞧不起了，说他堕落，有许

① 肖公权：《中国政治思想史》下册，台湾联经出版事业有限公司 1986 年版，第 628~629 页。

多人便同他断绝亲戚关系，断绝来往，甚而至于人家很好的儿媳妇，而且因之便受了公婆之气。

招生既然如此困难，只有不断提高学生的待遇，但勉强招进来的学生，又是怎么学习洋文的呢？再看他这样记述：

……当初都是硬要来的学生，都是强打着鸭子上架，他们不但不用功，有许多都是偶尔来一趟，再则是到月终来支一次膏火银，别的时候，凡来时不是为上课，多半是约几个朋友来吃饭谈天，几乎等于吃饭馆……他们入馆之初，家人都有嘱咐，其嘱咐的意义，也大致相同，大约是此次入外国学堂，乃是迫不得已，入是非入不可，但能够不学，还是不学，好在馆中也有汉文，对于汉文多多用点功就是了。

这样的学堂，其教育的成效也就可想而知：

自同治二年开始授课，到了光绪十年，已实在有二十年的工夫，馆中的学生，不必说造就出来了什么样的人才，总之连一个会洋文的人也没有，腐败到这样程度，不但是笑话，简直是怪事了。以上的这段话，并不是造谣，也不是菲薄我们的同文馆。在光绪八、九年间有军机处给总理衙门的一件公文，这篇公文，现尚在我家保存着，是因为在西北科布多一带与俄国有交涉，需要会俄文的翻译人员，当然是由储备翻译人才的同文馆中去找，由总理衙门拣了七个学生送到军机处考试，其中有一个人学过十三年之久的俄文，其余六人只学过七年，及一考试，其中只有一人能把俄文字母都念得上来，其余最多者，不过认识一半，军机处大怒……①

难怪鲁迅要说，在中国搬动一只桌子都要流血！由这些情况，可以概见当时洋务派思想面临的阻力之大，以及清政府的腐败程度。即使是洋务派自身，他们对于“洋务”也缺乏深刻的认识。其“中体西用”原则的实质，仍然是以华夏文化为最优越，在这样的思路下，不可能学到西方文化的精髓，只能学习一点皮毛。当年严复就提出了“牛体安能马用”的质疑。西方技术是西方文化的产物，不改造中国文化的落后性一面，不可能成功地移植现代科学技术。从

① 齐如山：《齐如山回忆录》，辽宁教育出版社 2005 年版，第 35 页。

根本上说，学习西方先进技术是一个现代化的问题，而现代化首先是人的现代化。洋务运动中，学习的主体没有变，洋务派官员满脑子都是君君臣臣、重本抑末、华夷之辨等陈腐观念，而朝廷内外的官僚队伍又极端腐败，在这样的情况下引进西方的技术，就极易荒腔走调。

但是洋务派主张学习西方先进技术，在中国政治思想史上还是具有积极影响的。如果我们不是苛求于古人的话，就应当看到，洋务派思想，连同魏源等人的"师夷"思想一起，在中国近现代由技术层面向制度层面、再由制度层面向伦理价值层面变革的思想演变过程中，恰恰构成了必不可少的一环。洋务运动以及随之而来的洋务思想的传播，不仅仅是单纯的技术问题、中西问题，而且对国人的政治思维、政治观念进行了虽说是初步的、却又是至关重要的启蒙。因为技术、器物毕竟不是孤立的、单纯的"物"，它们也是一定人类文化、一定社会政治制度和政治观念的凝结，对技术、器物的看法改变了，必然触发人们进一步思考制度问题，思考中国的"立国之本"的问题，从而导致人们的政治视野不断扩大，关于"什么是政治"的观念也逐渐改变。这样，洋务思想的传播，连同它遭到破产留给后人的教训与反思，使技术问题、器物问题渐渐地不再成为关系"立国之道"的根本政治问题了，这不能不说是我国思想史上的一次大解放、大飞跃。

另外，由于近代以来中华民族的危机极其严重，如何挽救民族危机，使中国走上独立富强之路，这是思想领域的主题，是思想运动的主流。洋务派主张向西方学习科学技术以求强求富，固然有维护封建统治的一面，但从当时异常尖锐的民族矛盾来看，也是顺应了近代中国追求民族复兴的历史发展潮流。

（四）顽固派反对改革变法的主要思路

顽固派反对洋务派改革变法思想，完全是从僵化的传统思想出发的。正如前面所说，传统思想的特点之一是强调伦理本位，道德立国。与此相联系的是极端轻视技术，将其视为"末技"，再就是采用泛道德主义的观点，指责讲求技术是动摇"国本"。还有就是所谓的"华夷之辨"，认为只要一学洋务，就会变成夷狄。其主要观点略如下述：

首先，从华夏中心观念出发，用固有的夷夏、义利、君子小人、术数概念来附会归类新事物、处理中外关系，认为只有中国人是礼义之邦，重道德仁义轻术数技巧；凡是异民族的人类，都是不懂礼义不通王化的夷狄，所以都是和禽兽相差无几的。洋人也是夷狄，所以也是和禽兽相近，也是只知道有术数，不知道有王道，其技术不过是"奇技淫巧"。正如当时洋务派人物唐才常批评的那样，一说与洋人议和，就援引南宋议和的事例；一说开矿，就会联想到明末；一说设立议院，就说这是明朝的东林党；一说外交，就认为是和夷狄打交道。

其次，从儒家已有的、先定信条原则以及所谓权威的命题结论出发，推演出对具体问题的判断和取舍标准。如华夷之辨，重道德礼义、轻术数实利的义利之辨，以及以圣道为本、技艺为末的道德本位思想，这些儒家信条被认定为是放之四海而皆准、垂之千古而不朽的绝对真理，是不证自明的公理。他们凭这些教条推论：向西方学习是用夷变夏，是学习夷狄禽兽，由于圣人反对用夷变夏，所以不能用夷变夏，否则“衣冠礼义之邦，将为兽蹄鸟迹之区”；圣人反对弃本逐末，重视世道人心，西洋的技术是末业，是玩物丧志的雕虫小技，所以离开圣人之道这个根本，学习西方的技术，不会振弱起衰，反会驱国人为夷狄，即倭仁所谓：

> 立国之道。尚礼义不尚权谋；根本之图，在人心不在技艺。近求一技之末，而又奉夷人为师……即使教者诚教，所成就者不过术数之士，古今未闻有恃术数而起衰振弱者。①

最终的办法是回到传统的道德治国的老路上去。在他们眼里，儒家穷尽了万物的规律和法则，所谓：“五经四子之书，日月所共……古今只此义理，何其用其新奇？”②

再次，既然把“圣教”、“圣道”当成神力无比的法宝，因而他们在面对民族危机时竟能表现出盲目的虚骄和乐观。认为国家危机的根本原因不在于夷狄的强大，而在于人心败坏，纪纲散乱，礼义扫地，廉耻消亡。如大臣屠仁守要光绪皇帝熟读六经，亲御圣道，用孔孟之道救世道人心，认为这样就会“靖内攘外”，而洋人只是懂一点术数，从长远看，最终是要归顺同化于圣人之道的。还有人认为夷狄也有血气心智，是可以用中国的王道改造过来的，因为孔孟之道是大道，魔力无边，“如洪炉鼓铸，万物都归一冶”。认为历史上各民族都曾被中国同化，西洋人今天东来就是“天诱其衷”，其学习中国的语言和儒家经典就是证明。著名学者俞樾还提出大九州的理论：神农以上统治天下大九州，神州只是其中之一；黄帝之后仅限于统治神州；今天中西交往，证

---

① 倭仁：《谬戒》，《柔远新书》卷四。

② 朱一新：《复张孺第四书》，《佩弦斋文集》卷上。

明九州之说可信。西方人如今纷纷到中国，说明中国必是圣人再世，恢复过去圣人统治天下的时代。

顽固派和后来所谓的“文化保守主义者”不同。一个文化保守主义者可能对固有文化的价值内核方面是“返本”和守成的，但在技术和制度层面，甚至在一些法律、政治观念方面却可以“开新”，可以接受外来文化，当代新儒家的学者们就是这样。而顽固派则对一切新事物、一切外来的东西全面拒斥，对旧思想、旧制度不加分别地维护，“守其所已知，拒其所未闻”。

☞思考题：

1. 龚自珍思想的“近代性”何在？
2. 魏源等“师夷”思想在政治思想史上占有什么样的地位？
3. 为什么洋务派认为西方列强是中国“数千年未有之强敌”？

第二章

中国农民的“天国”理想与实践

——太平天国领袖的政治思想

正如龚自珍曾在鸦片战争前夕预言的那样：要不了多久，“山中之民有大音声起”，届时“天地为之钟鼓，神人为之波涛”。十多年后，1851年，终于在广西爆发了洪秀全领导的太平天国农民革命运动，并迅速蔓延到长江以南的广大地区。历史似乎应验了龚自珍的预言。

为了理解的方便，首先介绍一下洪秀全的思想发展过程以及太平天国运动的概况。

洪秀全（1814—1864年）出身于广东花县一个农民家庭。按照中国当时的习惯，稍能温饱的人家，都希望子弟读书上进，能够通过科举考试取得功名和好的前程，光耀门楣，故少年时代的洪秀全也被送入本村私塾读书，接受四书五经之类的旧式的教育。16岁时因家计贫困，曾辍学务农。18岁起任本村的私塾教师，这才使他那求取科举功名的“场屋”生涯不至于中断。但是从16岁到31岁这段时间内，他多次参加科举考试都名落孙山，在读书做官的人生道路上遭到了极大的挫折。1836年他再赴广州应试落第，偶然得到一套叫《劝世良言》的宣传基督教的通俗小丛书，当时并未认真阅读它。直到1843年，他终于对参加科举、求取功名的仕进之路彻底绝望，在无路可走之际，才仔细阅读这一基督教的读本。《劝世良言》出自一个叫梁发的华人牧师。它的一半内容是从《新旧约全书》照抄来的，另一半是梁发结合中国的现实情况、中国人的风俗民情对基督教教义的阐发，其中提到的上帝、天父、耶稣、洗礼、仪式以及反对偶像、斥责儒家等内容，对于极度苦闷恼怒的洪秀全来说不仅新鲜，而且是一种精神上的安慰和疏通。这套书使他“附会”地回忆起六年前一次大病中的“奇梦”：在梦中他见到了上帝，上帝赐给他一部天书，并教他照着这部书去做“则无差矣”。以此为契机，洪秀全创立了“拜上帝会”，写下了一些宣传革命思想的理论著作。他自称为上帝“天父”的儿子，是“天兄”耶稣的弟弟，是接受了上帝的旨意下降人间、拯救世人的，因而劝人加入拜上帝会，信奉上帝这独一真神，从而开始通过拜上帝会组织发动群众，在上帝的旗号下走上了彻底的革命造反之路。经过七年的传教和宣传活动，终于 1850 年 7 月在广西贵平金田村率众起事，不及三年便席卷南部中国，最后占领南京，定都为天京。

太平天国运动沉重地打击了清王朝的统治，对中国近现代的历史进程产生了极其深远的影响。这场运动所反映出的极端矛盾性、复杂性也留下了许多需要认真思考的问题，成为研究中国政治现代化、分析现代化进程中农民革命的重要案例，比如：为什么平等思想会在太平天国运动中表现得如此彻底、如此酣畅淋漓，而实际上在这个地上“天国”中又存在着如此明显的等级制度？为什么洪秀全革命教义的理论和它的实践之间会出现巨大反差？为什么这场运动在席卷了大半个中国后会迅速失败，它所追求的理想与现实结果之间会产生那么大的矛盾？为什么这些革命领袖们一面喊出反孔的口号，一面在许多方面执行着儒家文化的“指令”，其革命性与保守性究竟与儒家有何纠葛？一种宗教乌托邦思想一旦和某种现实的、世俗化的政治诉求相结合，或者说某种宗教式的理想主义一旦溢出“天国”的界限而降临人间，被视为在现实中可操作、可践履的全能的“真理”，是不是必然对社会、对革命本身带来巨大的灾难，政治理想主义和具体的行动路线、行动纲领之间的界限何在？诸如此类的问题，都在政治思想史上具有相当的“一般性”，从而提供了一种典型案例，引发人们从多方面、多视角去思考政治领域里的一些具有普遍性的问题。

第一节　基本的思想内容与特点

大体上说，以洪秀全为代表的太平天国思想主要包括这样一些相互联系的内容：第一，关于“天国”理想和平等原则；第二，关于体现这些原则和理想的具体社会政治纲领；第三，关于现实社会的批判思想；第四，关于实现其理想和原则的行动纲领。它们主要是通过洪秀全的《原道醒世训》、《原道救世歌》、《原道觉世训》以及定都天京后颁布的《天朝田亩制度》体现出来的，是太平天国思想的主流。后期的《资政新篇》则提出了向西方学习的思想，显示了农民革命思想在新的历史条件下的时代特色。

一、“天国”理想与平等、正义思想

（一）洪秀全的“上帝”观：地位与意义

如前所述，洪秀全是在基督教教义的直接启示和支持下来论证革命的合法

性和理想原则的。以一个穷困潦倒的乡村教师的身份号召反对清帝国的革命，首先面对的问题就是如何使自己对民众有号召力、说服力，成为具有高度权威的、一呼百应的领袖。通过阅读《劝世良言》，他知道了基督教所宣扬的“上帝”，“上帝”或“天父”是世界的唯一创造者和最高主宰者，是人人应崇拜的“独一真神”，他无所不能，无处不在，这正是洪秀全所需要借用的最高权威。因此他在早期的理论著作中反复宣传上帝是“独一真神”、是万物创造者的思想，说“天父上帝是独一真神，独一圣神”，“天下凡间人民虽众，总为皇上帝所生所化，生于皇上帝，长亦皇上帝，一衣一食并赖皇上帝。皇上帝天上凡间大共之父也，死生祸福由其主宰，服食器用皆其造成”，“五行万物天造化”，等等。因此他奉劝世人要崇拜上帝，说：“拜上帝”才是走“大路”，走正路，而反对崇拜其他偶像和权威，他说：“人而舍此而拜，拜尽万般总是空。”在肯定上帝这一绝对权威的前提下，洪秀全把自己说成是天父上帝的儿子，天兄耶稣的弟弟，是接受上帝的命令下降人间，来拯救世人的。这样，通过肯定上帝的绝对权威和神圣地位，不仅可以使革命成为替天行道、代表神意、具有神圣性与合法性的事业，而且也可以把上帝的意志人格化，使之成为上帝意志的代言人，为确立其领导权威奠定了基础。

（二）平等与正义思想

在上帝观念的前提下，洪秀全提出了自己的平等思想和正义观念。

在西方基督教的语境里，平等观念是以其“创世说”和“原罪说”为直接依据的。从“创世说”的观点看，世界上所有的人类都是由上帝创造的，无论尘世中的人类分为什么样的等级，地位有什么样的差别，但都是造物主创造的“作品”，因而是平等的。从“原罪说”的观点看，人类的始祖亚当和夏娃一开始就违背了上帝的戒约，偷吃了禁果，才生下了人类的后代，因此人类的始祖本身就有罪，人类本身就是罪恶的结果，这种“罪”亏欠了上帝的荣耀，是人类自己无法弥补的，只能世世代代背负在身，所以它是一种人人与生俱来的“原罪”，从具有“原罪”这一点上，人人都是一样的，人人都是上帝面前“迷途的羔羊”，这就是“原罪”意义上的平等。这正如恩格斯所说，“基督教只承认一切人的一种平等，即原罪的平等”①。所以，《劝世良言》宣称：“世界上万国之人，在世人所论，虽有上下、尊卑、贵贱之分，但在天上神父之前，以万国男女之人，就如其之子女一般。所以论拜求天上神父者，不拘上下、尊卑、贵贱人

① 《马克思恩格斯选集》第3卷，人民出版社1995年版，第445页。

等，唯以谢罪求免。”洪秀全正是利用了这一平等观念，并将其发挥引申，成为表达中国专制时代下层贫苦农民愿望的平等思想。如他在《原道救世歌》和《原道觉世训》中说：“普天之下皆兄弟，灵魂同是自天来，上帝视之皆赤子”，人人皆是“皇上帝子女也”。在“上帝面前人人平等”的理念下，洪秀全在《原道醒世训》中指出：“天下多男人，尽是兄弟之辈；天下多女子，尽是姐妹之群，存此疆彼界之私，何可起尔吞并之念?”可见，在他看来，人世间的社会关系应当是兄弟、姐妹一样的平等关系，应当互助互爱，而不应当存在等级贵贱和人剥削人的不合理制度。这已经预示着，太平天国的平等思想必然要转变为对现实社会的批判思想，把矛头直指当时的专制制度。

(三)“天国”思想

在基督教教义的宇宙秩序中，存在着上帝之国（天国）和人间之国（世俗的国家）这样一种“双国体系”或“双城体系”。天国是那些得到了拯救的上帝“选民”们的灵魂居住的地方，是在现实社会之外的“来世”和“彼岸”世界，是人死后灵魂居住的永生世界；而人间之国是具有原罪的人类居住的地方，最终要毁灭，被天国所取代。因而基督教的天国和人间之国是有冲突的，人间之国是不完美、有缺陷的，也是暂时的。洪秀全则一方面利用了基督教的天国观念表达其对理想社会的憧憬和追求；另一方面作为一个现实政治统治的反抗者和革命者，自然不能停留在将这一理想搁置于不可企及的虚幻的彼岸世界，而是将其拉回人间，主张在现实社会中实现其天国的理想。因此，他不是像基督教那样，主张只有在人死后才可能“获救”升入天堂，享受天堂的永福，而提出“天上有天国，地下有天国，天上地下同是神父天国，勿误认单指天上天国”，并声称自己就是上帝的次子、耶稣之弟下凡，要在人间“开创天国”。① 他还把天堂分为两种，说天上的天国是大天堂，地上的天国是小天堂。建都南京（天京）后，又断言“上帝天堂今在人间”。总之，天堂的理想是应该实现而且能够实现的。

那么，这种天国有哪些特征，或者说它将在哪些方面体现洪秀全等人的理想呢？总起来看，这种天国将是一个贯彻平等、正义和互助互爱原则的国家，使“天下一家，共享太平”，“有田同耕，有饭同食，有衣同穿，有钱同使，无处不均匀，无人不饱暖”，从而也是一个“公平正直之世”。具体来说，就

① 《钦定前遗照圣书批解》，见金毓黼等编《太平天国史料》，中华书局 1959 年版，第 81 页。

是实现了《天朝田亩制度》这一社会政治纲领的国家。

二、实现政治理想和原则的具体纲领：《天朝田亩制度》

（一）经济制度

在生产关系方面，太平天国的领袖们既然崇尚平等和公平，就必然反对造成种种不平等现象的土地私有制，采用平均主义的土地所有制。《天朝田亩制度》规定：全部土地按优劣分为九等，然后根据人口计口授田，优劣搭配，人多多分，人少少分。分田不论男女，十五岁以下减半。在生产经营和生活方式方面也作了整齐划一、详尽细密的规定，如应每户种桑若干，以供养蚕织布；养鸡五只，母猪两头；耕作不准耽误农时；实行圣库制度，每二十五户设一个国库，一个礼拜堂；除生活必须之外，农户收获所得一律归国库，用以救济、赈灾和农户婚丧嫁娶费用的准备。军队和地方均设圣库，全国设立总圣库，以体现“人人无私产”的平均、平等和互助精神。

（二）社会、政治制度构想

在社会、政治组织和职官制度方面，仿照太平天国的军队组织方式，采取集农业生产、军事、教育、政治功能于一体、职能高度融合的组织：以五家为伍，设伍长；以二十五家为一两，设司马，作为基层社会组织，兼有农业、工业、军事、政治、教育组织的性质；四两为卒，设卒长；五卒为旅，设旅帅；五旅为师，设师帅；五师为军，设军帅。从卒长到军帅属于乡官，原则上由本地人保举出任，实际上也有委任的情况。在这一套组织之外，还保留了省、郡、县地方三级行政组织，在省和郡设总制官，在县一级设监军，这些属于守土官，由上级委任。中央则设将军、侍卫、指挥、检点、丞相、军师、王等职，属于朝内官系列。诸王中分为东、西、南、北、翼王和天王，其中天王是“万国之主”，居于诸王之上。

此外，还规定了太平天国的司法和法律制度，如规定了遇到诉讼，可以从基层的两司马一直上诉到天王为止，规定必须遵守“十款天条”，等等①。

三、社会批判思想与实现天国理想的行动纲领

太平天国的领袖们从其平等和天国理想出发，必然引出对现实社会和政治

① 这十款是：崇拜皇上帝；不好拜邪神；不好妄提皇上帝之名；七日礼拜颂赞皇上帝恩德；孝顺父母；不好杀人害人；不好奸邪淫乱；不好偷窃劫掠；不好说谎话；不好起贪心。

统治的不满和批判。他们从基督教的“邪”、“正”观念出发，针对社会的丑恶与不公正现象，提出了“皇上帝”与“阎罗妖”、“正”与“邪”对立的观点。在他们看来，现实的社会是一个被“阎罗”、“邪魔”统治的世界，从神仙、菩萨、孔孟先圣，到现实社会中最高统治者的皇帝都是“阎罗妖”，而官吏、民贼、地主老财都是“妖徒鬼卒”。应当说，在批判和否定现实社会这一点上，洪秀全等人的思想和基督教的教义具有某些共同之处，但是基督教却教导人们要戒杀，要爱仇敌，有人打你的左脸时就把右脸伸过去挨打，对于现实社会的苦难和不公正要顺从和忍耐，而洪秀全宣传基督教的某些观点原本就是为其革命和反抗行为作论证的，当然不可能接受这种“忍”的观点，而是从理论的批判直接诉诸行动，提出要用暴力的手段反抗现存政治秩序的行动纲领。他认为统治者“该诛该灭”，“世间所立一切邪魔该杀”，自己就是受上帝的派遣下凡，到人间“斩邪留正”的，从而突破了基督教戒杀的思想束缚，打通了理论与实践之间的联系。

四、《资政新篇》与太平天国后期主动向西方学习的意识

《资政新篇》是太平天国后期的重要文件，是由洪秀全的族弟、被封为干王的洪仁玕于1859年撰写，交由洪秀全审阅颁布的。其主要内容包括两个方面：一是针对太平天国当时出现的各种问题提出了一些改革方案，如怎样加强团结、防止分裂，如何扫除内部滋生的腐败，等等。二是以直接或间接的语言提出，要正视西方各国社会、政治法律制度的长处，大胆向西方学习，如称赞西方各国“技艺精巧，国法宏深”；认为英国是世界上最强的国家，其原因就是因其“法善”和“人智”；而美国之所以能够成为仅次于英国的强国，也是由于实行议会民主制度；就是本来极为落后的东方国家日本，也愿意与美国通商，学习西方技艺，所以不仅明确主张应当学习西方的科学技术，兴办资本主义工商业，并仿效西方新闻舆论监督行政的制度，设立独立的新闻官，而且表达了应当学习西方民主政治的愿望。虽然这一纲领未来得及付诸实施，但是却达到了当时条件下政治思想发展水平的最大限度。

这一向西方学习的思想，上承魏源、林则徐的“师夷之长技以制夷”的思想，但又不仅涉及技术和物质的层面，而且触及制度的层面，下启戊戌变法时期的维新思想，比洋务派的“中体西用”思想更早而且走得更远，涉及得更广更深。

太平天国的政治思想实际上是在时代潮流的刺激下，吸取了中国传统思想中的平均、平等观念，糅和了部分基督教教义，甚至在实际的政治过程中还吸

收了儒家思想的某些成分，因而一方面是中西文化交流冲撞的产物，同时也是这个时期中国农民面对严重的民族危机和社会问题而产生的心理反应。在这样一种发生机制下，它无论是和中国的传统思想，还是和外来的西方思想，都是既有联系，又有区别，如主张绝对的平等、平均，事实上又宣扬儒家的纲常伦理，采取了等级森严的制度；信奉基督教天堂的理想，又执著地要在人间实现这种天堂，把原本不主张反抗、停留于灵魂方面的信仰而不诉诸行动的教义，改造为一种行动的哲学、实践的哲学等。在某种意义上说，这也是造成它的理论和实践之间产生许多矛盾的原因。

第二节　关于太平天国思想与实践的评价与讨论

一、太平天国思想的近代性与革命性

作为一种在空想乌托邦思想指导下的农民革命运动，太平天国运动虽然不可避免地遭到了失败，却在中国政治思想的演变过程中表现出鲜明的近代性与革命性，放射出异样的色彩，占有不可磨灭的地位。它不仅是中国近现代历史上的重要事件，而且也是中国近现代政治思想史上的大事件。

首先，太平天国革命运动的领袖们所提出的以“平等”、“天国”为核心的思想，以一种鲜明的、与中国传统思想体系彻底决裂的立场和姿态，对支配中国思想界几千年的儒家文化、纲常明教思想体系给予了毫无保留的否定和颠覆，将其一概贬斥为“妖”、“邪”，表现出以往任何社会思想从未有的批判勇气和反叛精神，造成了中国传统文化和传统社会政治秩序空前的危机，恰如曾国藩在《讨粤匪檄》中所说“举中国数千年礼仪人伦，《诗》、《书》典则，一旦扫地荡荆，此岂独我大清之变，乃开辟以来名教之奇变”，可以说是中国有史以来最激烈、最彻底的反叛思想。

其次，太平天国思想的独特性还在于，以往的农民革命运动都是从中国固有的思想和宗教信仰中寻找符号和观念上的支持，而太平天国运动则是中国历史上第一次利用异质文化即“洋教”思想武器，来论证革命道义的合法性，在“上帝”的绝对性前提下，表达出彻底的“平等”、“正义”思想；在基督教“天国”思想的启示下，提出对绝对美好、公平的理想社会的愿望与憧憬，使中国人对理想乌托邦世界的追求和想象，达到了前所未有的高度和极限。虽然像太平天国这样的空想乌托邦思想一旦被投入社会运动，即一旦被当作看似“真实发生”的事物加以实践，就可能带来灾难性后果，但是如果我们把它仅

仅视为一种乌托邦思想的时候，它所反映出的对社会的超越、批判精神，却是社会保持活力和前进动力的主要源泉。

二、太平天国领袖的宗教乌托邦思想对革命的利与弊

（一）宗教精神与革命“现实性”的根本冲突

从历史上看，宗教思想之所以成为无数下层阶级革命运动的精神原动力，主要是由于：第一，它可以利用超验的、形而上世界的不可证伪性或不可验证性，把革命和反叛行为论证为神意的体现，获得革命和反叛的合法性，以鼓舞起反叛现行国家政权的勇气，迅速地争取和动员群众，凝聚起革命的力量；第二，它可以利用神来神化革命的领导者本人，打倒旧权威，树立革命运动所必需的新权威。以洪秀全为首的太平天国运动领导者正是成功地利用了这一点，掀起了轰轰烈烈的革命高潮。

但是，革命运动毕竟最终是世俗的和现实的，毕竟要遵守一切革命运动必须遵守的规律。它不是按照宗教迷信的教条，而是必然要顺应现实的需要、现实的条件而发展的。宗教最多只能是“发动革命的思想”或“打天下的思想”，而不可能保持持久的动力，成为“继续革命的思想”或“治天下的思想”。因为宗教的吸引力在于它那绝对完美境界的幻想，在于它对人类一切美好愿望、一切真善美的价值的无所不能的许诺。但正是由于它的幻想太完美了，因而只能保持在天堂或信仰的范围内，不可能变为人间现实。一旦这种信仰“越界”，一旦要把这种绝对完美的空想硬拉到现实，把宗教信仰硬要变成世俗的思想，把不能实践的东西硬要拿来实践，把空想、虚幻的东西混同于现实的东西，必然是理论与实践之间文不对题式的错位、冲突，必然会面对一系列无法逃脱的悖论和矛盾。这是造成许多农民革命运动“暴雨不终朝”、暴兴而速亡的一个重要原因。

（二）建立在宗教迷信之上的“全能”神话必然走向破产

从这种信仰和实践之间的巨大裂痕和错位，必然使革命运动面临着一个“解魅”和世俗化的过程：信奉某种神圣的观念或超人的力量本来是出于非常实用和功利目的的，本来是由于相信它在给我们带来好处方面“有用”，因此随着革命的深入，人们总是用世俗的和合乎常识与经验的眼光审视和检验这些许诺。一旦如此，它那无所不能、无所不包的许诺就会随时因为无法兑现而露馅，就会随时被人们的经验和常识所“证伪”。一旦这些“神意”、“神力”

不能灵验，信仰、革命和领袖也就失去了超凡的魅力，无法继续点燃群众的热情。具体到太平天国的情况来说，1856 年领导集团的内讧无疑是对其种种神话和信仰的最严重颠覆。由杨秀清图谋取代洪秀全天王地位的权力斗争为导火线，结果演成一连串的血腥大屠杀：先是天父第六子的韦昌辉杀害了天父第四子杨秀清及其亲属部下两万多人，随后是天父第七子石达开因与韦昌辉反目而带兵出走，韦昌辉又杀害石达开全部家属，公然派兵进攻天王府，最后被天王杀掉。残酷的事实不能不让人正视有关“天堂”、“天父”等神话的虚假性：“如果上帝是全智全能的，为什么他不能预知和制止这场悲剧的发生呢？如果以胞兄胞弟相称的洪、杨、韦、石尚且尔吞我并以致相残相害，那么人人平等、互相亲爱这之类的说教还有什么实际意义呢？”① 所谓“天父杀天兄，总归一场空，打打包裹回家转，还是作长工”，这首太平天国后期流传的歌谣就非常能够说明问题。② 另外，《资政新篇》里那段常为人引用的话也很能说明人们思想的变化：“天朝初以天父真道，蓄万心如一心，故众兄弟只知有天父天兄，怕有妖魔鬼。此中奥妙，无人知觉。今因人心冷淡，故锐气减半尔。”可见，在革命运动的初期，宗教神学式的预言、启示和许诺尚未得到实践的检验，“无人知觉”，因而能够“蓄万心如一心”；后来在实践中日益暴露出其虚假性，所以“人心冷淡”。

（三）“神性”的虚幻：绝对权力的腐败

宗教信仰和世俗精神的冲突表现在革命运动领导者身上，往往又反映为神性和人性的冲突与矛盾。由于指导革命实践的思想体系既是宗教的，又是世俗的，是宗教信仰和世俗的革命思想成分的混合体，这样，指导他们行动的标准实际上是双重的，一种是人的行为标准，一种是神的行为标准。这就必然导致它们在行动上常常依违不定，自相矛盾甚至反复无常。正如罗伯特 · A. 达尔所指出的那样，某种政治意识形态一旦在政治体系中被广泛接受，该意识形态的提倡者本人不得不受其约束，成为它的“囚徒”。③ 为了证明革命的神圣合法性，客观上需要把洪秀全、杨秀清等领导成员制造为“神”，需要编造各种政治神话来树立权威，吸引群众（因此他们都成了天父众多的儿子），从而产生当代经济学中所说的“意识形态依赖”的问题。特别是到了后期，随着内

① 吴剑杰著：《中国近代思潮及其演进》，武汉大学出版社 1989 年版，第 78 页。

② 转引自罗尔纲等《洪秀全论》，《江海学刊》1963 年第 4 期。

③ 参见达尔《现代政治分析》，上海译文出版社 1987 年版，第 80 页。

部人心涣散、权力斗争加剧和外部军事斗争的不断失利，危机感加重，信心日益降低，洪秀全就更加信赖“天父”的神力，依赖他自己编造的神话，如天京被围绝粮，他下令全城吃“甜露”(菜团子)，把“太平天国”国名改为“上帝天国”，以获得无边法力打败敌人，直到临死前还下诏许诺要亲去天国，“向天父天兄领到天兵，保固天京”，等等。① 这样一种“神话依赖”只能使理论与现实脱离得更远。而在另一方面，洪秀全等人毕竟是人而不是神，是人就有喜怒哀乐等人性的一面，是人就有人的弱点和缺陷。加上拥有不受制约的绝对权力，掌握了巨大的资源，受到比一般人更多的诱惑，比一般人腐败的机会和可能性更大，从而必然会自觉不自觉地按照人性的要求去行动，必然走向腐败。这样，就处处使得这场运动在理论宣传和实际做法之间出现矛盾，表现出太多的言行不一。如一方面是平等、互助的宣传，“绝对完美”的许诺和对一般群众实行的严酷禁欲主义；另一方面则是“大员妻不止”，洪秀全本人过着三宫六院般的帝王生活，其他诸王也妻妾成群，甚至为争夺女人而积怨结仇。一方面是“兄弟姐妹”的友爱说教；另一方面为了争权夺利互相残杀。一方面抽象地宣传“平等”思想；另一方面又由于实现“平等”会最终损害领导者的绝对权威，因而在实际上不得不实行森严的等级制度，保留了许多对各级领导成员的特权规定。

三、对儒家文化的反叛与“路径依赖”

太平天国运动还有一个看起来近乎“奇特”的矛盾现象：一方面在口头上和一般意义上抽象地批孔，反对儒家思想；另一方面在具体的说教中充斥着大量的儒教纲常伦理观念，在许多实际政策和举措中，也随处可见儒家思想的痕迹。如洪秀全从开始宣传、发动革命运动时，就从尊奉上帝为“独一真神”的角度出发，把孔孟等中国传统中的偶像斥为“妖魔”，并曾砸碎了村学中孔子的牌位；定都天京后，又宣布儒家经典为“妖书”，下令搜禁、焚烧。但在定都天京之前却又声称“总要君君、臣臣、父父、子子、夫夫、妇妇”；又颁布《幼学诗》，大讲君道、臣道以及兄弟、父子、夫妇之道。定都之后，更颁布法令和礼制，从称呼、冠服、舆马、礼仪、侍卫等方面都规定了非常细致严格的等级和不同的待遇。违反了这些尊卑等级制度，轻者遭打，重者甚至遭到“点天灯”、五马分尸等严刑。如何看待这种矛盾呢？

① 人们往往对洪秀全晚期的荒唐与迷信感到不可思议，其实这正是他极度危机感的必然反映。

总的来看，这一问题和传统文化对人的强大塑造力有关。因为任何人都毕竟是既定的历史文化土壤中的产物，是被既定的文化所“化”、在既定的文化中成长而完成其社会化的，因此必然会自觉不自觉地成为文化“指令”的执行人，在历史传统的“路径”中思考和行动，从而表现出与传统之间千丝万缕的联系。具体来说：

第一，处于长期君主专制制度下的农民不可能超越占支配地位的主流意识形态，拥有自己独立完整的意识形态和独立的思想与语言。在这一方面，马克思早有超出一般人的深刻洞见。在他看来，由于统治阶级在物质上占支配地位，也就有条件通过教化、宣传的渠道向被统治阶级灌输其思想，操纵其精神活动：“统治阶级的思想在每一时代都是占统治地位的思想。这就是说，一个阶级是社会上占统治地位的物质力量，同时也是社会上占统治地位的精神力量。支配着物质生产资料的阶级，同时也支配着精神生产的资料；因此，那些没有精神生产资料的人的思想，一般地是隶属于这个阶级的。”① 这样，被统治阶级想什么、怎么想（思维方式）和使用什么语言都是被操纵的，很难产生自己完整的意识形态和自己的一套语言；在政治统治的同化机制下，被统治阶级以为是在表达自己的观点和感情，以为是“我在想”，实际上是别人在“要我想”，② 从而不得不在某种意义上成为传统文化的执行人。这就是洪秀全等人一方面在主观上竭力摆脱儒家思想束缚，在行动上甚至在语言上又逃脱不掉束缚的根本原因。

第二，太平天国领袖们的这些反孔理论与实际行为的脱节，在一定意义上也是维护洪秀全等人领导权威的客观需要使然。从抽象的层面、从一般的原则出发，太平天国既然以追求平等来号召群众，当然就会导致与主张等级特权的儒家思想（至少在一般人的理解中是把儒家与等级制度相联系的）发生冲突。但在另一方面，儒家所设计的一套统治秩序、儒家所概括总结的宗法农业社会下政治智慧与管理艺术，对于维持革命所必需的绝对权威，对于当时条件下政治秩序的建立和维持又是非常具有实用价值和可操作性的，因而在一定意义上是无法回避、无法超越的，所以在实际的政治过程中，总是自觉不自觉地由拒斥儒家而转向依赖儒家。

① 《马克思恩格斯选集》第 1 卷，人民出版社 1995 年版，第 98 页。

② 参见俞吾金《意识形态论》，上海人民出版社 1997 年版，第 132~133 页。

四、在把握理想与现实关系方面的深刻教训

太平天国领袖们虽然建立了不可磨灭的历史功勋，但也留下了许多值得认真总结的教训。

首先，透过他们的思想及其不无悲壮的实践，再次提醒人们：必须清醒地看到理想和现实的区别，把在理想中美好的事物与现实中可求、可行的事物区别开来，不能把将来可能实现的东西混同于现在可以实现的东西，否则，必然会带来灾难性的后果。太平天国领袖们的错误恰恰就在于此。

其次，一种理论的目标和实践手段、原则与操作方法之间是密切相关、互相制约的，在某种情况下，提出美好的目标和原则并不难，难的是提供正确的操作方法。虽有美好的愿望、善良的动机、高尚的目标，如果方法不对，就会扭曲甚至根本改变初始的原则与方向，造成事与愿违的结果。如为了实现美好的理想就过分地迷信个人权威，而一旦建立其个人权威后就要千方百计地维护这种权威，结果就很可能使革命运动改变初衷，逐渐把维护少数人的特权地位作为头等任务，从而导致手段“反对”目标，产生经济学中所说的“路径相关”问题。因此，以为只要动机纯正、目的善良就可以不择手段，只重基本原则和大方向、轻视方法和技术问题，实在是一个严重的认识误区。以洪秀全为代表的太平天国领导者们，在夺取和建立政权的过程中，竟然靠不断地发布咒语、制造法术神迹来进行重大决策，无视治国的规律和智慧方面的要求，几乎达到荒唐可笑的地步。

最后，“打天下”与“治天下”、夺取政权与巩固政权的理论与方法既有联系，又有区别。人们往往习于革命运动的惯性，不注意在建立政权后实现政治观念的转变，不注意适时地提出如何“治天下”的思想，而是拘泥于“打天下”时的思维，用解决军事斗争的方法解决新问题，自然也是胶柱鼓瑟，不免在实践中碰壁。

☞**思考题：**

1. 如何理解太平天国运动领导者们政治思想的近代性？
2. 如何理解宗教乌托邦思想的价值与实践风险？

第三章
资产阶级改良思想的发生与破产(上)
——康有为的政治思想

第一节 改良思想的先声

一、改良思想的发生背景

1883年的中法战争和1894年的甲午战争可谓改良主义的直接诱因。两次战争使洋务派苦心经营的近代军事工业，尤其是近代海军毁于一旦，求强求富的梦想彻底破灭；特别是甲午战争，中国为日本所败，在思想界引起极大震荡。这是因为日本与中国素称“同文同种”，一向都是以中国为师，以中国作为模仿、学习的对象，而且在国家规模上又是远远不能和中国相比的“蕞尔小国”、“弹丸之地”，向为国人所鄙视，竟能通过明治维新而挤进列强的行列，打败号称“天朝大国”的清朝，严酷的现实不能不发人深思。于是有人开始意识到，洋人不光在技艺方面、技术方面有值得学习的地方，而且在制度方面和文化教育方面也有值得学习的地方。另外，通过两次鸦片战争之后，中国与外部世界的交流日益加强，一些到西方从事外交、筹办洋务的官员和留学生日益增多，他们对于西方文化也有了更深的了解。他们一般都认为，洋务派“中体西用”主张试图把“体”和“用”割裂开来，这是不现实的。实际上，“体”和“用”是不能分开的，严复就曾提出“牛体安能马用”的质疑，以及“体用不二”和体用兼学的观点。

其次，随着对外接触的加深，西学西风日益传入，谈西学已经蔚然成风，西学的社会影响日益强大，主张西学已不再被视为名教罪人。这就为更加激进的革新思想的传播创造了条件。

最后，从社会基础上看，随着民族资本主义的发展，工商业者的力量也日益强大，在政治上和封建制度的冲突日益尖锐，强烈要求进行政治变革，但又害怕剧烈的变动会损害其利益，故主张和平方式的改良。

改良主义思想自19世纪60年代开始出现，到19世纪末形成高潮。

二、早期改良派代表人物及主要观点

早期改良派大多数是从19世纪60年代到70年代的洋务运动中产生的。代表人物有冯桂芬、王韬、薛福成、马建中、郑观应、何启、胡礼垣、陈炽等人。他们大多出生在东南沿海的通商口岸，被一些学者称为"条约港知识分子"，最早接触西方文化，一般都参加过办理洋务的活动，和洋务派有比较密切的关系。如冯桂芬于道光十二年（1832年）中举人，为江苏巡抚林则徐所赏识，遂拜林氏为师，助其校书，太平天国军队进逼东南时避居上海，对西方列强的船坚炮利有直接的体会，因而写下著名的《校邠庐抗议》，后被李鸿章延揽幕下，参与广方言馆等的筹划办理；薛福成先后任职于曾国藩、李鸿章幕府，后以三品大臣出使英、法、意、比四国；郑观应早年弃学从商，在上海的洋行任职，先后参与创办太古轮船公司，参股于轮船招商局、开平矿务局、上海造纸公司、上海机器织布局等企业，并先后受李鸿章委派任上海机器织布局总办、上海电报局总办、轮船招商局总办，后又于1896年被张之洞委任为汉阳铁厂总办等，是洋务运动的骨干人物；马建中出身于江苏镇江一个天主教家庭，早年即受西式新学教育，被李鸿章派往法国学习国际法，取得法国政治私立学校（巴黎政治学院前身）法学学位，回国后即成为李鸿章的主要部属，参与筹办了许多洋务事业，并曾任出使英、法大臣郭嵩焘、曾纪泽的翻译；胡礼垣则为广东三水人，买办商人家庭出身，自幼生活在香港，毕业于香港皇仁学院，曾创办《粤报》，译《英例全书》；何启留学英国十余年，归国后在香港任医生和律师，并任香港立法局议员多年；王韬也是长期游历海外，居住国外、香港几十年，创办中国最早的报纸《循环日报》。不同于一般中国人的教育背景与生活经历，使他们对世界发展的大势，以及中外强弱对比有比较清醒的认识，因而能以理性、务实的态度提出新的治国方略，主张抛开体用、华夷之辨，学习西方的立宪君主制，批判和否定君主专制，主张发展资本主义，与西方展开商战。其观点比较集中地反映在《盛世危言》（郑观应）、《校邠庐抗议》（冯桂芬）、《新政真诠》（胡礼垣、何启）等，以及一些报刊、文集中。

（一）鼓吹天赋人权思想，反对君主专制①

和洋务派不同的是，早期改良派思想家在接受西方现代文明方面表现得更为大胆彻底。如张之洞在《劝学篇》中一方面主张按照“中体西用”的原则从科学技术方面学习西方文化；另一方面坚决维护君权，反对民权，认为是“有百害而无一利”。胡礼垣、何启则针锋相对地倡导民权，指出：

> 权者乃天之所为，非人之所立也。天既赋人以生命，则必畀以顾生命之权；天既备人以百物，则必与以保其身家之权……一切皆本之于天。然天不自为也，以其权付之于民。各行其是，是谓自主。自主之权，赋之于天，君相无所加，编氓亦无所损；庸愚非不足，圣智亦非有余。人若非作恶犯科，则此权必无可夺之理。②

在这里，他们非常明确地鼓吹西方资产阶级革命时期的天赋人权思想，认为上天既然赋予了人以生命，自然也就赋予人以维护生命的权利，这种基本的人权既然是天赋的，就是不分贵贱贤愚、人人平等的，也是不能任意剥夺的。

明确了天赋人权道理之后，他们还进一步从人权的角度分析西方与中国强弱不同的原因。他们分析说：“人人有权，其国必兴；人人无权，其国必废。此理如日月经天，江河行地，古今不易，遐迩不殊。”③ 就是说，西方国家之所富强，中国之所以贫弱，就是因为西方“人人有权”，中国“人人无权”，这样，他们必然把中国落后的原因、把批判的矛头指向了几千年的君主专制制度，认为君主专制是导致君民隔阂、使中国近代落后无生气的原因。如有的说，“今者中国，政则有私而无公也，官吏如虎而君上纵之，不啻如鹰犬也……豺狼噬人犹有饱时，而官府之私囊无时可饱”。而何启、胡礼垣更把矛头直指中国的纲常伦理，认为中国正是因为有了三纲之说，才使“大道之颓，世风之坏”，并公开地喊出：“化中国为蛮貊者，三纲也！”④

① 本小节的内容，参考朱义禄、张劲著《中国近现代政治思想研究》，上海社会科学出版社 1998 年版，第 85~88 页。

② 何启、胡礼垣：《新政真诠·〈劝学篇〉书后》。

③ 何启、胡礼垣：《新政真诠·〈劝学篇〉书后》。

④ 何启、胡礼垣：《新政真诠·〈劝学篇〉书后》。

（二）主张体用兼学，采用西方君主立宪制度

基于他们所受的西方文化的熏陶和对西方的了解，早期改良派明确反对洋务派“中体西用”的主张，主张对于西方要“体用兼学”，也就是既要学习西方的科学技术，也要学习其先进的知识系统和政治制度。他们认为在对待西方文化的问题上不应固执习见，说西洋只是在技术“末业”上强于中国，实际上西方人之所以富强，也是自有“体用”的，在文化制度上未必乏善可陈。如两广总督张树声在中法马江战役中中国失利后，留下《遗折》说：“西人立国，俱有体用。轮船大炮，洋枪水雷，铁路电线，此其用也；育才与学校，论政与议院，君民一体，上下一心，此其体也。”认为中国遗其体而求其用，即使铁舰成行，铁路四达，也不可靠。薛福成在《出使日记续刻》中说：“……西国所以坐致富强者，全在养民教民上用功，而世之侈谈西法者，仅曰精制造，利军火，广船械，亦末也。”

而对于西方文化体用兼学，最重要的就是要学习其“君民共治”的政治体制。通过与西方的接触，早期改良派发现西方富强的根本原因在于政府得民心，而得民心的原因又在于以议会为核心的“君民共治”体制能够伸张民权，由人民做主。但是他们一般又认为像法国那样的共和制下的民主会导致议会权力太重，会导致“废国法，均贫富之党起于后”(宋育仁)，是“犯上作乱之滥觞也”(陈炽)，“君为主则必尧舜之君在上而后可长治久安；民为主则法制纷更，心态难一”(王韬)，因而主张“君民共主，权得其平”，其核心在于设立议院。他们认为议院是可以效法的良法，可以根治专制制度之弊，使上下情通，集思广益，“有议院而昏暴之君无所施其虐，故断不至数代而亡，一朝而灭”。① 在他们看来，只要设立议院，就可以使国家富强，进而抵御外侮。

（三）主张商战固本，增强国家经济实力

早期改良派意识到，西方人谋富强的根本途径就是发展工商业，所以与西方国家的冲突不仅限于制度或文化层面，更不是单纯的某一项技术，从根本上说是经济实力的较量，单靠船坚炮利不能使国家富强。因此他们提出“商战为本，兵战为末”的口号，并主张收回关税自主权，增加关税，保护中国的工商业的发展，发展交通运输业等，为商战创造有利的条件。

---

① 郑观应：《盛世危言》。

早期改良派实际上是由洋务派思想到康有为、梁启超维新变法思想之间的一个过渡形态，因而在思想上当然没有康、梁那么系统成熟，其内部观点也不尽一致。有的批判专制而坚持传统的纲常名教；有的虽然反对“中体西用”的说法，却又主张固守孔孟之道，视孔子之道为“万世不移”，从而与“中体西用”派还是纠缠不清；有的主张伸张民权，但又怕民权太甚，主张设议院，又要君民平权，似乎又和他们经常提倡的君主立宪主张自相矛盾。在这样一个思想大变革的过渡阶段，出现这些混乱和矛盾都是在所难免的。重要的是“山雨欲来风满楼”，他们的思想为改良主义思想高潮的到来做了准备。

第二节　康有为的生平及思想体系的形成过程①

一、家世、学行与“独好陆王”的早期思想

康有为（1858—1927 年），原名祖诒，自号长素，广东南海人。出身于一个世代官僚家庭，自称“吾家凡为士人十三世”，广东名门大族，世以诗礼传家。叔祖为广西巡抚，祖父为连州教谕，父亲为候补知县。家有“澹如楼”和“二万卷书楼”两个大藏书楼，两楼之间，花木繁盛，亭台池沼相间，族中子弟纵情于读书园中，时而欢笑聚谈，并有诗酒为欢，“煮茗谈诗月上天”。

康有为为家中长孙，自幼聪慧，记忆力特强，据说五岁能诵唐诗数百首，六岁时叔辈出对子“柳成絮”，他能不假思索地对出“鱼化龙”，于是众人惊叹，称此子将来决非“池中之物”。十二岁时连州举行端午龙舟赛，康有为被眼前的壮观场面所感染，现场挥毫成诗二十首，州里的官员十分惊讶，当即赐给他文房四宝，因此得到祖父的宠爱。祖父做官到任何一个地方都随身带着他，游览粤中名山大川，为他延请名师。

康有为自幼家境优越，享受良好的教育，从小就萌发了圣人之志，立志成就圣贤事业，同时也养成了孤傲不群的性格，平时不苟言笑，开口就是引用圣人之言。他自号“长素”，就寓有要成为内圣、成为当代伟人之志，因此很早就有“憨为”、“圣人为”的绰号。

康有为自幼就博览群书，但其家学传统以及私塾教育，对他灌输的都是八股文一类的知识。19 岁时，开始拜广东著名理学家、粤中大儒朱九江（次琦）

① 此处材料主要取自《康南海自编年谱》（中华书局 1992 年版），以及梁启超《南海康先生传》（《饮冰室合集 · 文集之六》）。

为师，这对康有为改良思想的形成，对于他成为今文经学大师影响很大。因为朱九江虽属程朱理学派，但也间或讲授陆九渊、王阳明的心学，主张通融汉学、宋学传统，较少门户之见；又主张做学问要能够经世致用，学经而不能解决实际问题，即为不通；对于当时只重八股文、重考据之学的风气深感不满。同时，朱九江为人也讲究气节，注重人格的修养。这些对于康有为的反叛思想影响都很大，自称“捧手受教，乃如路人之得宿，盲者之睹明，乃淡心绝欲，一意归依”。康有为对于陆王心学尤其偏爱。陆九渊认为，宇宙便是吾心，吾心便是宇宙，心即理也，万物皆备于我，因此只要发明本心即可达到对世界的认识。王阳明以山中之花为例，说明心外无物，离开人的体悟，花和心都处于寂无状态；一切外界之理皆是人心所派生。在西方哲学中也有类似的观点，如海德格尔说，在人的存在之外考察事物便没有意义，离开人对物的关系谈事物的存在便没意义，真理在人的之前和人的之后是不会被证明出来的；康德认为自然立法者离不开感觉存在；萨特的存在主义虽然承认在人的感觉之外还存在着事物，但认为那只是“盲目的存在”或“消极的存在”。在年轻的康有为看来，陆王心学“直接明诚，活泼有用”，使人精神上获得解放，正好支持了他的叛逆精神，而考证之学却使之感到汩没人的性灵，因此他比老师走得更远，发展到“独好陆王”的地步。

接受了陆王心学的洗礼之后，康有为感到自己“日有新思”，每天都像换了一个人一样，每天有新的境界。

二、出入佛学、西学与思想的危机彷徨期

由于“独好陆王”，加上陆王心学本身即和佛学相通，于是康有为便“绝学弃书”，闭门谢客，“静坐养心”，居南海西樵山，潜心佛典，深有所悟，一度发展到专读道佛之书。而这个时候的中国已是外患日深，危机不断加剧，再加上康有为自视极高却在科举考试中屡屡受挫（他 16 岁进秀才，19 岁开始参加乡试，直到 36 岁才在广州考上举人），使他虽然表面上打坐养心，思想上却处于极端痛苦的彷徨时期。他说自己那时“静坐时忽见天地万物皆与我一体，大放光明；自以圣人则欣喜而笑；忽思苍生困苦则闷然而哭”，同学见其歌哭无常，以为得了“心疾”。梁启超认为是“求道迫切未有归依时，多如此”。就是在这个时期，康有为萌发了“哀物悼世”、“经营天下”之志，立志献身于救国救民挽救民族危机的爱国生涯。

在南海西樵山读书期间，康有为结识了来自京城的翰林院官员张鼎华，知道了一些京城流传的各种新思想和新知识，大开眼界。1879 年开始把眼光转

向西学，看了一些介绍西方各国的书，以及一些翻译过来的西方著作，初步接触了西学。后来又去香港游历，亲眼见到“西人宫室之瑰丽，道路之整洁，巡捕之严密，乃始知西人治国有法度，不得以古旧夷狄视之”，认为对于西方应该好好研究，于是开始搜集有关西方的书籍研读。

1882年入京师应试，途经上海，这个城市的“新气象”对他的刺激很大。他认为西人具体治理下的城市竟然如此繁荣，其本国一定会更好，因此他对资本主义制度更加向往，深信“西方治术有本”，决心向西方学习，大量购买西书，大讲西学。不仅研究其国家制度，更涉及了自然科学方面的知识，对他来说，这些都是闻所未闻的新知识，耳目一新，感叹“西学甚多新理”，自称寻找到这种新的学问途径后，学识别开生面“日新大进”，功力更深。但此时他的思想体系仍未形成，“忧患百经未闻道”。

三、思想体系的形成

（一）《大同书》的完成

1884年到1888年，是其思想体系最后的形成时期。1884年的中法战争，中国战败，洋务运动开始走向破产。在时局的强烈刺激下，康有为的思想开始发生飞跃，形成了唯心主义哲学体系，并由此展开了对未来大同理想社会的构想。康有为说自己“日日以救世为心，刻刻以救世为事”：

> 想入非无……合经子之奥言，探儒佛之微旨，参中西之新理，穷天人之赜变，搜合诸教，披析大地，剖析今故，穷察后来。自生物之源，人群之合，诸天之介，众星之世，生生色色之故，大小长短之故，有定无定之理，……六通四辟，浩然自得。

于是“手定大同之制，号曰人类公理”。又说自己：“秋冬独居一楼……俯读仰思……所悟日深。因显微镜之万数千倍者，视虱如轮，见蚁如象，而悟大小齐同之理；因电机光线一秒数十万里，而悟久速齐同之理；知至大之外尚有大者，至小之内尚包小者，剖一而无穷，吹万而不同，根元气之混仑，推太平之世宙。”

大约就在此时，康有为30岁写下了《大同书》，其宇宙观和哲学思想体系臻于成熟。

（二）改良思想的产生：上书变法与创办万木草堂

1888年，康有为再次进京赶考。时局的危难，使他“登高极望，辄有山河人民之感”。在当时改良主义思潮影响下，第一次以布衣上万言书于皇帝，要求学习西方，变法图强。当时被视为骇人听闻之事，人人视为“病狂”。

上书后得不到回应，他感到变法不能依靠旧官僚，必须培养自己的变法队伍，于是回到广州，办了万木草堂，招纳梁启超、陈千秋等人为大弟子，聚徒讲学。梁启超回忆说：

> （当时）率三四人入室旅谒，亦时有独造者。先生始则答问，继则广谭，因甲起乙，往往遂及道术至广大、至精微处……每月夜，吾侪则从游焉。粤秀山之麓，吾侪舞雩雩也。与先生相期或不相期，然而春秋佳日，三五之夕，学海堂菊坡精舍，红棉草堂镇海楼一带，其无万木草堂师弟踪迹者盖寡。每游率以论文始，既乃杂还泛滥于宇宙万有，……不知所终极。先生在则拱默以听，不在则主客论难蜂起，声往往振林木，或联臂高歌，惊树上栖鸦拍拍起。学于万木草堂，盖无日不乐。①

（三）托古改制：对传统知识体系进行革命性改造

从思想进程上看，康有为这时在思想上面临两方面的矛盾：一是变法改良思想与封建思想、封建意识形态的冲突；二是改良变法思想与其宏伟雄奇的大同思想之间的距离。不从根本上冲破传统的封建思想的束缚，就没有办法确立改良变法思想。同时，改良主张原只是一种有限度的调整，这种矮小的变法主张与高大的大同理想之间还悬着很大的距离和矛盾。如何调节新与旧的矛盾？如何缩小终极理想与现实救世主张的差距？正是适应这两个方面的要求，康有为在讲学的过程中，先后写下了《新学伪经考》、《孔子改制考》、《春秋董氏学》、《人类公理》等一系列著作，完成了对旧思想体系的破的工作。

如何破呢？他是从发挥孔子的微言大义、借孔子思想阐释改良思想开始的。

儒家经典分“诗”、“书”、“礼”、“乐”、“易”、“春秋”六经，其中“乐”已亡失。“经”即儒家学者对儒经的解释与说明。经典分为古文经和今

① 参见丁文江、赵丰田编《梁启超年谱长编》，上海人民出版社1983年版。

文经，两者的争论与分别起于汉代，一则偏重述而不作，一则讲微言大义。秦灭之后，除“易”之外，各经皆失传。汉武帝独尊儒术，但除易经之外没有原始的写本，仅能凭老儒的记忆，口耳相传。由学生用简体字——隶书整理出来，即为今文经。但因记忆或有不准，口音可能不一致，以至于出现不少的错误。因为《公羊传》第一句话就是“大一统”，符合汉武帝谋求政治统一的愿望，加上《公羊传》又是讲“复九世之仇”的，也迎合汉武帝驱逐异族、反击匈奴的需要，故独尊儒术实际上是独尊今文经的《公羊传》。但到西汉末年，一部分焚书时期散失民间的古文经典逐渐被发现，皆用蝌蚪文写成，故称古文经。这些经典主要是家传，容易被篡改利用。王莽改制，要学周公制礼作乐，因见古文经的周礼讲制度讲得极为详备，很符合他的口味，便于篡改利用，于是就用政权的力量奉古文经为正统。从此两千多年间，古文经就在中国的思想学术领域占据正统地位，且在汉末出了几个大经学家。而在西汉作为显学的今文经学则湮灭无闻。至清朝道光年间，今文经学开始复兴，出了几个大家，龚自珍、魏源都是受了他们的影响。但直到康有为，古文经仍是正统。古文经认为孔子只是对以往的典籍作了整理删述，并没有增加自己的什么思想，讲究恪守祖训，述而不作。今文经则认为六经都是孔子的创作，寄托了孔子的改制思想，故主张改良必须打破古文经的统治地位。康有为以其扎实的学术功底与庞大的思想体系，终于成为今文经学的集大成者。经过他的一番考证和论述，把两千多年奉为圣经的古文经直斥为伪经，把一个保守的孔子改造成为改革的孔子。他的《新学伪经考》认为：第一，西汉经学本无今文、古文之分，凡是古文经都是王莽时刘歆伪造的；第二，秦代焚书并未殃及原本，汉代儒生所传之经皆是孔门足本，并无残缺；第三，孔子时所用的字就是秦汉篆书，并无今文、古文之分；第四，刘歆在整理经典时肆意进行了篡改；第五，刘歆之所以作伪经，是为了帮助王莽篡汉，有意磨灭孔子的微言大义。这样，通过学术考证的方法，断定汉代以来奉为圣经的经典皆为伪书，将其宣布为一堆废纸，这简直是思想界的一大地震、一大飓风，使天天捧着祖宗之法反对变法的守旧派失去了理论依据。其《孔子改制考》认为：第一，《春秋》为孔子改制之作；不仅《春秋》，六经皆是孔子所作，不是删述。第二，孔子改制，恒托古人，历史上并无真正的尧舜，尧舜的形象是孔子塑造出来的。尧舜者，孔子所托也。第三，不仅孔子，周秦诸子都是托古改制。第四，“公羊三世说”是孔子在《春秋》中发挥的微言大义，是孔子所揭示的历史规律，是孔子所立的万世宪法，从而断定孔子是历史进化论者。

通过这些著作，康有为首先把孔子打扮成为一个变法改良者，完成了托古改制的理论工作。康有为一方面对于孔子的确崇拜得无以复加，晚年尤甚，但他似乎对于有意识地利用孔子并不掩饰，如在《孔子改制考》中他就说，“非托古改制，无以说人”，“布衣改制，事大骇人，故不如与之先王，既不惊人，自可避祸”。其次是利用儒家今文经学中的“公羊三世说”，确立了他的进化史观和人类历史三阶段的发展图式。这样，既扫清了障碍，使变法改良思想合乎古来的圣教圣道，又找到了通往大同的具体道路。至此，康有为的整个思想体系终于完成，自称“吾学三十岁已成，此后不复有进，亦不必求进”。

总之，他因现实民族危机而立志经世致用；继则因接触西学而有大同思想及哲学宇宙观，因现实的极端痛苦而向往人类的黄金时代；因中法战争的刺激，又明确了实行变法改良的现实政治主张，由理想返回现实；如何从现实达到理想时代、通向大同世界？由此产生了历史进化论思想。

第三节　康有为政治思想的哲学基础

一、宇宙观与人性论

（一）以“元”为本的宇宙观

康有为吸取了理学中“元”的概念，建立了以“元”为本的宇宙观。他在其自编年谱中自称：“其道以元为本，以阴阳为用。”在《春秋董氏学》卷六中也说：“元为万物之本。”那么，“元”的概念是什么含义呢？

“元”是元气，也就是宋明理学中的气。它既不是纯的物质，又不完全属于精神，康有为在《大同书》中说它是化生万物的“全神”，也就是宇宙的本体，万物的本原，一切都是由“元”产生的。元气，万物统一的起源、共同的本原，这是他早年从万物齐同的道理中体悟到的。在他看来，现象背后，千差万别的事物背后，其实都受共同的法则支配，如“蚁大如象”、“久速同理”之类。

元气化生万物之途径是什么？康有为吸收了传统的阴阳学说，认为“元”本身包含着阴阳两种属性，是事物固有的相辅相成的两种对立统一力量和因素，所谓“理皆有阴阳”，即《春秋董氏学》卷六中所说：“若就一物而言，一必有两，故以阴阳括天下之物理。”“天下物理，必成阴阳。”似乎是隐约感到，元气必然包含阴阳两个方面，它们一方面相互作用、相互矛盾；另一方面相互和合、调和，导致了事物的生成变化：“气有冷热，形有方圆，光有黑白，声有清浊，体有雌雄，神有魂魄。”“物必有两，对争而后能进。”但是另一方面，他似乎强调更多的是阴阳之间的协调、和合，如认为“一阴一阳，凡物必有和也”，“中和为孔子大道之本”，等等。

重要的是，从这种宇宙本体论必然引出发展变化的思想，认为“变”是宇宙的存在方式和普遍法则，是“天道”，是“元”的必然属性，故事物“无一不变，无刻不变”，而且“物新则壮，旧则老；新则鲜，旧则腐；新则活，旧则板；新则通，旧则滞，物之理也”。新生事物战胜旧事物乃是必然之理。①

（二）社会观与人性论

如果说在自然界方面，康有为在一定程度上承认事物内部存在矛盾的话，那么在社会领域则更强调事物的调和与统一。

康有为认为，“元”在自然界表现为物理，在人类社会具体表现为“仁”，即人心。人心是人类社会的共同之理，如人皆有不忍人之心、博爱之心。在天为“元”，为生生之理；在人为“仁”，为博爱之德。认为“仁”为一切社会之本原，一切社会变化之母，如梁启超在《南海康先生传》所阐述：“世界之所以立，众生之所以生，家国之所以存，礼义之所以起，无一不本于仁。苟无爱力，则乾坤应时而灭矣。……故先生之议政议学，皆发于不忍人之心。人人有不忍人之心，则其救国救天下也，欲已而不能自已……其哲学之大本，盖在于是。”一方面认为“元”为宇宙主宰，是超人的、不以人的意志为转移的，但化为社会中的爱心后，却有极大的主观能动性，因此康有为又称其哲学为仁学，为仁爱之学。

由以上宇宙观与社会观，引发了对人的本性的认识，进一步提出了人性自然平等观。在康有为描述的这样一种宇宙社会格局下，人的地位如何？如何界定人的地位？他的回答是，既然宇宙与人类社会万物齐同，人类社会是由共同的仁爱之心作为基础组成的，人从根本上是“元”所化生，人就是自然万物之一分子，人在本质上也是一样的、是齐同的。如他在《大同书》中写道：“人人为天所生，同为天之子”，同是圆头方足之形，本无区别。人人皆是天所生，“直隶于天”，“人皆独立，即人得自由，人得平等”，这些都是“天予之人权”。这样，他就从人性的自然平等观进而得出人是天生独立的、自由的“天民”结论，而且人性本没有善恶高下之分，所谓善恶观其实是后来才有

① 《进呈俄罗斯大彼得变政记序》；《上清帝第六书》，均见汤志钧编《康有为政论集》上册，中华书局 1981 年版，第 225、212 页。

的，故“人生而有欲，天之性哉”。人的物质生活与生理欲望，人的“去苦求乐”、追求幸福乃是天性，是合乎自然的，因此反对天理人欲的对立观点，认为孔子之道也无非“天人自然之理”，从而把人的欲望和孔子之道结合、协调起来了。①

这些哲学思想的影响在于直接引出了他的政治哲学。从以“元”为本的宇宙观中，他看到甚至扩大了万物的同一性，为构成大同社会奠定了哲学基础；变化是宇宙万物的存在方式，由此推导出改良变法与社会发展思想；人性论以“仁”为社会基础，强调人性的平等与人的天然平等，反对专制制度，要求变法。以“仁”为社会基础，又导致温和改良思想，同时“仁”也是大同社会的基础。

二、“三世进化”的历史发展图式

（一）进化论的基本内容

“元”在自然界具有阴阳属性，化生万物，为事物存在的原因；变化是“元”的重要属性，“变者天道也”。宇宙是变化的，则社会也会变，“无一不变，无刻不变”，这种天道变易观也是整个社会变化的总根源。在社会里，“元”体现为“仁”，构成社会存在与发展的原因。具体说，在“仁”的作用下，社会必然要经过三个发展阶段而不断进化。在具体的语言表述上，康有为则是借用了传统公羊学派的“三世进化说”。

“公羊三世说”的来源，最初见于《春秋·隐公元年》的一句话：“公子益师卒。”公羊高这位公羊学派的创始人解释说，孔子之所以没有写日期，是因为年代久远，“所见异辞，所闻异辞，所传闻异赐”，意思是说，孔子记载的史实，距离孔子的时代远近不同，有的是“所见”，有的是“所闻”，有的是“所传闻”，因此写法上用语不同。到汉代，大儒董仲舒对此作了发挥，认为孔子在《春秋》这部著作中所记载的鲁国12世242年历史事实，都可以分为三种情况：一是所见世，即孔子亲眼所见；一是所闻世，即听事件的当事人所说；一是所传闻世，即听先人传说。董仲舒据此断定，这实际上反映了孔子的社会进化史观，说明孔子认为历史发展分为三个阶段，并寄托了孔子对未来社会的理想。为什么不直接说出这种进化观与对未来社会的理想寄托呢？董仲

① 参见《大同书》甲部绪言；李泽厚：《中国近代思想史论》，安徽文艺出版社1994年版，第110~112页。

舒说，这种思想寓意在于对现实政治的批判，在当时属于“非常可怪之论”，不能直接说出。到汉代公羊学派形成时，专制政治已经确立，更加不敢直言，只能在书生中口耳相传，假托鲁国历史表达进化观，由董仲舒保存了下来。

东汉何休的《春秋公羊解诂》对此进一步作了发挥。他认为这242年的历史，孔子将“所传闻”托为衰乱世（康有为称据乱世），“所闻”托为升平世，“所见”托为太平世，实际的历史是鲁国越来越衰败黑暗，春秋战国时期已经礼崩乐坏，是中国历史上的黑暗时期，但孔子却相信历史越变越好，显然是超越现实历史，表达的是一种历史演进观。康有为在《春秋董氏学》卷二中以此为依据，进一步加以发挥。他不仅相信孔子提出过三世说，而且认为这种三世说是孔子春秋微言大义中的第一义，孔子发现和揭示了历史发展规律，规定了三个循序渐进的历史发展阶段：由据乱世进化到升平世，再到太平世，而升平世也就是礼记中的小康，太平世即大同世。他认为孔子是历史的立宪者，三世说就是历史发展的大宪法：“孔子……知世运之变而与时推迁，以周世用，故为当时据乱世作宪法，既备矣，更预制将来，为修宪之用，则通三统焉。孔子又为进化之道而与时升进，以应时宜。故又备升平、太平之宪法，以待将来大同之世，修正宪法之时，有所推进焉。”① 并认为孔子把微言大义寓于春秋，发明了三世说，作为将来圣王变法的依据。孔子“为神明，为圣王，为万世作师，为万民作保，为大地教主”②。

康有为正是这样打着孔子的旗号建立了他的历史进化理论的。其主要内容是：

第一，肯定社会是变易进化的，由野蛮向文明、由低级向高级，历史是一个不断进步的过程，“始于粗粝而后致精华”。

第二，进化的轨道是由据乱世到升平世（小康），再到太平世或大同社会，大同社会是人类社会发展的极乐世界。与这三个进化阶段相适应的是一个政治不断发展的过程，政治上也由君主专制而发展到立宪君主制，最后发展到共和制。

据乱世的君主专制，是暴主酷政，专制野蛮，有时又说是“文教未明”的时代；升平世的立宪制，又说是君主行仁政的时代，或君民共治、君民共主

---

① 《刊布春秋笔削大义微言考题词》，见汤志钧编《康有为政论集》下册，中华书局1981年版。

② 《孔子改制考序》，见汤志钧编《康有为政论集》上册，中华书局1981年版。

时代，从文化上讲是渐有文教的时代；大同社会是民主共和国，表现出对资产阶级民主的极端向往，认为那时简直如同天堂，非复人间，文化上文教全备，是极乐世界。

第三，三个阶段是人类社会普遍的发展道路或普遍规律，“验之万国，莫不同风”。

第四，这种进化必然是渐进的，只能沿着三个发展阶段循序渐进，“循序而行”，不能跳跃前进，不能突变飞跃，“道难躐等”。

在马克思主义看来，这是庸俗进化论的表述，因为只有承认突变飞跃，才导致革命运动的合理性与必然性，才能解释马克思主义以后社会主义国家对这种单线历史观的超越，形成以进化为主线的多线条的历史发展观。

后来，康有为因为看到中国历史发展的挫折，他的进化论更加保守悲观。他写《中庸注》和《论语注》时，把三世中的每一世又划分为三世，称为小三世，每小三世中又有三世。如《论语注》说：“一世之中可分为三世，三世可推为九世，九世可推为八十一世，八十一世可推为千万世，无量世。”早年尚说汉唐宋明为小康，晚年强调中国只是据乱世或据乱世中的小康，甚至连君主立宪也是激进了。如他在民国后当了上海孔教会的会长，出版《不忍》杂志，发表《国会叹》说：“夫国会、政党，立宪之二巨物也，而我国如此。则立宪尚未可行也。追想戊戌时，鄙人创议立宪，实鄙人不察国情之巨谬也。程度未至，而超越为之，犹小儿未能行，而学逾墙飞瓦也。”①

（二）康有为进化论的局限性与历史意义

作为中国近现代少有的构造大体系的思想家，康有为在理论上的局限性自然难免。具体来说，其进化论与马克思主义唯物史观存在以下区别：第一，在马克思主义看来，他对历史阶段的划分不是科学的，没有依据生产方式或社会经济形态解释历史变化，因而是比较随意和牵强附会的。第二，只讲渐变，不讲质变飞跃突变，属于庸俗进化论。一方面强调进步，认为历史是一个统一走向进步的过程，但又主张循序渐进，反对跳跃前进。其原因首先与其以“元”为本的不彻底的辩证法有关。康有为认为事物内部包含着两种相互矛盾、相互作用的力量，但又认为竞争、对立是次要的，而相互作用、和合调和是主要的，进化既顺应了变化的趋势，同时又否定了斗争，强调连续性；历史进化是通过人与人之间的斗争、作用与和合实现的，而且是由斗争最后走向融合，这

① 《国会叹》，见《康有为政论集》下册，中华书局1981年版。

种和合、调和思想在人类社会表现为大同，表现为以“仁”为本。其次这种渐进主张也与现实条件对他的制约有关。他不能想象一下子失去君主这个政治社会的平衡力量，其思想不可能一下子迈进民主制度，只能渐进。第三，浓厚的宿命论和宗教迷信色彩。他奉孔子为万世立宪者，为大地教主，为神明，认为不幸的是王莽改制，篡改了孔子的微言大义，使中国一直滞留在小康而未至大同。到了今天，诞生了自己这位圣人，正当“四千年未有之会”，使之可以继承发扬孔子的微言大义，“二千五百年，至予小子”，“顺天俟命，但行吾不忍之心以救此方民耳”。他认为是圣人贤哲推动历史进步，只要世运大变，就会天降圣人；孔子之学，专言百世，由孔子之后，至今刚得百世，此又甚奇，大抵百世以下，则孔子不忍言也，煞有深意；这是世运百世之后大变，待有圣人出，把自己视为担当大任的“圣人”。这是典型的“救世主”和英雄史观。

然而，康有为的进化论思想在中国近现代政治思想史上也具有不可否认的地位。

首先，肯定了人类历史是不断向前发展进步的，相信明天会更好，承认这种进步是历史发展的客观规律，这一点和马克思主义具有相通之处。历史唯物主义也是强调人类发展进步的。

进化论对于今天的中国人已是不争之论，但在思想史上却伴随着长期的激烈的斗争。这里不妨略作回顾，以提供一点背景知识。以孔子为代表的儒家的历史观虽然在学术界有些争论，但是，儒家至少对于秦汉以后的历史发展不抱绝对乐观的态度。在他们的心目中，人类理想的黄金时代是在上古或三代盛世，虽然对未来怀有道德理想，相信“五百年必有王者兴”，但是对于秦汉以后的实际历史过程却是持否定态度和批评态度的，故言必称三代。朱熹称周、孔之后，历史只是“架漏牵补，过了时日”，儒家之道未尝一日得行天地之间。董仲舒则从绝对意义上否定发展变化，主张“天不变道亦不变”。老庄更是极端否定现实，否定人类历史文化的进步，主张退回小国寡民、无知无欲的初民纯朴时代。此外，阴阳五行学说则是用循环论解释历史，认为金木水火土五行相克相生，或曰五德始终。

在西方，公元前8世纪的希腊诗人赫希奥德把人类社会历史依次分为黄金时代、白银时代、紫铜时代和他所处的悲惨时代，勾画出一幅人类命运每况愈下的图景。斯宾格勒在其《西方的没落》一书中认为，人类文明和植物等生命有机体一样，也有生、长、老、死，如同季节有春、夏、秋、冬一样。他认为人类出现过的几大文明，都无一例外地要走向死亡，西方文化是最后要走向没落的文化形态，因而否定了人类历史是统一地走向进步的过程。尼采则认为历史发展是盲目的、无目的的，世界是权力意志永恒轮回的产物，世界由权力意志不断创造不断破坏，不断由最简单到最复杂，由最净、冷、硬的涌向最烫、最野、最自相矛盾的东西，因为权力意志是盲目的，故历史也是无目的的。当代哲学家波普也系统地对他所谓的“历史决定论”进行清算，认为历史无规律可言，承认历史有规律，就等于说我们有限的一点知识可以预见到具有无限可能性的未来，这是一种乌托邦的构想。进入20世纪80年代后期，福山更发表《历史的终结》一书，断言随着苏联社会主义制度的解体，民主制度最终成为世界各国一致的选择，历史走到了尽头。这等于宣布历史就此止步，不再向前发展了。另外在印度早期诗歌中，也有歌颂美好过去的内容，说那个时代没有等级差别，没有压迫，人民生活得自由幸福，无忧无虑。

从这些背景资料看，康有为提出三世进化论，是具有深远意义的，它为马克思主义的历史唯物史观在中国的传播起到了扫除思想障碍的作用。

其次，康有为的进化论还具有强烈的社会批判意义，它非常深刻地揭示了封建制度的不合理性和暂时性，指出了专制制度终将被资产阶级民主制度所代替的客观趋势，为其改良变法创造了理论依据。

因此，梁启超指出，在达尔文的进化论传入中国之前，康有为的进化论是一个大发明。

第四节　康有为的大同思想

《大同书》原是未完成的初稿，甲、乙两部于1913年发表于《不忍》杂志，其余部分是在1935年作者死后八年由中华书局出版。一般认为，康有为在1884年即开始推演大同之义，初步思想已经形成，但由于他认为当今正是据乱之世，只能言小康不能言大同，否则“陷天下于洪水猛兽”之中，故秘不示人，最初在广州万木草堂讲学时，只有少数弟子得见此书。谭嗣同从梁启超处得知大同思想后，大为倾倒，认为是“一佛出世”。该书内容极为庞杂，对于现实社会的不合理、不公平，以及对于未来社会的平等、独立、自由、富裕描述得酣畅淋漓，极尽铺排之致。这里只能概括地加以介绍。

一、“入世界、观众苦”：揭露社会的种种苦难和不平等

康有为从哲学上的“仁”或“不忍人之心”出发，主张人道主义和人人平等思想。他认为去苦求乐是人的天性，人人在本质上都是自然之子，是

"元"的产物，都是直隶于天的"天子"和"天民"，都在本质上没有区别，是自然平等的。但是现实的情况却是人世间充满了苦难和痛苦，故在"入世界、观众苦"中，他列举了人类面临的种种苦难，如：

人生之苦：又分投胎之苦，夭折、废疾、野蛮（夷狄腥秽之地）之苦。其中写投胎之苦说："一为王子之胎，长即为帝王矣，富有国土，贵极天命，生杀任意，刑赏从心，呼吸动风雷，举动压山岳，一怒之战，百万骨朽，一喜之赏，普天欢动；不幸而为奴虏之胎，一出世即永为奴虏矣……如投胎为篓人乞丐之子……终日行乞不得一食，饿死沟壑不得一席。"

天灾之苦：包括水旱饥荒、蝗虫、火灾、水灾、火山、地震山崩、宫室倾坏、舟船覆沉、汽车碰撞、疫疠之苦。

人道之苦：如鳏寡、孤独、疾病无医、贫穷、卑贱者之苦。

人治之苦：如刑狱、苛税、兵役之苦。

人情之苦：如愚蠢、仇怨、爱恋（父子之爱，夫妇之爱）、牵累、劳苦、压制、阶级之苦。

人所尊尚之苦：如富贵、老寿、帝王、神圣仙佛之苦。

据此，康有为以极其悲愤的语气宣称："全世界皆忧患之世而已，普天下人皆忧患之人而已；苍苍者天，抟抟者地，不过一大杀场大牢狱而已。"在谈到压制之苦时说，君臣关系"非天之所立，人之所为，而君之专制其国，鱼肉其臣民，视若尘沙，恣其残暴"。他又抨击现实社会的不平等说："人皆天所生也，同为天子，同此圆首方足之形，同在一种族中，至平等也"，却有人"以强凌辱弱，以众暴寡，以智欺愚，以富铄穷"，这太不公平了。

二、大同世界的美好图景

既然现实世界是如此不公正、不平等、不合乎人道，是充满苦难、苦海无边的，而按照康有为的进化论、宇宙观，人类从本质上是一定要齐同的，是应该统一地走向大同世界的，那么未来的齐同世界是什么样的？或者说，一个公平、合乎人道的社会应该是什么样的呢？

第一，在经济生活方面，实行财产公有制，"凡农工商之业必归之公，举天下之田皆公有"，人不得为私有，不许有私业；生产力高度发达，电气化、自动化、机械化"一人之用可代古昔百人之劳"，劳动效率极大地提高，劳动时间大大缩小，闲暇时间用于游乐读书；人人在物质和精神生活方面都是尽善尽美，住则"珠玑金碧，光彩陆离"，行则"飞屋飞船"，"舟皆电运"；饮食主要是为了养生，不再是为起码的生活需求，于是安乐既极，惟思长生，人人皆为长生之论，“神仙之学大盛”。

第二，在社会结构方面，人人独立平等，此“天予之人权也”，消灭了级界，没有阶级和压迫，没有国家、官员和统治者，没有男女不平等，人人独立，“直隶于天”，皆为“天民”，“全世界人民尽为平等”。在这样一个社会里自然是毁灭了家庭，“一人身有一人身自立，无私属焉”，人人都是不属于家庭的独立平等的世界公民。人人独立平等，也就会人人自由。毁灭家庭之后，在男女两性关系方面自由同居，所谓“人人有生殖之器，则不能无交合之事者，天也。……故大同之世，交合之事，人人各适其欲而各给其求……人情既许其自由，苟非由强合者则无由禁之”；儿童为公孕公有，怀孕即入人本院，对孕妇的生活学习包括怀孕期间与男性的接触，一律按照有益于母亲和婴儿身心健康的标准，由人本院统一管理，并严格实行胎教。生下之后即通过官办的养婴院、怀幼院、学校等组织公教、公养，到老年则由养老院、医院“公恤”，以彻底解放个人。

梁启超认为，一部大同书数十万言，其要义即在于毁灭家庭。为什么康有为会以家庭作为人类痛苦的根源？这一面是其理论中强烈的独立、自由平等理想的必然逻辑，以及他受佛教浸染颇深的缘故，同时也和康有为亲身感受和亲眼所见的家庭不幸有关。康有为的两姊妹中，逸红与一位多病男子订婚，于该男子病危时出嫁，新婚十九天丈夫即死去，从此守寡 43 年；琼琚亦婚后不久即守寡，贫困而死。康有为常常为自己坐视无为、不能帮助这两个姊妹而痛苦。后来又收谭嗣同为弟子，又听到谭嗣同自幼丧母，饱受父妾的虐待。这些都对他的思想影响很大。① 不过，采用公妻制或毁灭家庭，这是一切空想乌托邦思想的共同特点。柏拉图的理想国就是采用公妻制和优生措施，莫尔的乌托邦国家也是如此。

第三，政治制度方面，既然康有为以平等、自由、独立为最高原则，那么大同世界里没有国家、军队和刑罚，只有一个全世界共同的公政府。它由人民选举的议员组成，这些议员都是所谓的智人、仁人。议员由人民三年或一年选举一次，是人民的代表。议员选举公政府的行政官，行政官只有具体职责的不同，没有地位爵号的差别。这有点像瑞士等国的人民委员会制度。由于公政府不存在军事法律方面的暴力镇压职能，因此它更像一种经济文化管理机关。

第四，在实现大同社会的步骤方面，他认为造成人类苦难和不平等的根源

---

① 参见前揭肖公权著、汪荣祖译《近代中国与新世界：康有为变法与大同思想研究》，江苏人民出版社 1997 年版，第 13~14 页。

在于存在着“九界”，故要去国界合大地、去级界平民族、去种界同人类、去形界（男女不平等）保独立、去家界为天民、去产界公生业、去乱界治太平、去类界爱众生，去苦界至极乐。其中最重要的是去家界，认为家庭是私有制的前提。有了家庭，就会存在私爱即私人情感，妨碍公理；有了家庭就会使子女附属于父母，妻子附属于丈夫。本应“意同则合，意异则离”，人人为独人、为天民，独立自由平等，这是“天授”的人权，而家庭的存在是违反这一原则，也是妨害社会进化的。另外，从对子女的教育说，私养私教也不及公教公养完整。他还抨击中国传统的伦理道德虚伪，认为孝道虽然谈得很多却“罕有实行者”。对于如何去种界，康有为也有详细的设计，如主张：一是迁地；二是杂婚，使黑、白、棕色人种杂交；三是改变食品结构，他认为白人、黄种人饮食合理，因而体气皆香，黑人和一些野蛮人则多生食，因而体气腥臭；四是有目的地淘汰，如对于黑人、棕色人中性格太恶、相貌太丑或身体不健康者，可以由医生给他们饮服断嗣之药，使其绝种。此外，还用了很大篇幅抨击男女不平等问题，认为女子不能入仕为官，不能参加科举、担任议员，不得为公民，不得参与公事，不得为学者，不得自立自由，实为男性的玩具、囚徒、奴虏和受刑的犯人，女人的细腰、戒指、手镯、穿耳环，中国的小脚和西方的高跟鞋，都是压迫女性的表现。尤其中国的缠足，是中国作为一个号称教化之国的奇耻大辱，是古今大地之毒害中的集大成者，因此提出，男人对待女子“皆无人权天民之心”。将来的大同社会，男女之间的这一切不平等和差异都应该被消除。在去国界方面，他认为人类为战争所苦，而战争首先是由于不同国家的存在而引起的，故应该取消国家。

三、康有为大同思想的意义与内在矛盾

第一，大同思想代表了中国空想乌托邦思想的顶峰。从一般意义上说，理想主义昭示着人类想象能力的极限，在人类认识与改造世界的过程中，本身就占有十分重要的地位。此外，从今天的角度来看，《大同书》描绘了一个极端美好的理想社会，其意义不在于它是否具有可实践性，而首先在于它本身即具有深刻的社会批判意义。这种理想的提出，本身就是对当时乃至后世不合理的社会问题的颠覆性批判。可以说，它是从根本上否定了私有制、专制制度和传统的伦理道德、家庭和婚姻男女关系，宣判了专制制度、私有制的暂时性和不合理性。

第二，康有为的大同思想也存在明显的空想性和深刻的内在矛盾。首先，其大同世界和进化论之间就存在着矛盾。一方面，大同世界的未来是如此美

好，但是到达大同世界的道路却要通过“大三世”、“小三世”、“无量世”才能实现，无限漫长遥远，实际上根本否定了实现的可能性；其次，由于没有找到进化即推进历史发展进步的现实力量，实际上只能是把理想寄托于自然、自发的演进方面，或者少数圣贤豪杰的奇迹上。理想非常高远动人，行动上又显得十分保守。

另外，任何绝对完美的理想或乌托邦设计都有一个共同的前提，就是相信人类生活可以由某些智者、贤哲根据他们认为是合理的或科学的标准加以规划设计，殊不知，人是千差万别的，人的偏好是没法通约的，从本质上说，人的存在本身就意味着无限可能性，否则就不是人。如果一种社会规划不是有利于发挥这种无限可能性，而是抑制这种可能性，它就从根本上走向了否定人和反人道。在一些具体的观点方面，大同思想也处处显示出这种矛盾，如一方面追求平等、自由，但是在他设计的大同社会里，一切都按照他所认为的“合理”、“科学”的方式安排得井井有条，如孩子在未出生时就已经纳入到某个统一的设计程序和目标，大同社会的公政府实际上控制着男女两性生活，因而这样的生活不可能考虑个人的偏好和价值取向的不同，整个社会如同一架精巧的机器，人实际上也难免不会成为机器；又如他的改良人种的计划，恰恰就是种族主义的翻版，和法西斯集权主义思想没有两样。因此，和一切空想思想家一样，康有为无疑是非常善良、对人类的命运和苦难非常具有终极关怀和同情心的，但他的具体手段和措施可能恰恰和他的人道主义、自由、独立的初衷背道而驰。

需要指出的是，康有为身上表现出许多看似“言行不一”的情况，如梁启超在《南海康先生年谱》中说：“先生为进步主要之人，人人而知之。虽然，彼又富于保守性质之人也。爱质最重，恋旧最切，故于古金石爱之，古书籍好之，古器物好之。笃于故旧，厚于乡情，其于中国思想界也，谆谆以保存国粹为言。”又如陆乃翔等撰《新镌康南海先生传》称，康有为一方面要扫尽古今藩篱；另一方面却又十分传统：“事亲则孝，事君则忠，族姻则亲……日美戒杀生而日食肉；亦称一夫一妻之公，而以无子立妾；日言男女平等，而家人未行独立；日言人类平等，而好役婢仆；极好西学西器，而礼俗器物语言仪文皆坚守中国；极美民主政体，而专行君主……其理想穷极天人，包罗万象，其行止不离尺寸，素位而行。”单从这些看似“自相矛盾”的情况，还不能完全地、绝对地断定：康有为的思想就是空想的，就是充满矛盾的。因为思想家之所以成为思想家，其重要的标志之一就是，他的思想里面必须具有超前的成分，必须具有一定的前瞻性，或者说，他的思想至少能在一定程度上超越了人类现在“力所能及”的范围。政治思想家并不必然是政治家，政治思想家并不是等到所有的条件都具备了，所有的问题都能付诸实施了，再去提出自己的思想，如果那样，他就是跟着现实生活“放马后炮”，他作为思想家的理由和资格也就不存在了。我国传统思想中一向讲“知行合一”、“立言”和“立身”、“立德”一致，这自然有它一定的道理，但也容易造成政治家和思想家混合不分、角色分化不专，以及抑制人们的思辨能力和思想创造力等问题。另外，正如本书前面已经讨论的那样，无论是从康有为的整个思想体系，还是从当代政治学的基本常识看，实行君主立宪制与民主思想并不矛盾。

第五节　康有为的维新变法思想

康有为的维新变法思想的逻辑十分清晰，它实际上包括“为什么要变”和“怎样变”的问题。基本上是既肯定“变”，又不愿意变得太猛烈、太快。让我们从其理论的内在逻辑和他对现实国情的分析两个方面，简单梳理一下他的思路。

一、改良变法的必要性和迫切性

首先，从康有为思想的逻辑上看，无论是从其以“元”为本体的“变易”的宇宙观、三世进化论看，还是从其大同理想看，都必然得出必须“变”的结论，但“变”又是有节制的和有步骤的。事物内部虽有斗争冲突，但和合、依存又是主要的，特别是在人类社会中，是以“仁”为本位的，因此不能革命；从三世进化观的角度看，目前也只能是向小康阶段努力。这些已经在前面分析得比较多了，兹不详说。

其次，思想的逻辑最终是要说明和解决现实问题的，变革的需求或内在根据最终还是来自现实，来自于现实中国严峻的民族危机。康氏在其著名的《上清帝第六书》中极言当时的危机形势说，现实中国已经名存实亡，“虽无亡之形，而有亡之实”；在保国会的演说中也指出：“吾中国四万万人，无贵无贱，当今日在覆屋之下，漏舟之中，薪火之上，如笼中之鸟，釜中之鱼，牢中之囚，为奴隶，为牛马，为犬羊，听人驱使，听人宰割，此四千年中十二朝未有之奇变……奇惨大痛，真有不能言者。”① 所以，为了救亡图存，只有变

① 《京师保国会第一集演说》，见《康有为政论集》上册，中华书局 1981 年版，第 237 页。

法才是出路。

二、如何“变”：变法的手段与方式

康有为认为在变的手段和方式上，应该是渐变。在维护清政府和君主制度的前提下，以小康之义行维新。为什么维新改良？要从两个方面理解：一是如上所述，从其宇宙观和三世进化论的理论上看，应该是渐变；二是从现实根据上看，也应该是渐变，不能采取反满革命的激烈手段。关于后面这一点，肖公权先生在其《中国政治思想史》(下册) 第二十一章的引证材料颇为详细，这里借用其研究成果概述如次：第一，革命党所倡导的种族革命理由不能成立，因为满汉种族界限难以确立，满汉都是黄帝后裔，华夷之别根本在于文化而非种族，满族未灭亡中国的文化，故不得称为异族。第二，政治革命有害无益：首先，中国目前不具备实行民主共和的条件。民主共和必以民智为前提，乱世民智未开，公理未明，必需君主治之，家长育之；加上中国积四千年君主之俗，具有长期的君主制传统，一旦废除，必然会导致大乱相寻；中国广土众民，遇事皆待公议而后行，则事无不败。其次，历史的经验教训也说明，各国行立宪易安，行共和易乱。西方各国只有美国和瑞士两个国家行共和成功，法国行共和大乱 83 年；中南美洲 20 个国家实行共和制，除智利外无不大乱。① 最后，民主共和制与君主立宪制的根本精神是“暗合”的，是一致的。立宪可以避免专制，虚君可以避免政争，既是乱世“不得已”的办法，又是使国民免遭战乱的爱国爱民之法。等到将来国民的智力发达后，还是应该采取共和制的。总之，民主共和的方药虽好，如果用非其时则无益有害。

康有为认为在变的内容上，应该是全变。“若决欲变法，势当全变”，不能变其甲不变其乙，应仿照彼得大帝和日本明治天皇，从政治、经济、文化教育、军事方面全变。在政治上，应该设立议院，召开国会，制定宪法，实行君主立宪或虚君共和；在经济上，主张开矿藏，修铁路，立商会，扶助工商，奖励科学发明，发展资本主义等；在文化教育方面，主张废除八股制度，学习西方国家的教育体制，兴办新式学校；在军事方面，仿照西方，建立现代的军队和军事教育体制。

① 参见《大同书》，古籍出版社 1956 年版，第 109~110 页。

☞**思考题：**

1. 试说明康有为的世界观、进化论、大同思想与其维新变法主张之间的逻辑关系。

2. 作为一种乌托邦思想形态，康有为的大同思想有何特点？这种大同思想对现实社会的批判意义何在？

第四章

改良主义思想的发生与破产（下）

——梁启超、严复、谭嗣同的政治思想

第一节　梁启超“流质易变”的一生

一、生平事迹梗概

梁启超（1873—1929年），自卓如，号任公，别号饮冰室主人。广东新会人，距离康有为的家乡南海100华里，是清末鼓吹维新思潮的代表人物和戊戌变法领导人物之一。其生平大致可分为四个阶段：

第一阶段，1873年到1890年，是梁启超接受旧式教育、求取功名的时期。梁启超家里比较贫穷，直到他结婚时还是借别人的房子作新房。其父为私塾教师，一生连秀才也未考取。梁启超却非常早慧，据说四五岁时就能出口成章。他12岁考取秀才，17岁就考取了举人，榜列第五，一王姓主考官把自己的堂妹嫁给他，可谓少年得志。次年进京参加会试落第，回广州时拜康有为为师。

第二阶段，从1890年到1911年辛亥革命，是他的思想转入改良主义并从事维新变法的时期。这期间虽然仍未放弃科举功名，曾两次随康有为参加科举考试，但已经把科举看成实现改良变法的手段。其间的主要活动是：一是从1890年到1894年师从康有为读书于广州万木草堂。他回忆自己初见老师的情形说：当时少年及第，且自信对旧的训诂辞章之学颇有造诣，而康有为当时还只是一介平民，因此是怀着志得意满的心情去见老师的。而见面后康有为就对梁启超的学问多方诘难，这些诘难对于梁启超来说如“大海潮音，作狮子吼”，一举摧垮了他的旧学体系，使他如同冷水浇背，当头一棒，尽失其故垒。退出后彻夜不寐，次日再谒见先生，请教为学次第。先生先告以陆王心学，并及史学及西学梗概，自是决然舍去旧学。他说自己从此才知道世界上有

所谓真正的学问①，从而全盘接受了康有为的改良主义主张。二是与康有为一起领导了变法运动。三是从1895年到流亡日本，在康有为领导下从事维新变法思想的宣传启蒙。他办了许多刊物，写下了许多影响极大的文章，被誉为“天纵之文豪”和舆论界的骄子。黄遵宪说他笔下“惊心动魄”，一字千金，人人笔下所无却又意中所有，虽铁石人亦应感动。还有人说他的文章如雷鸣怒吼，叱咤风云，恣睢淋漓，震骇心魄，读时令人摄魂忘疲，“或怒发冲冠，或热泪湿纸”，或哀感曼鸣，长歌代哭，湘兰汉月，血沸神消，雅俗共享。毛泽东、郭沫若、鲁迅等都曾回忆过梁启超对他们的影响。郭沫若在《少年时代》中就说，平心而论，二十年前的青少年，可以说没有一个没有受过他的思想或文字的洗礼的。梁自己也说，他写文章笔锋常带感情，对于学子别具一番魅力。可以说，这个时期他以自己的行动开创了一个思想变革上的梁启超时代。

第三阶段，从1912年到1917年，是他短期从政时期。辛亥革命后，于1912年回国。1913年任熊希龄内阁司法部长，曾附和袁世凯打击国民党，后来发现袁世凯称帝野心之后，发表文章《异哉所谓国体问题者》揭露其阴谋，并于1915年至1916年与学生蔡锷一起领导了护国运动。1917年又担任段祺瑞政府的财政部长。因为段看重其在国际上的声誉，想利用借款武力统一中国，而梁启超则对于武力统一、重造法统非常赞同，因此与段合作，反对孙中山的护法运动。1917年44岁时最后离开政府。

第四阶段，从1918年到1929年死去，为从事学术文化活动的最后十年，也是其学术活动最辉煌的十年。其间主要有这样几件事情：第一件事是在1918年12月至1920年春，和蒋百里、丁文江、张君劢等人到欧洲进行为时一年的游历活动。其目的是要考察第一次世界大战究竟是怎么回事，以及考察西方政治，同是也向西方国家宣传、表达中国人民的意愿，要求对中国平等外交，废除不平等条约。他们一行到英国列席了下院会议，在法国旁听了巴黎和会，凭吊了第一次世界大战中法德交战最激烈的凡尔登要塞。同时访问了比利时和意大利，拜访了德国的生命哲学家柏格森。第二件事是从国外考察回来后，一度宣传基尔特社会主义，同时进行学术著述活动。《清代学术概论》原本是为学生《欧洲文艺复兴时代史》写的序言，但他在写的时候才思焕发，收不住笔，一口气写了6万多字，不便成序，便在胡适等人的劝说下，单独成书。是书讲明末至梁启超期间的学术思想的变化，是第一部关于清代思想史的佳作。四年后又写下了《中国近三百年学术史》，亦被当时学术界视为一件大

① 参见梁启超《三十自述》，《饮冰室合集·文集》十一。

事。是书与前书相比，前者重论，后者重史。后又写了《中国历史研究法》，首倡新史学，认为一部二十四史实为断烂朝报，必须用现代人的眼光和方法给予研究。他自己身体力行，用现代人的眼光写了《先秦政治思想史》，并从事一些重大事件的考证，旁及佛学研究，还有志于写出《中国文化史》和《中国通史》。加上他在从事维新变法时期的文章，他一生总共写了上千万字的文章和著述。第三件事是1922—1923年在全国各地进行了为期一年的讲学。后到清华大学主持国学研究院，1926年担任北京图书馆馆长。1929年1月19日去世，结束了波澜万状的一生。

二、梁启超思想的"易变"及其象征意义

综观梁启超的一生的思想，用他自己的话说就是"流质易变"。他自称：吾数年来之思想，已不知变化流转几许次。又说他自己是保守性与进取性常交于胸中，常常发生"今日之我"与"昨日之我"交战的情况。从政治思想的发展过程看，梁启超的一生主要经历这样几个阶段：

第一阶段：从17岁见到老师康有为之后，从传统的思想体系转而全盘接受老师的维新变法思想。

第二阶段：1898—1903年流亡日本期间，"思想游离于康、孙之间"。他本来是主张君主立宪和保皇的，但这个时候也感到清政府极端腐朽，专制制度是造成中国落后的总根源，同时接触了西方的自由、民主观念，加上孙中山的国民党也在极力争取他，因此思想上"渐赞成革命"，发表过肯定和礼赞革命、民权，主张反满、"破坏"的文章，认为"破坏"的流血革命是"世界进步的公例"，为建设而破坏是必要的，肯定革命的合法性，认为"讨满是今日最合适之主义"。"自由者，天下之公理，人生之要具，无往而不适用者也"。康有为对此极为不满，命令他离开孙中山，到美洲去为改良派募集资金。

第三阶段：1903年到美洲之后，一方面看到西方国家的发达进步，深深感到中国与外国的巨大差距，同时也看到西方民主制存在的一些弊端，加上革命党中混进一些投机分子表现丑恶，引起他的反感，因此在思想上由在日本时的趋向激进又转为保守，提出了"开明专制论"，认为中国人只配享受专制不配享受自由。四年之前他曾极力讴歌激进的卢梭，四年后却又转而激烈抨击卢梭；以前他曾激烈地声讨专制制度，发出"与汝偕亡"的口号，今天却大谈"开明专制论"；在1905年保皇党与革命党的激烈大论战中，出于论战中压倒对方的需要，梁启超的"开明专制论"更是达到了极点。

第四阶段：1907年到辛亥革命爆发，又回到鼓吹君主立宪的立场上。因

为此时中国国内立宪运动已经从思想发动转为实际推行，清政府已经宣布实行立宪，立宪已经成为不可逆转的潮流，而且这也和康、梁的一贯主张相吻合，故他又紧追时代的潮流，组织了“政闻社”，鼓吹立宪。该社的宗旨就是“实行国会制度，建立责任内阁制度”；“实行司法独立”；确立地方自治，“正中央与地方之权限”。

第五阶段：辛亥革命后，又转入宣传共和。他认为虽然维新派起初并不主张共和，但共和既然已经成为事实，就应该全力维护，确立法统和宪法的尊严。为此，他附和袁世凯，反对孙中山的革命；而在袁世凯阴谋复辟帝制的时候，他也发动护国运动加以反对。他认为社会的进步不在于共和与君主制，不在于在这些形式上玩花样，而在于国情，所以在革命前他反对变君主为共和制，在革命后也反对变共和为君主制。

第六阶段：从1917年11月退出政府之后，不再从事政治，一心从事学术活动。在文化上既反对固步自封，又反对一味地“沉醉西风”、片面地崇尚科学主义，而趋向于保存和发扬中国固有的文化。他综合西方文化的长处，认为“欧洲人做了一场科学万能的大梦”，如今已经破产，号召青年人“立正，开步走！大海对岸那边有好几万万人，愁着物质文明的破产，哀哀欲绝的喊救命，等着你来超拔他哩”。① 但在从学术活动方面，他仍然坚持自由主义和独立精神。他似乎看到，学术和政治靠得太近，对于学术和政治都没有益处，尤其对于知识分子的独立精神的养成更是有害无益，因此他在《清代学术概论》中反思说，中国近代的“新学家”所以失败，根源在于“不以学问为目的而为手段。……学子之求学者，其十中八九，动机已不纯洁，用为敲门砖，过时则抛之而已。……其高秀者，则亦以‘致用’为信条，谓必出所学举而措之，乃为无负。殊不知，凡学问之为物，实应离‘致用’之意味而独立生存。……质言之，则有书呆子，然后有学问也”。他甚至直言不讳地说，这种毛病在他和老师康有为身上就很突出：“有为、启超皆抱启蒙期‘致用’的观念，借经术以文饰其政论，颇失‘为经学而治经学’之本意，故其业不昌。”因此他提倡一种“学者的人格”：“为学问而学问，断不以学问供学问以外之手段。故其性耿介，其志专一，虽若不周于世用，然每一时代文化之进展，必赖有此等人。”② 提倡自由研究和独自创造的精神。

① 梁启超：《欧游中之一般观察及一般感想》下篇，《饮冰室合集·专集》之二十三。

② 参见梁启超《清代学术概论》，东方出版社1996年版，第89~90、6、96页。

社会学家席尔斯认为，一个民族会在长期的历史中形成基本的一贯性和心灵的积习，每一种文化都有其基本的同一性即稳定不变、使这种文化之所以成其为此种文化的特性。其实，一些学者的研究业已表明，一个人之所以表现出不同于另外一些人的特征，也是由于每个人都存在着与他人相区别的基本同一性。梁启超虽然一生多变，但总起来看却万变不离其宗，在变中又存在着不变即抱持基本同一性的方面：① 一是改良主义的基本立场没有彻底发生过动摇，一生都是反对突变、革命，反对对于社会进行根本改造的一揽子工程，认为一个民族在一定的时期只能完成一件主要的工作，不可能同时完成许多任务。二是救国爱国之志没变。这些是其思想的基本同一性。他和康有为一样，并不一般地拒斥自由、民主、共和这些理念，而只是认为它们是更高层次的目标，现在强制实行是"行不得其时"。他的"变"其实只是具体策略方面的"变"，不是根本的改良立场的"变"，更不是世界观的"变"。正因为如此，我们才能把他视为一个改良主义者。

他为什么会有这些矛盾和摇摆？国外学者对梁启超研究的代表作，应是列文森的《梁启超与中国近代思想》。他在该书中认为梁启超是理智上接受西方的价值观，感情上又依恋于中国固有的文化，造成感情和理智的冲突。这当然可备一说。我认为梁启超的"流质易变"是由多方面因素造成的：首先，"流质易变"恰恰反映了中国近代社会快速多变的事实。他处于一个动荡的时代，历史在这里本身就充满了曲折和反复，同时也是一个充满思想陷阱的时代。对于置身于这个剧烈变革时代的人来说，历史在这个时期还没有显示出发展的基本趋向，现实还没有展示出解决问题的可能性，此时最伟大的思想家也可能挣脱自身理性的束缚，为感情所驱使，为一时的现象所迷惑，对事物做出反常的预测，掉入思想的"陷阱"。其次，从精神气质和知识结构方面来说，梁启超和康有为有很大不同。英国自由主义思想大师伊赛亚·伯林有个著名比喻，他说：有两种类型的思想家，一种是狐狸型的思想家，一种是刺猬型的思想家。狐狸型的思想家多变化，而刺猬型的思想家则抱持一贯的思想体系，就像刺猬遇到危险只有一招一样。借用这个比喻来看，康有为可谓后一种类型。他自称30岁以后学问便不再有进，也不需有进，认为已经把握了世界的全部奥秘。康有为的思想具有很强的宗教气息和武断性，梁启超就说他老师太有定见。这

① 参见列文森《梁启超与中国近代思想》，四川人民出版社1986年版，第8页及第17页注。

也是思想史上一个有趣的现象，某个人一旦形成了自己的思想体系后，往往走向自我中心和独断，而不独断、没有体系又不成其为思想。梁启超则属于前一种类型。他与时俱变，富于文学家和诗人的气质，心灵敏感，感情丰富、奔放而又浓郁真挚，属于性情中人。他自称："吾富于情感之人也。自吾始有知识，既日与忧患为缘。一二年来，恫伤孤愤，益以日积。及今殆不复能自制。独居深念则歌哭无端。"而此时他已40多岁。从知识结构上说，康有为属于精深型，而梁则博大丰富，受西方文化熏陶更多，养成了开放活泼的心灵和开阔的眼界，好处是容易造成在知识和学问上的宽容态度和谦卑精神，善于吸收新思想和新观念，不会在知识和思想上太固执。他自己也不无得意地说，历史上有许多善变的豪杰，方法虽变而爱国思想未尝变；"变"不是为了投机和谋求个人利益，不是不负责任的"诡遇"，而是发于爱国的至诚，这种"变"正体现了他们磊磊落落的人格。但是这种"变"又导致他的思想和学术比较博杂浮浅，永远无法达到人类精神探索的极限，总是浅尝辄止，这对于学术的发展和思想资料的积累很不利。这种与时俱变特别容易造成一种实用主义的学风，没法造成现代科学文化赖以发育成长的文化土壤。他自己也说自己的毛病是太无定见，太讲求致用，破坏有余而建设不足。再次，从另一个角度看，这种矛盾恰恰又是他思想上的基本同一性的反映，即恰恰是爱国救国思想、改良思想的一致性所造成的。思想的一致性有时恰恰表现为手段的不一致性或多变性。梁启超正是由于把这个目标看得太崇高、太神圣了，太具有独一无二的可行性了，因而可以不惜一切手段去推行它。为了这个目标，甚至要和孙中山联合，形式上倒向革命；甚至要与袁世凯联合对付孙中山；袁世凯倒台后，因为害怕南北相争，使中国陷于大乱，故又向南方施加压力，要南方承认段祺瑞政府；要利用段祺瑞为宪法争一席之地，造一分尊严；甚至支持过袁世凯与日本人勾结，支持段祺瑞参加帝国主义战争，皆是为了养成强有力的中央政府，藉此实施自己的改良计划。由于手段是可以随时而变的，因此具体的政治策略原则也可以是多变的。但是，手段不是被动地依附于目标的，手段有时最终会反对目标。梁启超利用袁世凯搞改良，而袁世凯则借助于改良派发展势力搞帝制，离其目标更远。世界上有好多目标都是美好的，但有的恰恰是手段出了问题，反而给人类造成了极大的灾难。

梁启超的思想内容十分复杂，大致可以概括为：对专制制度的批判思想；自由民权思想；历史进化论与维新变法思想；宪政思想。

第二节　梁启超的自由民权思想

一、“我辈之公敌”：对专制制度的批判

梁启超的最终目标是通过兴民权达到兴国权，使国家强大起来。在他看来，民权是国权的基础，只有人民有权，才会国家有权。而专制制度的本质则是对权力的独占和自私，是“独术治群”，所谓：“君主者何？私而已矣。民主者何？公而已矣。”因此专制制度是以剥夺民权为前提的，它恰恰是造成中国落后贫弱的根源：“君权日益尊而民权日益衰，为中国政弱之根源。”所以“民权兴则国权立，民权灭则国权亡……言爱国者必自兴民权始”①。为了兴民权，不能不触及专制制度。

梁启超对专制制度的批判，首先是以西方天赋人权、个人本位思想为武器的。比如他在《中国积弱溯源论》、《少年中国说》、《论近世国民竞争之大势及中国前途》等著作里反复强调，国家是人民的“公产”，人人都是国家的“主权者”，同时又是“服从者”。在此基础上，他对中国的君主专制制度展开了不遗余力的抨击。其要点如下：

第一，认为专制摧残人类的廉耻心，导致人格卑下，整个国民没有羞耻廉耻，使国家成为一个“无耻之国”。他在《新民说》中指出，专制制度就是一个自私的制度和使用“独术”统治人民，而不像民主制度以公为本质，就是要使天下人满足一人一姓的需要，服从于一人，本身就是剥夺人民的自由和独立人格，二十四朝历史的君主大部分是民贼。君主以一人治天下，只能采取恐怖手段，千方百计地对人民鞭挞敲剥，杀戮侮辱，“积数千百年霸者之余威，以振荡摧锄之，天下廉耻既殄既弥既夷”，一旦外敌入侵，要人民起来捍卫国家，则无异于“不胎而求子，吹沙而煮饭”。暴政使人民人格低下，“吾民族数千年生息于专制空气之下，苟欲进取，必以诈伪，苟欲自全，必以卑屈”，“既以卑屈诈伪两者为全身进取之不二法门矣……其国民之人格皆可以日趋卑下”。而人民又集合为国家，民富则国富，民强则国强，民有权则国有权，民无耻则“谓之无耻之国”。一个国家的人民能够奴颜婢膝、昏暮乞怜于权贵之门，也必能悬顺民之旗箪食壶浆以迎他族之师，所以，专制制度摧残了人民的

① 梁启超：《爱国论》，《饮冰室合集·文集》之三；《说群序》，《饮冰室合集·文集》之二；《与严幼陵先生书》，《饮冰室合集·文集》之一。

力量，也就是摧残了国家的力量。

他还指出，尽管专制制度下也讲仁政，但这无非让人民等待君主的施舍，也会使人格卑下，妨害自由权利的伸张，所以仁者多，则放弃自由者也多。

第二，专制制度摧残人类的政治能力。亚里士多德认为人是天生的政治动物，梁启超也认为一个国家只有顺从人类天赋的本能才能进步，违背、压抑它就会阻碍社会进步，而人的能力是受用进废退的原则支配的，如果长久地“废置不用”，就会“隐伏不出”。而专制制度则使人的天赋政治本能“始焉窒其生机，继焉失其本性”，天长日久，人们便丧失了这种能力和人类本性，使“人道几乎息矣”。这样，国家也因此丧失了根本，则社会绝对不能进步。①

第三，专制制度摧残人民的责任心和公益心。专制制度是以暴力恐惧为前提的，它摧残、窒息了人民天赋的本能，把人民作为奴隶加以奴役，当作盗贼加以防范，久而久之，人民也就以奴隶和盗贼自居，对国事公共事务漠不关心，唯利是图，只有自私自利之心，而毫无政治责任心与公益心。与专制制度取媚于一人不同，民主制度是取媚于众人，政治家和官员都以如何增进人民的利益来争取人民的支持，实现竞争，因此会在竞争中实现公益的进步。②

在分析了专制制度对于中华民族带来的种种危害与灾难之后，他又试图进一步分析专制制度形成的根源。他认为中国缺乏西方那样的贵族政治，无法形成对君主权力的制约、抑制力量，这是专制制度形成的一个主要原因。从一般意义上，贵族制度固然不如民主制度好（存在着世袭制、身份制，凭血统决定社会地位和命运），但却是民主政治的媒介，至少贵族政治可以裁抑君主的权力，在君主与民众间发挥缓冲作用，成为双方争取的力量；贵族可以和平民联合，牵制君主，形成对君主的对抗力，不利于独裁制度的发育成长。加上贵族制度下等级森严，下层人民极端不自由，因而日益萌发自由平等观念，最终摧垮等级制度。中国科举制度下则不存在对君权的牵制，人人可以参加考试，考试如同买彩票，升官如同中彩，转过来便压迫人民，导致中国“万事不进”而唯有专制制度发达。③

---

① 参见梁启超《新民说》，中州古籍出版社 1998 年版，第 96、121、236~237、198、202 页。

② 梁启超：《新民说》，中州古籍出版社 1998 年版，第 121~122 页。

③ 梁启超：《中国专制进化史论》，《饮冰室合集·文集》之九；《政治上之对抗力》，《饮冰室合集·文集》之三十。

基于以上理由，梁启超写下了《拟讨专制政体檄》，公开向专制政体宣战："我辈实不可复生于专制政体之下，我辈实不忍复生于专制政体之下，专制政体者，我辈之公敌也，大仇也，有专制则无我辈，有我辈则无专制，我不愿与之共立，我宁愿与之偕亡。专制政体之在今日，有百害于我而无一利。"因此发誓要组织大军，不惜牺牲生命，誓剪灭此而后朝食。①

二、自由与民权思想

（一）"民权"的含义

和西方早期启蒙思想家一样，梁启超也是从天赋人权、契约论的观念出发肯定民权的，他提倡主权在民学说，如在《国家思想变迁异同论》中，他说："人权者出于天授者也，故人人皆有自主之权，人人皆平等。国家者由人民之合意结契约而成立者也。"② 因此君主和人民在权利上是平等的、在义务上也都是平等的主体。而在《中国积弱溯源论》中，他则指出，国家是"积民而成"，所以人民是国家的主人，而君主、官吏则是"国民之公仆也"。既然从人民是国家的主人出发，就必然得出肯定人民的参政权的结论，所以，从人民的政治参与角度看，民权的实质就是"以群术治群"，而非以独术治群，就是人民参与管理国家事务的权利，其中关键又在于使人民享有立法权。他在《新民说》中的《论权利思想》、《论自由》等篇中都谈到这个问题。这在制度上又必然表现为实行立宪制度，设立议院，制定宪法，采用西方的"三权分立"体制，并认为议院是"民贼所最不利者也"，这也是西方各国之所以强大的原因。但是他也认为对这种以君主立宪制为核心的民权制度也不能操之过急，最快十年或十五年才能立宪，否则也是取乱之道。关于这方面的问题，他在《立宪法议》、《论立法权》、《古议院考》以及《国家思想变迁异同》等文章中都反复论及，这里不再详细引述。

既然说人人有自主之权，实际上就是民主制度。但他为什么不使用民主而用民权这个概念呢？原来在他看来，民主必然以推倒君权为前提，民主的字眼太过激烈刺激，而民权则是相对于"专制"而言的；民权是可以通过君主立宪而实现的，兴民权不必以推倒君主为前提。另外，民权也与传统的仁政不同，因为言仁政者必然权力无限，故只能"论其当如是，而无术以使之必如

① 见李华兴、吴嘉勋编《梁启超选集》，上海人民出版社 1984 年版。

② 梁启超：《国家思想变迁异同论》，《饮冰室合集·文集》之六。

是”。也就是说，缺乏制度的保证，无法阻止暴君贼臣鱼肉人民。而且儒家的政治设计是“治人者有权，治与人者无权”，人民只有义务没有权利，不能与君主共享权利。①

（二）自由思想

在介绍梁启超的自由思想之前，有必要对于自由、民主的基本含义略作说明。

一般来说，自由的字面含义有两种：一种是哲学意义上的自由；一种是政治意义上的自由。政治学意义上的自由，当然是指后者。其具体的定义虽然没有统一的说法，但一般认为包括以下几方面的基本含义：政治层面的自由（以民主制度作为其表现形式），经济自由（私有制经济为其现实表现），思想自由（宗教信仰、学术文化、结社、表达意见，特别是游行示威等合法反对的自由），人道主义（尊重每个人的价值、宽容）等。那么，梁启超是怎样理解自由的呢？

在戊戌变法的前后，特别是在流亡日本期间，梁启超也和西方启蒙时代的思想家一样，毫无保留地拥抱这一西方主流思想中的基本价值。他在《新民说·论自由》中热情讴歌自由是“璀璨之花”、“庄严之神”，说“自由者，天下之公理，人生之要具，无往而不适用者也”。他认为自由是适用一切民族的基本价值，是一切人类的基本要求，只要是人，就会有追求自由的要求，中国人也不例外。他在另外一篇文章中也说：“民权自由之义，放诸四海而皆准，俟诸百世而不惑。”②

在对自由内涵的理解方面，他在《论自由》中强调自由是与专制和奴役制度相对而言的，包括政治、宗教、民族、生计等方面的自由。其中他认为中国最迫切需要的是政治自由与民族自由，即国民参政与民族建国。前者是向本国统治者争自由，后者是向外国列强争自由，这与毛泽东所概括的反帝反封建的任务比较接近，反映了当时的时代主题。他还指出，现在应该提倡的是“文明时代”的自由，是团体的自由，而非“野蛮时代”的个人自由。另外，在个人自由方面，他强调要想获得“真自由”，必自破除“心中之奴隶始”，即做到：“勿为古人之奴隶”，“勿为世俗之奴隶”，“勿为境遇之奴隶”，“勿

① 梁启超：《立宪法议》，《饮冰室合集·文集》之五；《论政府与人民之权限》，《饮冰室合集·文集》之十。

② 梁启超：《答某君问候法国禁止民权自由之说》，《饮冰室合集·文集》之十四。

为情欲之奴隶”。

在关于自由权利的起源和依据方面，梁启超的论证也带有鲜明的中国这个被压迫民族的特色。他不仅从天赋人权出发论证自由，而且从社会达尔文主义的角度，从“天演强权”方面加以论证，以生存竞争作为自由权利存在的基础。比如，他认为“物竞天择、优胜劣败”是事物生存发展的依据，是无情的自然法则，竞争才是权利的基础。权利不能“不经艰苦而得”，竞争中的强者才会有权利，有自由，权利“生于强”，无权即无自由。梁启超解释说，他站在弱者、被压迫者一方谈自由，是为了强调：为了自由必须首先“人人务为强者”，“务求自胜”，“务求自强”，对权利要敢于“争之”，特别要敢于与侵犯自由的强者斗争以取得自由。权利“必自求之而自得之，非他人所得而畀也”。梁启超甚至提出，为了激发弱者争取自由，应该制定“放弃自由罪”，“政府压制民权，政府之罪也；民不求自伸其权，亦民之罪也”①。梁启超的意思似乎是，在具体的操作层面上，自由是靠争取来的。但是“权生于强”的命题又容易发生误解，似乎自由不是平等的、天赋的权利，谁有力量谁就有自由，这就和前面关于天赋自由权利的思想有了矛盾。以放弃自由为罪，这本身就是矛盾的，好像卢梭要利用政府的力量强迫人们实现自己的权利一样，反映出他的思想的粗糙和不严密的特征。

梁启超也非常注意强调自由的界限，认为政治上的自由当然不是绝对自由，个人自由是以必要的服从、法制和尊重他人的自由为前提的。在《论自由》中他沿用西方的语言说：“人人自由，而以不侵人之自由为界。”自由虽为救国所必需，但必须是在法律范围内，没有法律就没有自由。“自由于法律之下”，这样的自由才是“文明自由”。但政府的权利也仅仅限于不使一人自由侵犯他人自由，故他认为在最尊重法律的国家，也就是最尊重自由的国家。服从实为“自由之母”，自由与服从、自由与法制是统一的。

总起来看，梁启超的自由思想具有以下特点：

第一，基本上是以爱国主义作为出发点，作为评价自由价值的尺度。虽然也承认自由是天赋人权，但是他关注自由问题的最初动因是为了探讨中国积弱的原因，从根本上是为了把自由作为强国的手段，而不是一般地谈论自由，因此突出政治自由与民族自由。

---

① 梁启超：《新民说》，中州古籍出版社 1998 年版，第 95、88、94、108 页；《自由书·放弃自由之罪》，《饮冰室合集·专集》之二；《最大多数最大幸福义》，《饮冰室合集·文集》之十；《爱国论》，《饮冰室合集·文集》之三。

第二，与此相联系，梁启超自由思想的重点在激发弱者的自由，着重为被压迫者争自由。以社会达尔文主义为武器论证自由，强调自由权利的基础在于竞争。

第三，站在被压迫者立场上谈自由，必然重视团体自由，强调以团体为本位的自由，突出个人对团体、对民族整体的服从。认为服从公理、公法、多数，这不是服从强权，故与西方以个人为本位、绝对肯定个人价值的自由思想有所不同。

三、“开民智，作新民”：现代国民教育思想

（一）“权智相倚”：欲兴民权必先开民智

首先，梁启超用大量的文字论述了开民智的重要性，以及开民智、兴民权是使国家走向富强的根本途径。在他看来，人民是国家的有机构成部分，有什么样的国民便有什么样的国家与政府，种瓜得瓜，种豆得豆。《新民说》开宗明义地指出：“国也者，积民而成，国之有民，犹身之有四肢、五脏、筋脉、血轮也。……故欲使身之长生久世，则摄生之术不可不明；欲其国之安富尊荣，则新民之道不可不讲。”如同人类讲求养生之术一样，开民智就是实现国家富强之术。开民智又是实现民权的前提。正因为民智未开，人民的政治水平和政治能力不及格，所以只能渐进改革。于是，他又提出了“权智相倚”的观点：“权生于智者，有一分之智即有一分之权，有六七分之智即有六七分之权，有十分之智即有十分之权。权与智相倚者也。”在秦汉以来专制制度下，所推行的无非是韩非子的“私国愚民之术”，臣民没有起码的政治知识，满脑子君主三纲五常，不可能伸民权。“故昔之欲抑民权必以塞民智为第一要义”，“今日欲伸民权必以广民智为第一要义”。① 总之，开民智，作新民，这是一切政治革新的基础和前提：“苟有新民，何患无新制度，无新政府，无新国家！非尔者，则虽今日变一法，明日易一人，东涂西抹，学步效颦，吾未见其能济也。”②

其次，关于开民智的具体措施。梁认为开民智没有捷径可走，只有“教之而已”，只有靠教育。重点是开绅智、商智，具体途径是办学校，办学会，

① 梁启超：《上陈宝箴书湖南应办之事》，见翦伯赞等编《戊戌变法》(二)，神州国光社 1953 年版，第 551 页。

② 梁启超：《新民说》，中州古籍出版社 1998 年版，第 48 页。

办报纸，培养新的国民(“作新民”)。他极端重视教育，认为要使国家富强，“悠悠万事，惟此为大”。在《变法通议》这部共十四篇的著名著作中，共有八篇谈教育，五篇直接谈到学校问题，而且特别重视在学校里设置政治方面的启蒙和教育，认为新式学校中“应该以政学为主义，以艺学（科学文化）为附庸”，办法是仿效西方政治学院学习中外政治制度与思想。另外也要重视对全国人民进行政治启蒙教育，使一些现代政治学的基本道理家喻户晓、妇孺皆知。在办学会开绅智方面，梁启超一个总的思路是把学会视为将来议会的雏形，用它培养知识阶层（士绅）的自觉意识，组织中国的知识阶层——士群，养成独立的政治势力。根据他的观察，西方民权制度的存在与其社会中存在着议院、商群（公司）、士群（学会）三种发达的群体和组织有密切的关系，其中学会又是前两者之母，是基础。中国要想富强，就必须仿效西方，积极创办各种学会，有了学会，把士绅组织起来，边读书，边议事，既可以学习理论，又可以培养政治能力，“日日读书，日日进步”，一年后就可以有一半的人成为议员，然后就可以进一步发展为各级议会，向议会制发展。除了开绅智外，还要开官智，对现有的官员进行培训教育，因为他们是维新变法的具体推行者。具体的办法是在全省设立课吏堂，对官员通过严格考试后进行培训，以便将来为议会的贵族院做准备。正是基于这种考虑，他才非常热心地在各地组织强学会。

（二）“作新民”：培养现代新国民

前面说过，梁启超认为要使中国强大，首先要“开民智，作新民”。那么，什么是他心目中的“新民”呢？

1. 要有新的国家观念与世界观念，由落后原始的部民进到国民的水准。

梁启超在《新民说·论国家思想》中进行了详细的阐述：

首先，国民要能够“对于一身而知有国家”，在追求个人利益的时候，知道顾及国家的存在和利益。国家的作用在于保护个人。单独的个人飞不如禽，走不如兽，不能孑然一身独立于大地，无个人便无国家，平时人们需要在国家内“通功易事，分业相助”，交换劳动，在协作中生存发展；战时则群策群力，捍域御侮，保卫家园，所以国家是为了保卫个人利益而产生的，和个人利益是一致的。而在未开化的传统思想下，多数中国人却缺乏国家观念，“私利独擅，国事遑顾”。

其次，要“对于朝廷而知有国家”，即知道二者的区别与联系。他根据西方的国家学说指出，国家为一个公司，朝廷不过是公司所设的一个事务所，朝廷本来是因公司的需要而成立的，是为国家服务的，国家是高于朝廷、高于政府的。爱国与爱朝廷并不是一回事。当朝廷代表国家利益的时候，爱国才会与爱朝廷、爱政府一致；当朝廷和政府不能代表国家利益的时候，反对朝廷和政府恰恰是爱国行为。他认为，这种在欧洲三岁童子都明白的道理，在中国却几千年来不被人知。中国几千年来一直存在着颠倒的观念是：不是朝廷为国家存在，倒是国家为朝廷、为一姓存在；再就是只知道忠君、只知道效忠朝廷，不知爱国，“臣皆为一姓家奴走狗”。

再次，要“对于外族而知有国家”，明确民族与国家的关系。国家是以民族为基础，国家之间遵循的原则是“物竞天择，优胜劣败”，不能不存在利益上的差别，不能不存在冲突。捍卫国家、民族的利益是天赋的权利。为了民族的生存，有时候宁肯使全国人民粉身碎骨，也不肯把丝毫的利益让与他族。因为这是上天赋予的权利，“天下公例”。违背这一“公例”而一味谈大同，就违背了天理，也不利于民族的生存。对于一个不知道捍卫自己利益的人来说，简直不能称其为人，对于民族也是如此。而中国自汉末至今1700多年，为异民族占领385年。所谓黄帝子孙竟甘心对异族俯首称臣，在异族的朝廷上做官称臣，反而以“臣妾骄人，自噬其同类”。由此可见，此时梁启超的民族思想与老师康有为的分歧是非常大的。

最后，要“对于世界而知有国家”，肯定国家之间竞争的合理性。他一方面承认世界由不同的国家组成，但是必须捍卫自己国家的利益。他认为大同、天国等世界主义观念虽然至德至仁，但虚无缥缈，不切实际。人类之间、民族之间事实上存在竞争，国家是竞争的大单位，不能因为“平天下”而忘了自己的国家。只有竞争才能使人类进步：“竞争者文明之母。竞争一日停，则文明之进步立止。”他不指姓名地批评了老师的大同思想：若实现大同后，消灭了国界，“竞争绝，毋乃文明亦与之俱绝乎”？又说：人性本身就是趋向竞争的，如果勉强实现大同，“不转瞬必复以他事起竞争于灭国之中，而彼时则已返为部民之竞争而非复国民之竞争，是率天下人而复归于野蛮也”，故国家是“私爱之本位，博爱之极点矣”。而中国儒者动曰治国平天下，“视国家为渺小之一物，而不屑措一意”，国家于是容易衰弱。

总之，应该树立国家观念，同时坚持国家以个人为本位；国家间既是平等的，又存在事实上的竞争；世界是统一的又是割裂的，由具有不同利益的国家组成。

2. 要有正确的群己权限观与权利义务观。

首先，他主张从个人独立的基点出发，确立合理的群己关系，即个人与群体或社会整体的关系。为此首先要保独立，“破千年奴性”。他认为文明和野蛮、人和动物的根本区别就在于：人有不依赖于他人“昂然独往独来于世界”的能力，天生就有对自由独立的追求。而个人独立是国家独立的前提，“故先言个人独立，乃能言全体之独立”。中国之所以不独立，就是因为个人没有独立性，“一国之人皆放弃其责任，惟依赖是务”，故要救国先要保独立。当然，独立不是遗世独立，不是与社会对立，而是养成合群之德、公共之心。

其次，要懂得利己与利他的关系。他明确肯定利己的合理性，认为利己是“有生之公例”，人的利己和动物的自保一样，是天生的能力。利己使人主宰世界，与动物自然界区别开来，有“自贵知类之义”；利己使人对于他族的侵犯有爱国保种之心；利己是世界充满活力、繁荣进步的动力。正是利己导致竞争，竞争使优胜劣败，“天助自助者”。没有利己之心就等于放弃了为人的资格和权利。“国不自助而欲望列强为我保全，民不自助而望君相之为我兴革”，都是缺乏自助、利己责任感的表现。

还应明确，合理的利己与爱他是一致的，是“一而非二”的，是不矛盾的。他引证西方思想家的话说，人有两种自爱心，一种是本来的爱己之心，一种是变相的爱己之心即爱他之心。因为人类必须在集体中生存，必须与他人组成生活的共同体“共营生存”，才能维持自己的生存，因此，利己者必能利他，“善能利己者必先利其群”。

利己与利他的关系在政治上表现为权利与义务的关系。权利是天赋的“良知良能”，无权利思想也不配成为国民，只能称之为奴隶。但权利与义务又是对应的，“人人有生而应得之权利，人人有生而应尽之义务”，具备二者才是合格的国民。①

3. 要有起码的政治道德和政治能力。

概括地说，就是提倡合群、尚武、自尊、公德等，以资产阶级精神铸造国民的灵魂。

首先，对于多数国民而言，应具备水平线以上的道德，以及起码的参政兴趣，起码的道义观和是非之心、爱国之心，以及相应的“市民观念”；应该有共同的宗教信仰，有共同信守的道德准则（公德），才可能具备现代国民的资格和条件。这些和波普、哈耶克的思想是一致的。波普对于民主的道德基础曾

① 梁启超：《十种德性相反相成义》其一《独立与合群》、其四《利己与爱他》，《饮冰室合集·文集》之五；又参见梁启超《新民说·论义务思想》。

作过详细分析，认为民主社会的道德基础不可忽视；哈耶克则认为，一个民族如果没有共同信守的抽象的原则作指导，就无法坚守自由主义阵地。

其次，要有少数优秀分子能够胜任政务官和政党领袖，其器量才学要优于国人，在道德上也堪为天下楷模。同时也要有较多学有专长的人担任事务官。为此，他特别欣赏英国的贵族阶层，认为贵族阶层虽然生活奢侈，但是能带动国民的道德水平，对于养成高素质的政治家群体具有积极作用。贵族尚武，重视名誉，轻视生命，仗侠轻才，重视秩序，使他们较能重视原则和法制，不贪财，不以政治作为衣食之资。同时，贵族的存在，能够在社会中造成对抗力，不仅充当君主和民众之间的“缓冲地带”，防止出现权力的过分集中和专断，即使国有失政，有贵族的存在，也不必经过流血革命就可以纠正。没有这种对抗力，就容易导致专制。这和托克维尔主张的用社会来制约权力的思想是不谋而合的。①

最后，虽然梁启超也感到中国不可能产生贵族阶层，贵族的时代已经过去，但是他寄希望于中国产生新的中间阶层。为了养成民权的社会基础，国民中间必须有一部分人“有恒产”，“有恒产”才能有“恒心”，对基本的道德准则和政治准则有坚强的信念；“有恒产”才不会借从政来谋求衣食之资，中饱私囊。中产阶级不是血统身份性质的，而是“少数优秀名贵之辈，成为无形之一团体”。这些人道德高尚，能够与国家休戚与共，他们是国民的领导力量，这样符合以贤治愚的精神。这与亚里士多德的中产阶级思想是一致的。

为什么强调中产阶级应该是社会的中坚和领导？这也和他的精英民主思想有关。他认为从实际政治操作而言，即使再民主的多数政治，最终也是要落实到少数人主政，政治永远只可能是少数人、少数优秀分子来掌控。因为政治任何时候都应该是贤者治愚者，而贤者永远只能是少数。“理想之最完美之多数政治，其实际必归于少数主政。”但是，这种少数主政的情况并不违反民主民权的精神，因为少数主政是因为得到了多数人的委托和信任，代表了多数人的意志。②

① 梁启超：《欧洲政治革进之原因》，《饮冰室合集 · 文集》之三十；《政治基础与言论家之指针》，《饮冰室合集 · 文集》之三十三。

② 梁启超：《政治基础与言论家之指针》，《饮冰室合集 · 文集》之三十三；《多数政治之试验》，《饮冰室合集 · 文集》之三十。

第三节　梁启超的维新变法思想

一、“全变”、“尽变”的变法思想

（一）变法的哲学：进化论

梁启超继承了老师康有为的思想传统，也坚信进化论。首先肯定进化是人类社会的普遍规律，认为宇宙万物无一不变，“上下千岁，无时不变，无事不变，公理有固然”。“变”是天下“公理”，而且“变”的结果是向更好的方向发展，“日趋于善”，“变”的意义在于趋新趋善。“变”的本质是“开新”。他认为“开新者兴，守旧者灭；开新者强，守旧者弱，天道然也，人道然也”①。他又专门写了《说动》一文，肯定变化，否定静止，说“动”的精义“曰威力，曰奋迅，曰勇猛，曰大无畏，曰大雄括”②。

在具体的进化论内容方面，他虽然接受了老师的“三世进化学说”，但又提出了“三世六别”的思想，认为从政治进化的角度看，第一个阶段是多君为政的时代，其中又分“酋长之世”和“封建及世卿之世”两个小阶段；第二个阶段是一君为政时代，相当于据乱世，其中又分“君主之世”和“君民共主”两个阶段；第三个阶段是民为政时期，相当于太平之世，其中又分“总统之世”和“无总统之世”。如果从文明程度上说，最初是野蛮自由时代，经历贵族掌政、君权极盛时代而达于文明自由时代。

与老师康有为一样，他也认为太平盛世是人类共同美好的未来，民权学说、民主共和制必将在全世界实现，这是“不易之理”；同时也是“义主渐进”，认为中国自秦汉已经走完了据乱世，现在是由君主之世向君民共主过渡的时期③，从而为其维新变法思想找到了理论基础。

（二）维新变法思想

通过批评洋务派片面的改革变法的主张，他提出了全面变法的思想。

第一，批判洋务派只知学习西方的武器机械制造之术，言技不知言学，不

① 梁启超：《变法通议 · 自序》，《饮冰室合集 · 文集》之一；《经世文新编序》，《饮冰室合集 · 文集》之二。

② 见梁启超《饮冰室合集 · 文集》之三。

③ 参见梁启超《论君政民政相嬗之理》、《与严幼陵先生书》，《饮冰室合集 · 文集》之二、之一。

知言政，是舍本逐末。他认为“国之强弱在兵，而所以强者不在兵”。“言洋务者，则曰西人之强，惟兵而已，而岂知其政事、其学商、其风俗！”只看到西人强大的事实和结果，看不到原因，看不到其背后的文化科学的发达与昌明，故“虽日日言新法而曾不见新法之效也”。看到西方的矿冶发达，不知背后有矿学；商业发达，不知背后有商学。①

第二，认为洋务派是学其皮毛遗其精义，只知片面学习技术而不知学习西方的“政治之院”，不知学习其背后的“政本大法”。但也反对一味学习西方，他认为连服饰外表都学，这就没有必要。

第三，认为洋务派的变法是只知变法不知变人。批评洋务派官员只会高价雇请洋人，或者凭尸位素餐的官员办洋务，而不会培养人才，如此，再好的变法措施也会走样，因此强调“变法必变人”。

第四，批评洋务派只知稍变不知全变。他认为中国是一个千年老屋，即将崩溃瓦解，应该谋求全面和根本的改造，而有人却酣睡如常，有人却是试图弥缝蚁穴，这些做法的后果是一样的，风雨一至，必将屋倾人亡。②

总之，正如他在《变法通议·论变法不知本原之害》中所说：“变法之本，在育人才，人才之兴，在开学校；学校之立，在变科举；而一切要其大成，在变官制。”应该学习西方的教育制度、科学技术、政治制度，从培育人才、开办学校、改革官僚机构方面着手，实行全面变革，而不是皮毛的局部修补。

二、梁启超的宪政思想

我们知道，宪政是这样一种政治形态：它以宪法规定国家体制、政权形式以及政府和人民的关系，使政府和人民都按照宪法的规定行使各自的权利和义务。宪法是宪政的法律表现，宪政是宪法的实质内容。宪法需要由民选的议会来制定，因此宪政的国家必然存在议会制度、政党制度。

首先，无论从梁启超的进化论还是从他的自由民权思想的逻辑看，他都主张中国应当实行宪政。特别是从现实的角度看，专制制度造成中国万事不进，积弱不振，国家民族陷于深重的灾难之中，只有实行宪政才能兴民权，才能使

① 梁启超：《变法通议》，《饮冰室合集·文集》之一；《记自强军》，《饮冰室合集·文集》之二；《戊戌政变记》，《饮冰室合集·专集》之一。

② 梁启超：《上南皮张尚书》，《饮冰室合集·文集》之一；《变法通议》，《饮冰室合集·文集》之一。

国家富强进步。他在《立宪法议》中详细比较了君主立宪政体和君主专制政体的优劣，认为专制制度下治少乱多，而君主立宪制却可以使君权受到限制，民权得到伸张。另外，除了君主立宪制之外，虽然世界上还有实行共和制的，但与中国国情不合。只有君主立宪制才符合中国的国情，而且与共和制“同为民权”，是“政体之最良者”。

有关宪政具体内容的论述，主要见于他的《各国宪法异同论》和《论立法权》等文章。他既然主张宪政，则具体观点无非是：仿效英国，组建上、下两院制的国会，作为最高立法机关和监督机关，并认为专制制度与立宪制度的根本区别就在于有无国会；为了召开国会，当然就要实行普选制，在选举制度中应取消财产限制，同时主张间接选举；有了国会，当然就要设立责任政府，使政府对国会负责。同时，为了选举，使人人有自主之权，则政党制度也是不可或缺的，即必须实行政党政治。

总之，以上主要是梁启超思想的主流，他之所以成为中国近代思想史上的著名人物，也主要就是因为这些。虽然晚年他的思想消沉保守，特别是从美洲回来后，大谈开明专制论，认为中国只有村落思想而无国家思想，有族民资格而无市民资格，无高尚的目的，只能享受专制而不能享受自由，但总的来看，这些不是其思想的主要方面。能够使梁启超在政治思想史上产生重要影响的，还是他的上述思想。不难看出，梁启超可谓近代思想家中涉及政治问题最广的一个，也是与西方资产阶级思想最能对话的一个。在这方面，甚至连胡适也比不上他。其次，他的许多见解虽然论证不够系统深入，但是在当时确实有许多独到之处，他提出的问题，有些是很具有超前性的，以至于一个世纪后，学术界还在他提出的问题上展开讨论。最后，他在接受和输入西方思想时并不照搬照抄，而是力图根据中国的国情，有所转化和创造。但是，正如他自己也意识到的那样，由于对于输入思想采取了急功近利的态度，由于政治斗争的严峻，导致他的思想往往博杂不精。

第四节　严复、谭嗣同的政治思想

一、严复的政治思想

（一）生平与思想演变过程

严复（1853—1921年），字又陵，又字几道，福建侯官人，为中国近现代著名的启蒙思想家。严复出身于一个中医世家，幼年在学馆接受传统教育，为参加科举考试做准备。1866 年（同治五年），严复父亲病逝，学馆中辍，严复放弃科举，于 1867 年（同治六年）入福州船政学堂学习驾驶，从此一直到 1879 年，他在国内和英国共接受了十余年的航海方面的教育。1871 年（同治十年）福州船政学堂毕业，为该学堂第一届毕业生，先后在“建威”、“扬武”两舰上实习五年。1877 年 3 月（光绪三年二月）赴英国学习海军，与日本的田中义一为同学，并和当时出使英国的大臣郭嵩焘结为忘年交。1879 年 6 月（光绪五年五月）毕业于格林尼茨皇家海军学院。回国后，到福州船政学堂任教习。1880 年到天津北洋水师学堂任总教习。在水师学堂期间，1885 年、1888 年、1889 年三次回福建参加科举考试，均告失利，只好花钱捐了个道员。1889 年升为北洋水师学堂会办，次年升为总办（相当于今天的校长）。但严复对于不能求得科举功名仍不甘心，于 1894 年第四次参加科举考试，再次以失败告终。

就在求取科举功名方面连连受挫不久，1894 年爆发了中日甲午战争，中国海军遭到惨败，更是给严复极大的刺激，使他开始认真反省、批判中国的文化和教育制度。他不仅后来再也没有参加科举考试，而且于 1895 年接连发表了《辟韩》、《原强》、《论世变之亟》、《救亡决论》等文章，主张变法图强，引起广泛影响。

从此以后，严复开始积极投入宣传变法思想的活动中，参与创办一些宣传启蒙思想家的报纸，并大量翻译介绍西方的政治、法律、经济等方面的名著。在 1898 年戊戌变法期间，严复还受到光绪皇帝的接见，向光绪皇帝当面陈述了自己的变法主张。戊戌变法失败以后，由于没有太深卷入变法运动，严复得以继续担任北洋水师学堂的总办。

1900 年义和团运动在直隶一带形成高潮，严复避居上海，从此脱离水师学堂，并且思想日益和西方文化拉开距离，而对中国文化的价值日益重视。他先后担任过矿务局总办、译书局总办、复旦公学校长等职；1910 年被任命为海军协都统、资政院议员，1911 年任京师大学堂监督，1912 年京师大学堂更名为北京大学校，严复为首任校长。到了 1914 年至 1916 年，正值西方爆发第一次世界大战和袁世凯复辟，严复似乎对西方文化彻底绝望。1914 年，严复发表《民约平议》，对卢梭的“天赋人权论”加以根本否定，对共和政体极为失望。接着于 1916 年参与袁世凯的帝制运动，为筹安会发起人。严复究竟出于何种原因参与筹安会，学术界至今还有争论，但他此时确实相信，中国问题的真正解决在于如何发扬光大中国传统文化，他在那份著名的《与熊纯如书》

中就说："中国目前危难，全由人心之非，而异日一线命根，仍是数千年先王教化之泽"，"鄙人行年将近古稀，窃尝究观哲理，以为耐久无弊，尚是孔子之书"。而谈到西方文化，更是使用了非常激烈的言辞加以贬斥："不佞垂老，亲见支那七年之民国，与欧罗巴四年亘古未有之血战。觉彼族三百年之进化，只做到'利己杀人，寡廉鲜耻'八个字。回观孔孟之道，真量同天地，泽被寰区。"① 和早年相比，对中西文化的态度发生了重大转折。尽管如此，严复在介绍西方思想、推动近代中国的思想启蒙方面，确实具有不可磨灭的影响。

从政治思想史的角度来看，严复思想中值得注意的，除了他对进化论的介绍、对来自西方的现代自由思想的阐释外，更在于他是中国近现代历史上比较早的同时也是少有的注意自由主义的经验论基础的人。

（二）从哲学方法论思考政治：对经验论与进化论的介绍

严复由于在英国留学多年，受到较好的西方学术训练，因此比较注意从方法论、思维方式上观察问题，这是他比同时代的人要高明的地方。他多次指出，西方人思考问题不仅采用演绎的方法（他称为"外籀"之法），更注重基于实证和经验观察的归纳法（"实测内籀"之法），在他看来，似乎后者更能代表西方文化的特点，因此他特别推崇由弗朗西斯·培根首开其端的经验论和归纳法，认为只有这种归纳法才符合实事求是的原则，不大容易产生错误，且能获得新知识。而演绎法是根据"公例"进行推理的，一旦作为前提的公例出了问题，结论也就错了。中国恰恰就缺乏这种精神，凡事喜欢从传统的古训、圣贤的教条出发，所赖以进行推论的前提都未经检验，"不试验于事物而师心自用"，导致学术多主观臆说，缺乏知识积累，科学文化落后。所以呼吁要像西方人那样，"一理之明，一法之立，必验之物物事事而皆然，而后定之为不易"②。这种从思维方式上讨论中西文化的差别，并借以观察中国社会政治问题的思考途径，可谓从深层次上抓住了问题。

谈严复的思想当然不能不涉及其进化论。可以说，严复这个名字就是和近代思想史上的进化论相联系的。我们知道，进化论有两层含义：一是承认社会历史是不断向前发展的过程，是对历史的一种进步观念；一是认为历史的进步

① 严复：《与熊纯如书》，《严复集》第3册，中华书局1986年版。

② 参见严复《原强》、《救亡决论》，《严复集》第1册；严复：《穆勒名学》按语，《严复集》第4册，中华书局1986年版。

是渐进的，是一种逐步积累的过程。严复的进化论就是来自于西方达尔文生物进化论和斯宾塞、赫胥黎的社会进化论。

达尔文的进化论是19世纪自然科学的三大发现之一。其巨著《物种起源》的中心观念是：生存竞争、优胜劣败、适者生存、自然选择。生存竞争是强者得以传种生存、劣者得以淘汰的自然法则。为了适应生存，生物在外在的条件作用下，发生变异与遗传，这就是物竞天择。这些变化与演进是自然的过程，而非神的意志的结果。此种思想引起人们在社会历史领域内进一步的思考。为此，英国的科学家赫胥黎写了《伦理学与进化论》，社会学家和哲学家斯宾塞提出了社会有机体论。他们认为人类社会和自然界一样都是变化的，变化的原因是在于社会自身。但涉及人类在自然法则面前的作用时，赫胥黎注意到了人和动物的区别，认为人类社会虽然和动物界一样也存在着自然的进化的过程，但社会进化在于伦理的进化，因为人本身具有自我肯定同时也具有自我约束的精神，具有道德意识，故人的进化表现为不断抑制自然、不断抑制宇宙本性的过程，因此人在自然法则面前不是无能为力、被动地适应的。斯宾塞则认为生物有生存竞争，人类也有优胜劣败，由此推导出种族优劣观。他认为白种人是优等民族，特别是盎格鲁—萨克逊人是天生的统治者。严复在其翻译的《天演论》“导言”、“按语”等处反复强调，既然物竞天择、生存竞争、弱肉强食是整个人类社会的公例，为了免于在竞争中被淘汰，必须充分认识这一规律，增强竞争意识，主动地“与天争胜”，而不是“任天为治”。

在严复看来，从进化论的观点就可以清楚地看到中国落后的原因。他在《论世变之亟》中指出：“中国最重三纲，而西人首明平等；中国亲亲，而西人尚贤；中国以孝治天下，而西人以公治天下；中国尊主，而西人隆民；中国贯一道而同风，而西人喜党居以州处；中国多忌讳，而西人重讥评。其于财用也，中国重节流，西人重开源；中国追纯朴，而西人求欢虞。其于接物也，中国美谦屈，而西人重发舒；中国尚节文，而西人乐简易。其于为学也，中国夸多识，而西人尊新知。其于祸灾也，中国委天数，而西人恃人力。”所以，中西文化的冲突实际上是先进与落后的冲突。在《论中国分党》中，他认定中国文化已经缺乏生命力：“木老而枯，人老而病，中国教化盖已老矣……不复能有树立之意。”而造成东西方强弱悬殊的主要原因就在于，西方民智发达，民智发达的主要原因又在于竞争。竞争又是由地理环境决定的：西方地势零碎，散为十余个国家，各立君主，互相竞争，故富强莫敌。中国则是“地势利为合，而不利为分”，受统一的君主统治，抑制竞争，“大抵皆去异尚同”，

"戒进取，敦止足"，求长治久安。① 这一看法，颇有些近似于英国历史学家汤因比的"挑战—应战"说。

（三）政治自由观："自由为体，民主为用"

从严复的思想逻辑来看，要保种就要改良，提高民族素质，为此就要寻找西方富强、西方国民素质高的原因。他寻找的改良民族的办法是倡导自由。他引用斯宾塞的观点指出，国家有机体的性质取决于这个国家的个体即人民的性质，要想自强保种，必须透过自由，培养个性，开民智，新民德。而西方之所以比中国富强，人种之所以比中国强，就是"以自由为体，民主为用"。在中国，自由则是被"历代古圣贤之所深畏，而从未尝立以为教者也"，所以有无自由，是中西之间的一大差别，也是西方"常通"、中国"常病"的根本原因。自由之所以会带来国家的富强，是因为它符合人类的天性。人天生是自私的，或"自营"的。政治的目的就在于顺应人的天性，"全天下之私以为公"，而不是要"去私"。② 他得出的结论是：自强保种、提高国民素质、增进民智和民德的根本途径或先决条件，就是提倡自由平等，尊重个人的独立，培养独立的人格和个性。

作为一个对于西方自由主义思想了解较深的思想家，严复也看到，政治自由就在于确定国家的管制权限究竟有多大？界限何在？但生命、财产、思想自由权和追求幸福的权利以及安排个人生活方式的权利都是不能横加干涉的。同时他也崇尚西方古典的自由主义，认为管得越少越好，而且特别重视思想、言论的自由："须知言论自由，只是平实地说实话求真理，一不为古人所欺，二不为权势者所屈而已。使真理事实，虽出之仇敌，不可废也。使理谬事无，虽以君父，不可从也。"为了实现自由，也基本上倾向于实行代议制。但是对于代议民主制也有所保留，他认为多数决定原则无法照顾少数的利益，同时议员或代表不一定具有对民意的代表性。③

如何实现自由和民主？如何自强保种？严复也和梁启超一样，主张通过开民智、新民德实现这一目标。因为国家富强依赖于民智，而民智依赖于竞争。

① 严复：《论世变之亟》，《严复集》第 1 册；《论中国分党》，《严复集》第 2 册，中华书局 1986 年版。

② 严复：《论世变之亟》、《原强》，《严复集》第 1 册，中华书局 1986 年版。

③ 严复：《群己权界论·译凡例》，见《严复集》第 1 册，中华书局 1986 年版，第 132 页；又参见严复《政治讲义》之第五会、第八会，《严复集》第 5 册，中华书局 1986 年版。

开民智才能提高种族的质量，才能适应竞争，免被淘汰。那么又如何开民智呢？严复提出的方案是靠教育来开民智，即通过办学校，宣传西学，传播西方的观念，采用渐进的办法实现开民智、新民德。为此，他反对全面的改革，甚至连维新、立宪君主制也不赞成，认为中国目前不具备全面改革的条件。到了晚年，他更是彻底否定了自己所宣传的主张，走上了复古道路。

二、谭嗣同《仁学》的政治思想

（一）生平、学习经历与思想演变

谭嗣同不仅为清末维新变法运动的重要人物、变法死难的“戊戌六君子”之一，而且在整个思想史上占有重要地位。其所著《仁学》一书能言“人所不敢言”的思想，被誉为“骇俗之文”，对近现代思想界产生了巨大的冲击。透过其生平、学习经历和所生活的时代背景等，我们不难理解其独特的思想和行为。

谭嗣同（1865—1898 年），字复生，号壮飞，湖南浏阳人，出身于官宦之家，父亲谭继洵官至湖北巡抚。谭嗣同生于京城，5 岁开始，父亲就为他和仲兄谭嗣襄延请了私塾老师，令其接受旧式教育。10 岁那年，师从浏阳著名学者欧阳中鹄。谭嗣同受这位老师的影响，开始阅读明末清初大思想家王夫之的著作（后来在 1890 年，谭嗣同随升任湖北巡抚的父亲来到武昌，再次跟随老师欧阳中鹄学习王夫之著作），王夫之的思想对他的一生产生了很大的影响。在他 11 岁时，京师流行白喉病，他的母亲、伯兄、仲姐先后在几天内去世，他自己也染喉疾几乎死去，即所谓“少更多难，五日三丧”。亲人连续丧生，使他遭受重大打击，也深深影响了他对人生和世界的看法。1878 年夏，谭嗣同随父赴甘肃，秋天抵达兰州，开始了他的第一次西北之行。1879 年谭嗣同回到浏阳，师从浏阳著名学者涂启先。涂启先给他讲授儒家经典、古文、史学以及文字、考据学，使他眼界大开，学业大进。1882 年，再赴甘肃。1883 年春 19 岁时，遵父命赴湖北与长沙人李寿蓉（进士出身）的次女李闰完婚。婚后数日，夫妻同赴兰州。此后他奋发读书，为参加科举考试做准备。

从 1885 年直到 1894 年最后一次参加科考失利，是谭嗣同参加科举考试求取功名的阶段。谭嗣同自幼受到很好的教育，学问渊博，见识过人，而且颇负才名，但在其内心却对八股文（时文）很排斥，因此，在这期间他共 5 次辗转西北和湖南之间参加科考，均名落孙山。而在谭嗣同追求科举功名期间，他的家庭再一次发生变故：1889 年 5 月间，和他感情极深的二哥突然在台湾病亡。噩耗传来，谭嗣同“创巨痛深，懵不省事……志隳形索，清刻至骨，自顾五六岁孺子也”。可见，哥哥的死对他影响之深。

在这饱受科举之苦和失去亲人之痛的十年中，他多次往来南北各地，有机会游历了许多地方，“十年中至六赴南北省试，惟一以兄忧不與试，然行既万有余里矣。合数都八万余里”，目睹生民多难，不免把“小我”的命运与国家、百姓之“大我”联系了起来。

1894 年的中日甲午战争清政府惨败，谭嗣同和许多中国人一样受到极大震动，开始萌生了维新变法的思想。1896 年春，谭嗣同来到北京，在父亲的帮助下捐得候补知府，得以结识维新派领袖梁启超，又从梁启超的口中了解到康有为等人的变法主张。另外，谭嗣同在北京时还结识了许多佛教人士，这就不难理解，后来他的思想中为什么会受大乘佛教的影响那么深。半年后，谭嗣同来到南京候补。大概在 1897 年夏秋间，谭嗣同写成他一生中最重要的著作《仁学》。此后则主要从事轰轰烈烈的戊戌变法运动，直到 1898 年 9 月 28 日慷慨就义，结束其短暂而壮烈的一生。

（二）谭嗣同《仁学》的政治思想

谭嗣同的政治哲学和政治主张是建立在以“以太”和“仁”为核心的哲学世界观基础上的。在他看来，宇宙是由一种叫“以太”的东西为本体或者始基的。所谓的“以太”，在西方早期物理学中用以指一种未经证实的、弥散充斥于宇宙的物质。谭嗣同则用以解释为既是物质、又是精神的宇宙本体，其本质属性是“变”、是“通”。因为“以太”是变通的，故又称为“仁”或表现为“仁”。“仁”就是一种自由的无拘束的状态，“仁”就是“通”、就是“变”。而“仁”的对立面就是“塞”，就是不仁。由于“以太”是不灭的，所以“仁”也是不灭的。

从“仁”、从“通”的宇宙本质出发，必然得出否定一切旧的纲常伦理和专制制度的结论。从“通”的要求出发，就要中外通，上下通，男女通，父子通，人我通。他认为人本身没有高下贵贱，都是“天之子”，却被独夫民贼制造出来阻隔。为此，就要冲决一切网罗，冲决君主的束缚、天的束缚、俗学的束缚、伦常的束缚、夫妇关系的束缚、利禄的束缚，就要破除旧的名教。所谓君臣、父子、夫妇之名，都是用来压迫的工具：君以名压臣，父以名压子，夫以名压妇，嵌其口，锢其心，从而反对片面地对于君、父、夫尽义务，反对孝。他也激烈地反对禁欲主义，主张对于性采取一种科学开放与宽容的态度。在经济生活方面，反对崇俭。他特别指出，“二千年来君臣一伦，犹为黑暗否塞”；认为“二千年之政，皆秦政也，皆大盗也；二千年之学，皆荀学也，皆乡愿也。惟大盗利用乡愿，乡愿工媚大盗，二者交相资”。

在政治关系方面，他强调民贵君轻，提倡以民为本的思想，认为要臣对于君忠，君也要对于臣忠，民可以废君，“事不办而易人，天下通义也”。“彼君不善，人人得而戮之也”。

可见，在谭嗣同心目中，只有绝对自由、平等的社会才是符合宇宙基本法则(“通”或“仁”）的、应然的理想状态。

在谭嗣同生活的那个时代，大部分中国人包括一些号称开明的洋务派在内，在对待中西文化方面往往只承认西方的“器物”、“技艺”比中国先进，而否认西方也有自己的“体”或“道”，而认为中国的“纲常明教”、“圣学”、“圣道”则非西方人可比，是永远不能变也无需变的。谭嗣同既然对政治和人类社会持一种绝对理想的主张，既然在一般原则上彻底“冲决”、颠覆了传统社会的一切秩序和价值系统，那么他自然就会在改造现实社会的方法、措施方面采取更激烈、彻底的主张。他明确反对那种只变“器”不变“道”的主张，而倾向彻底的变革。他认为对重病应施猛药，“救天下亟待之大病者，用天下猛峻之大药也；拯天下垂绝之大危者，斥天下沉痼之大操也”。其思想实际上已经走向革命与反满的道路，比如，他从传统的夷夏之辨出发，倡导民族主义思想，认为满族“其土则秽壤也，其人则膻种也，其心则禽心也……一旦逞其凶残淫杀之威……方命之曰：此食毛践土之分然也。夫谁食谁之毛，谁践谁之土？久假不归，乌知非有，人纵不言，己宁不愧于心？”又指出，清朝政府之所以坚持不变法，是因其本质上是愚民、弱民、贫民、死民的：“方将愚民，变法则民智；方将贫民，变法则民富；方将弱民，变法则民强；方将死民，变法则民生；方将私其智其强其富于一身，而以愚贫弱死归诸民，变法则与己争智争富争强争生，故坚持不变也。”

既然清政府不可能自动变法，因而赞成以流血革命的手段改造社会，推翻清政府。他颂扬洪杨革命，称赞法国革命“誓杀尽天下君主，使血流满地球，以泄万民之恨”，以建立西方的“法度政令”，改变亡国政体。从其仁学原理出发，他认为人类在本质上是走向大同的，追求自由、平等、法制的社会是人同此心，心同此理。西方与中国貌似不同，实则同生于天覆地载中，“性无不同，性无不善”。西方虽无圣人，但也有才士，从而积数千年才士的思与力，创造出良好的制度。“道”并非圣人所独有，也非中国所私有。民主法制是普遍适用于全人类的，西方行之有效，中国也一定适用。他进而认为，根本上无所谓“洋务”，因为这就是中国本来应办之事。从中西“通”的角度来看，民主法制不是西方独有的。从这些观点看，谭嗣同的思想确实已经和激进的民主革命思想非常接近了。

综观以上内容，谭嗣同的思想可以说是他个人经历、知识教育背景以及时代环境的反映。就直接的思想来源看，可以说是古今、中西、传统与现代思想的交织混合。他那种冲破民族、国家、阶级、性别、人我、地位等界限，以万物为一体、以“仁”为本的宇宙观和世界观，虽然也受到了来自西方现代自然科学的启示，但更主要的还是受到了儒家“天人合一”、“天民”、“大同”、“天理”等观念和思维模式，特别是宋明理学的“民胞物与”、“万物一源”、“心外无物”等观念的影响。此外，还可以从中看到道家“道法自然”、万物“齐同”的观念，以及墨家的“兼爱”、大乘佛教“一多相容”思想的影子。① 当然，由于国家与民族大环境、“大生命”的危机刺激，以及独特的个人经历和苦难的生命体验，使得谭嗣同除接受上述思想影响之外，在某些方面又比它们走得更远。在继承了传统知识分子的道德理想主义精神、狂狷性格之外，在西方现代科学民主、自由民权的启示之外，他的思想中分明又多了一些要求彻底解放、追求绝对平等自由、否定一切秩序和限制的相对主义和虚无主义。

尽管谭嗣同的思想中存在着过渡型知识分子所难免的驳杂、矛盾和局限，但其思想上承近代以来社会批判和思想解放的运动，下开五四运动的先声，因而在中国政治思想史上具有重要地位。

☞思考题：

1. 梁启超所宣传的自由主义思想有何特点？如果将其和西方自由主义流派相比较，应属于哪种类别？

2. 从梁启超对公共伦理、公民道德的强调看他在中国宪政运动中的地位。

3. 试说明梁启超政治思想中所涉及的现代政治学中若干重要问题。

4. 在严复的思想中，经验论的知识论与自由主义思想之间的逻辑联系如何？

① 关于谭嗣同的成长经历、所处时代背景与其思想之间的关系，参见张灏《烈士精神与批判意识——谭嗣同思想的分析》，广西师范大学出版社2004年版。

第五章
资产阶级革命思想及其流变(上)
——邹容、章太炎的政治思想

革命与排满的民族主义是联系在一起的。排满是工具，革命是目的。革命思想萌发的间接原因是民族危机日益加重，直接原因则是甲午战争失败、戊戌变法失败、义和团运动等一连串的事件，打破了人们对于改良的幻想。孙中山起初也曾寄希望于改良。他曾经上书给李鸿章要求改良，没有得到反应。于是创立兴中会，别求民族自救之道，但起初革命仍然只是少数人的事。随着清政府日益暴露出腐败无能，越来越多的人开始看清了清朝玩弄宪政骗局的真面目，仁人志士报国无门，最后走上革命造反之路。于是革命运动风雷激荡，革命思潮也随之风靡全国。

第一节 邹容及其《革命军》

一、生平简介

邹容（1885—1905 年），原名绍陶，字蔚丹，留学日本时改名为邹容。四川巴县人，出身于富商家庭。6 岁入私塾，开始接受旧式教育，读的也是四书、五经等儒家经典，以及《史记》、《汉书》等历史书。但当时正是维新变法思潮流行的时候，少年邹容有机会接触严复翻译的《天演论》以及宣传变法思想的《时务报》等新学书刊等，并深为其中的新观念、新知识所吸引。光绪二十四年（1898 年），他随哥哥参加巴县童子试，因抗议主考官出题生僻刁难学生，竟罢考而去。得知谭嗣同为变法壮烈捐躯，邹容悲愤敬慕不已，题诗明志，以谭的“后来者”自居，表示要“继起志勿灰”。后入重庆经学院读书，仍关心国家大事，常侃侃议论政事，抨击孔孟之道，被经学院开除。1901 年夏到成都，参加赴日留学考试，仍因其政治上倾向革新，被官厅以“聪颖而不端谨”为由取消录取资格。同年 9 月往上海，进江南制造局附设的广方言馆补习日语。1902年春自费留学日本，入东京同文学院学习。其间阅读了许多宣传资产阶级自由、人权、民主理论的著作，并积极参加留日学生的革命活动，常慷慨讲演，是公认的革命分子。

1903年3月，邹容因带头反对清政府派来的学监姚某，与同志剪其发辫，悬于留学生会馆示众，被清廷驻日公使蔡钧视为大逆不道，照会日本外务省，将其驱赶回国。邹容回国后寄居于上海的爱国学社，继续从事反清革命活动。他参与抵制保皇派在上海的活动，与章太炎结为忘年交，并拟创立革命团体"中国学生同盟会"。这期间，他在章太炎的支持下完成《革命军》这一宣传革命的小册子。邹容在书中公开号召推翻清政府，建立中华共和国，实行自由平等，"天赋之人权"。《革命军》于1903年5月在上海出版，章太炎在《苏报》发表文章介绍，称赞《革命军》是震撼社会的雷霆之声。孙中山先生也称赞"《革命军》一书为推满（反清）最激烈之言论"。是书先后发行逾百万，在海内外广为传播，清廷认为"此书逆乱，从古所无"，遂利用上海租界当局封闭《苏报》，逮捕章太炎、邹容入狱，判刑两年。这就是轰动一时的"苏报案"。1905年4月3日，邹容病逝于狱中，年仅20岁。

二、《革命军》的政治理念

邹容因其《革命军》奠定了在现代政治思想史上的地位。这本小册子的主要贡献在于鼓吹革命，宣传自由民主思想，批判揭露专制制度的腐朽黑暗。从他的这篇被称为"中国的《常识》"的著名文字中，可以深切感受到当时革命者的心态和情绪，以及中国社会、中国文化遭遇的深刻危机。

首先，该书以充满激情的文字，论证和称颂了革命的合理性与神圣性。他说："扫除数千年种种之专制政体，脱去数千年种种之奴隶性质，诛绝五百万有奇披毛戴角之贱满洲种，洗尽二百六年残惨虐酷之大耻辱，使中国大陆成干净土，黄帝子孙皆华盛顿，则有起死回生、还魂返魄、出十八层地狱、升三十三天堂、郁郁勃勃、莽莽苍苍、至尊极高、独一无二、伟大绝伦之目的，曰革命。巍巍哉革命也，皇皇哉革命也。

吾于是沿万里长城，登昆仑，游扬子江上下，溯黄河，竖独立之旗，撞自由之钟，呼天吁地，破嗓裂喉，以鸣于我同胞前曰：呜呼，我中国今日不可不革命！"

其次，对于专制制度的黑暗、野蛮进行了猛烈的抨击，对于专制制度下国民的劣根性进行了尖锐的揭露与嘲讽。他认为，一部二十四史实际上是一部奴隶史。奴隶主义造成了一批奴才，他们"依赖之外无性质，谄媚之外无笑语，奔走之外无事业，伺候之外无精神”。认为奴性之根源在于专制政体，“偃息于专制政体之下者，无往而非奴隶”。这种奴性的表现是：国民无主性、无国性、无种性。“中国最不平、伤心惨目之事，莫过于戴狼子野心、游牧贱族、贱满洲族为君，我方求富求贵，摇尾乞怜，三跪九叩首，酣嬉浓浸于其下，不知自耻，不知自悟。”

尤其对知识分子的丑恶进行了多方批判。他认为中国的知识分子在专制制度下是学非所学，学而更愚，“奄奄然毫无生气之人也”。因为专制制度下教育的唯一目的，就是千方百计汩没人的灵性，桎梏人的思想，摧残人的羞耻感。特别是科举制度，就是要铲除士人的人格，以功名利禄为诱饵，用层层考试折磨人的精神，养成柔静愚鲁、患得患失的性格，“无暇为经世之学”，也不复有仗义敢死之风。他认为科举考试及第者大多经过百般羞辱与折磨，童试、乡试、会试、殿试等无不以折磨羞辱人格为能事，“待人如牛马，行同乞丐，不复知人间有羞耻之事”。殿试、会试时常发生士人被冻饿而死的事情。这些人一旦考中为官，自然专以鱼肉乡愚为能事，根本不会顾及百姓的痛苦。这些人在专制制度下如同上海的烂野鸡、北京的野兔子，“名为士人，实则死抱着不放人不若”。清政府更在各地学校设立卧碑，严禁士人议论政治。

他还严厉批评中国知识分子固有的学术和学问，如所谓的汉学、宋学，以及辞章之学，其实都是专制制度束缚士人思想的工具，不切世用。汉学不过寻章摘句，是六经的“奴婢”；宋学高谈太极元极性理以求身死留名，辞章之学大唱姹紫嫣红之滥调徘腔，特别是那些所谓的名士，更是一团和气，二等才情，三斤酒量，四季衣服，五生音律，六品官阶，七言诗句，八面张罗，九流通透，十分应酬，专以享乐、附庸风雅、营营苟苟为能事。

因此他提出革命成功之后，必须进行国民教育，彻底改造这种劣根性。通过教育，去除奴隶根性，“养成上天下地，惟我独尊，独立不羁之精神”；“养成冒险进取，赴汤蹈火，乐死不辞之气概”；“养成相亲相爱，爱群敬己，尽瘁义务之公德”；“养成个人自治，团体自治，以进人格之群”，使全体国民“人人当知平等自由之大义，人人当有政治法律制度之概念”，这样，才能为实现民权打下基础。同时，还要剖清人种，使人人懂得“不许异种沾染我中国丝毫之权利”，使人人知道“中国者，中国人之中国”。

最后，他热情歌颂了资产阶级自由平等、天赋人权原理，阐述革命的政治纲领。他认为卢梭等人的微言大义是使中国获得独立解放的法宝，是中国“起死回生之灵药，返魂还魄之宝方”。他说革命的任务就是要“推翻满洲人所立之野蛮之政府”，“诛杀满洲人所立之皇帝”，埋葬专制制度，按照美国的宪法，建立独立民主之中华共和国。

总之，和那个时代许多激烈的思想家一样，对中国的制度、文化和传统的知识体系，以及道德符号系统等，邹容无不加以彻底的否定和猛烈的抨击，同时也毫无保留地鼓吹和宣传来自西方的自由、人权、民主共和思想。

第二节　章太炎思想的演变过程

一、接受旧式学术训练阶段

章太炎（1869—1936 年），字炳麟，浙江余杭人。曾祖父时拥资百万，富甲一方，并任海盐县训导官，教授儒学。祖父读书讲学之余精通医术，常为人治病。父亲章鉴有文才，官至知县。这是一个非常富有财富和儒家经学家传的家庭，同时也是一个具有浓郁的民族主义精神氛围的家庭。6 岁开始在父亲的督导下读书，一直至 1894 年 25 岁左右，这一段时间属于他接受旧式学术训练、同时又是孕育民族思想的时期。父亲虽然做清朝的官，但却深受儒家夷夏之辨的影响。幼小的太炎在外听人谈论读书当以恢复汉迹为使命，父亲也不加禁止，反而告诉后人：他死后“无加清时章服”。9 岁随外祖父学习儒家经典。外祖父也是怀有种族革命的思想，只是隐而不显。一天，太炎偷偷看见书架上有一本《东华录》，从中读到吕留良、戴名世、曾静、查嗣庭等人的案件，心中非常气愤，觉得是异种乱华。他把这话告诉外祖父，外祖父也说：夷夏之防，同于君臣之义。章太炎听了很吃惊，问：以前有人说过这样的话吗？外祖父回答说：王船山、顾炎武都讲过，其中王船山讲得最切实。又说：历代王朝的灭亡都是无足轻重的，只有南宋的灭亡才将衣冠文物一并都亡了。太炎听了又进一步问：这么说，明亡给清反而不如亡给李自成闯贼的好？外祖父一边告诉他，现在不是谈这问题的时候；一边又承认，闯贼虽不善，但他得天下后，其子孙未必不善。从此以后，章太炎便埋下了民族革命的种子。后来看王船山等人的书，加上接触西方的著作，逐渐成为一个坚定的民族主义者了。章太炎的思想也是一生多变，但民族主义是他的基本主张。后因外祖父回海盐县，他又随父亲学习。16 岁时去县城参加童试，因突然昏倒，未能成行，遂不再入仕。1890 年父亲去世，他 21 岁，到杭州诂经精舍拜国学大师俞樾为师，学习经学。俞樾是崇奉古文经学的，太炎在这里苦读了八年，形成了古文经学家的治学方法。1891 年，崇尚今文经学的康有为发表了《新学伪经考》，尚在从师读书的章太炎当时就认为是“诡诞”，曾写《春秋左传读》加以反驳，只是觉得尚不成熟而未发表，加上时代的原因，使他暂时放弃了学术上的分歧，在政治主张方面和改良派走到了一起。

二、由“维新”到“革命”

1894年到1900年，是章太炎从学术活动转入宣传改良维新思想的阶段。中国在甲午战争中惨败于日本，1895年订立《马关条约》。在严重的民族危机刺激下，章太炎听说康有为在上海组织强学会，对其非常钦佩，马上寄去16元会费要求入会。1897年1月，章太炎走出书斋，到上海参加梁启超等人创办的《时务报》，和维新派成为共同宣传变法的同事。此时他的思想基本上属于改良派，主张联日拒俄抵御西方列强，对内主张“以革政挽革命”，也是希望避免流血革命，以改良救国，做革命的替代品。1898年还上书李鸿章，希望他挽救局势。其间还帮助张之洞办过《字学报》。戊戌变法失败后，章太炎也受到通缉，避入台湾，后东渡日本，仍然和“尊清者游”，认为康有为等人是“志节才行之士”。特别是和梁启超过从甚密，还通过梁启超和孙中山结识。1899年，章太炎发表《客帝论》，暗示中国的共主本来应该是仲尼之世胄，但既然自古可以用客卿，只要满人能够发奋图强，汉人也不妨接受现实，尊清朝统治者为客帝，即承认其合法地位。他还提出“分镇”的思想，主张像日本一样，发展地方藩镇的力量，把权力分给地方长官，以避免权力过分集中在中央、而一旦中央政权腐败无能又毫无办法的局面。此时，他在思想上，既不满意清政府的统治，又同情康有为梁启超；既孕育着民族思想，又尚未转入革命。

1900年是章太炎转入革命的转折点，直到1908年，这几年是他思想上主张革命、反满的时期，也是他在近代政治思想史上最重要的时期。1900年义和团运动爆发，八国联军侵华，清政府的腐败无能暴露无遗，章太炎对这个王朝感到彻底绝望，开始反省自己的“客帝”思想。7月26日，康有为指使唐才常邀集社会名流八十余人在上海愚园开“国会”，组织自立军，设立自立会。唐才常发表三项主张，一边不承认满清有统治中国之权利，要创立新自立国；一边请光绪皇帝复辟。章太炎认为这是一边反清一边勤王，首鼠两端，自失名义，当场断发割辫，退出“国会”，决心反清，公开转向革命派。不久即撰写《客帝匡谬》、《分镇匡谬》，纠正自己此前对满清皇帝和汉族地方督抚所存的幻想。1901年初，借往苏州东吴大学任教之际，去拜谒老师俞樾，遭到俞樾的激烈训斥，说他去父母之邦不孝，指斥皇帝不忠。章太炎回来后则发表《谢本师》，批判老师以示决裂。1901年8月，章太炎发表《正仇满论》，公开亮明其反满革命的主张，批评康、梁的保皇立宪主张，这也是近代革命与改良争论的第一篇文章。此后便用学术上的分歧服务于政见上的冲突，利用其古文经学反对康有为的今文经学，并鉴于康有为的尊孔保皇，也对孔子“有所指责”(太炎晚年自称)，似乎从文化上和政治上都成了当时的激进派了。1902年再度流亡日本，与孙中山的交往加深。1903年春，应蔡元培邀请，回国任上海爱国学社的国文教员，为邹容的《革命军》作序，赞扬革命，又发表《驳康有为论革命书》，直斥光绪皇帝为小丑。《苏报》转载此文，同时连载《革命军》，引起清政府的震怒。清廷照会租界当局，于1903年6月将邹容、章太炎逮捕入狱，并查封了《苏报》。对他，以辱骂皇帝等罪名，判刑3年(邹容2年)。在监狱服刑期间，因为无其他书籍可读，只有认真研读中国佛教唯识宗以及印度佛教瑜伽宗的典籍，奠定了其佛学根底。1906年，章太炎出狱加入同盟会，办《民报》宣传革命，直到1908年该报被查封。

三、思想转入消极，提倡尊孔读经

1908年左右，章太炎的思想逐渐转向消极。他早在1907年9月就在《民报》第十六期上发表了《五无论》，这是一篇悲观消极、虚无颓废的文章。1908年10月，随着对于资产阶级代议制的了解加深，章太炎开始对他曾经宣传过的这一制度产生了怀疑，他发表了《代议制然否论》，公开反对代议制，主张更为激进的直接民权，从思想上开始与革命派产生分歧。而在这期间，他和以孙中山为代表的同盟会之间产生了一些矛盾摩擦，以及和无政府主义者刘师培、何震夫妇的交往，对其思想的变化也产生了很大的影响。①

章太炎本是一个涉世不深而又有些狂放不羁的书生，人称“秉性憨直，少有感触则一吐为快”，只是基于革命的热情才和孙中山走到了一起，而对于孙中山和他所从事的秘密革命活动，他并没有很深的了解。加上同盟会内部本来就存在的矛盾、分歧，于是在1907年到1908年，章太炎与孙中山因为一连串的误解而发生了矛盾。先是在1907年初，日本政府和一个商人秘密资助了同盟会一笔经费，孙中山拿出其中的2000元给章太炎主持民报社，其余充作经费。不了解内情而又正为缺少办报经费着急的章太炎，误以为孙中山欲将其余款项贪污，加上本来就不满孙中山的“专断”，遂扯下民报社孙中山的照片，发文说“卖民报者之孙文应即撤去”，要求罢去孙之总理之职。同年6月

① 关于章太炎这方面的情况，参见徐立亭《晚清巨人传·章太炎》第8章，哈尔滨出版社1996年版。

间，孙中山正和一些同盟会骨干往香港秘密运送武器，章太炎和宋教仁听日本友人说这批在日本购买的武器已经老旧过时，匆忙之中使用明码电报报告这一消息。孙中山认为此举等于公开泄露军事机密，“破坏戎机”，表示要给予党纪制裁，并严禁章太炎、宋教仁过问军事。接着在 1908 年又因《民报》停刊而引起风波。是年 10 月，日本政府在清政府的秘密交涉下，宣布《民报》所登文章违法，实际上封禁了该刊。而追随孙中山的胡汉民、汪精卫等人不顾禁令，秘密印出两期《民报》。章太炎认为不经过他这个负责人而出版的《民报》为伪报，遂发出《伪民报检举状》，并指责“孙文本一少年无赖，徒以惠州发难，事在最初，故志士乐与援引……借同志拥戴自号，乘时自利，聚敛万端……密受外贿……孙文怀挟巨资而用之公务者，十不及一”，对孙中山的人格进行了毫不留情的攻击。而维护孙中山的同盟会成员也撰文反击，双方都有些言辞激烈。

经过这些误会、交恶之后，章太炎对革命也不免有些心灰意冷。而正在这时，章太炎又和刘师培、何震夫妇开始了交往。刘师培虽然年少，但已经是名满天下的国学大家，与章太炎原本就互相仰慕，且在政治上都反满。1907 年，应章太炎之邀，刘、何夫妇来到日本，与章太炎同住，成为章太炎办《民报》的得力助手。这年 8 月间，刘师培与张继发起社会主义讲习会，在东京办《天义报》，宣传无政府主义，主张无所顾忌地“破坏主义”和无政府主义，颠覆现今一切政府，抵制一切强权，实行彻底民权。章太炎受其影响，也发表讲演说“愈文明之人愈恶，愈野蛮其恶愈减”，反映其虚无主义的《五无论》就发表在这时。

同样也是在 1907 年至 1908 年，章太炎甚至由虚无主义发展到欲赴印度出家，竟答应刘师培、何震夫妇向清朝两江总督端方请求资助旅费，而刘师培此时已被端方收买为清政府密探。后来此事虽然没有结果，而章太炎不久也因介入了刘师培的家事而与之闹翻，但还是在革命党内部引起了强烈的批评。与刘师培分道扬镳后不久，1908 年 6 月，章太炎又发表《排满平议》，声明“无政府主义与中国情状不相应……其持论浅率不周”。

从此以后，章太炎虽然思想上依然倾向革命，但开始把主要精力转入讲学和著述。辛亥革命后回国，多数革命派推举孙中山为大总统，独有章太炎推举黎元洪。其后，他担任孙中山总统府的顾问，接着与黎元洪等人创立统一党，主张对政府起监督辅助作用，以推行累进税、限制田产、征收遗产继承税等“国家社会主义”为宗旨。但他很快又发现，入党者多为投机分子，因此统一党成立不到一年便名存实亡。袁世凯任大总统时，章太炎仍然是顾问，起初对袁世凯非常顺从。后因袁世凯复辟帝制，章太炎在上海写了许多反袁的文章，1914 年被袁世凯软禁，1916 年 6 月方获自由。晚年觉得世事不可为，南下苏州办国学讲习会。20 世纪 20 年代，提倡尊孔读经，反对白话文。此时他觉得孔学最适用，认为五四新文化运动“实在是太胡闹了，太无知了。……大受孔子之赐，还要反孔，这说得过去吗”？

章太炎号称是“有学问的革命家”，曾经在革命中发挥过很大作用。自称在民族感情、民族精神、礼教道德以及对历史文献的重视方面，三者终身不变。但总起来看，在他的一生中，思想反复颇大，非常矛盾多变。钱基博说他：好盛气攻辩，言革命而不赞成共和，治古学而兼称宋儒，放言高论而不喜与人同。有趣的是，他在 1908 年着手编辑《太炎集》，收录其中的主要是学术论文。他在给友人的信中说：“仆之文辞，为雅俗所知者，盖论事数首而已，斯皆浅露，其辞取变便俗，无当与文苑。”说明这些“浅露”、“便俗”的文章，他自己也是很看轻的。他的弟子们在回忆、记述老师的事迹时，也很少提及他的“五无”思想等（一如很少提及他在辛亥革命后与孙中山的种种摩擦），似乎也印证：这些东西只是爱“放言高论”、“标新立异”的产物。

第三节　章太炎政治思想的主要内容

一、反满革命思想

章太炎继承了明清之际反清复明思想，从传统的民族大义、夷夏之辨出发，同时以西方的进化论为依据，论证反满革命的合理性。他认为种族有优劣，人类有先进后进之分，汉人与夷狄是人与禽兽之别，中华民族在文化上优于其他民族，只有汉族统治才是正统的统治，不能受其他民族统治，凡是异族入主中原根本没有存在的根据。少数民族“归化汉人则可，凌制汉人则仇”；人类自贵其种，乃是“人之性所同”也，是天生的良知良能，所以中华民族完全有理由为自己民族的权利而奋斗、而自豪，何况异族与中华种姓不同，中国的文化非常高级，不是其他民族种姓所能够模仿的，故同族改制是为革命，驱逐异族，是为“光复旧物”，光复中国种族，光复中国之州县。①

他认为满清政权给中华民族带来了严重的灾难和危机。如 1899 年在《清

① 参见章太炎《检论》卷一《序种性》上、《原人》、《驳康有为论革命书》，依次见《章太炎全集》第 3 册、第 4 册，上海人民出版社 1982 年版。

议报》上发表《客帝论》，认为古代可以用异国之人才为客卿，只要满清统治者能够发奋图强，汉人也不妨承认其为“客帝”。但在1900年八国联军入侵后，感到清政府已经不可救药，于是作《客帝匡谬》，认为满族不驱逐，“欲士之爱国，民之敌忾，不可得也”，中国迟早会成为欧美的“陪隶而已”。1901年他在《正仇满论》中说，今天中国人切齿于满洲，思顺天革命，并不是因为要报旧仇（虽然满洲对汉人统治极其残酷），而是因为这个政权不仅“制汉不足”，而且“亡汉有余”，“无一事不足以丧吾大陆”，是一个亡国卖国的政府。不过章太炎在《排满平议》一文中也指出，排满不是盲目反对一切满人，而是“排其皇室也，排其官吏也，排其士卒也”。

排满就要采用暴力革命的手段，只有革命才是挽救民族危机的根本途径，是标本兼治的良药。在1903年发表的《驳康有为论革命书》中，针对康有为等人对于革命流血的诘难，章太炎指出，革命恰恰能够开民智，去旧俗，明公理。“今日之民智，不必待他事以开之，而但恃革命以开之”。“公理之未明，即以革命明之；旧俗之俱在，即以革命去之。革命非天雄大黄之猛剂，实补泻兼备之良药。”可见，革命的公理和觉悟不是天上掉下来的，而是在实践中学习获得的。这里，他将政治觉悟、政治意识的发展与政治实践联系起来考察，重视实践对于锻炼和提高政治觉悟的作用，符合实践论和唯物论的观点。

另外，他认为革命不能害怕流血牺牲。革命当然要流血，“不自由，毋宁死”。为了今日之自由，“明日自刎其喉，犹所愿也”。各国革命都有流血。不仅革命，即使立宪制度的建立也需要流血，英、奥、德、意、日各国立宪都是经过流血才成功的，就连维新派的立宪活动也是经过了流血牺牲的。哪有依靠哀求取得立宪成功的？革命不会亡国而适足以救国，中国本来就已经处在灭亡之中。

从思想基调上看，反满是为了救国，为了反对列强瓜分，因而具有反抗压迫、争取民族独立的爱国主义的意义。不过，其民族主义也有一些褊狭，甚至提出“汉族仇满则当仇其全部”的口号。

二、悲观主义的“俱分进化论”

章太炎本来早年就接受了佛教的影响，到日本后又接受了西方的各种学说，开始对于进化论提出怀疑。1906年9月，他在《民报》第七期上发表了《俱分进化论》，指出近代进化论导源于黑格尔的命题，即所谓“世界之发展，即理性之发展”，而达尔文、赫胥黎运用生物学加以发挥，认为发展的趋势是“达于尽善醇美之区”。但章太炎认为，此说不能是定论，叔本华就提出与之相对的厌世观，认为世界本来是由于意欲的盲动而形成的。叔本华的这一思想和章太炎的悲观虚无思想非常契合，所以章太炎在这篇文章中提出，人类社会是善进恶也进，乐进苦也进，是恶与善同时进化，即“俱分进化”。具体来说，进化所以为进化，不是一方直进，而是双方并进：“若以道德言，则善亦进化，恶亦进化；若以生计言，则乐亦进化，苦亦进化”，所以追求进化可能也追求了不幸。人类由低级动物进化为高级动物，道德上却日益败坏，虎豹虽吃人，但是不吃人类，只有人类才会自相残杀，一次战争就会伏尸百万，血流千里。人类不仅以刀杀人，而且以“术”杀人，这更是虎豹豺狼所未有的。以生活而言，越是低级动物，苦乐之量越小。进化到人类，不仅有五官之乐，而且要求土地、钱财、高官、厚禄，甚至追求道德、名誉、学问，为此而奔走喘息，含垢忍辱，甚至“杀身灭种”也在所不辞。人为了温暖幸福，上天入地，甚至钻入地下去忍受开矿挖煤之苦，与其如此，还不如古人打柴耕田愉快。而且，在本质上，人类追求幸福实际上就是扩张兽性的过程，“有进于此，亦必有退于彼”。这样，“以彼之苦求此之乐”，岂不是乐也进化、苦也增加了吗？

我们知道，对于人类文明进步所伴随着的恶的问题，尤其是资本主义工业文明所带来的罪恶以及人类的异化问题，实际上卢梭早就提出来了，因此希望回归自然。到了19世纪末20世纪初，随着资本主义的高度发展，西方精神的分裂和痛苦更是达到一个高峰，出现了以尼采、叔本华等人的悲观主义思潮，“解构”主流思想，可谓当时条件下的后现代理论。但西方是在工业文明高度发达之后出现的反现代化思想，而中国则是在没有进入现代化过程时，就开始出现这种思想，这既说明民族主义和文化上的本体意识对于西方挑战的抗拒，也反映了西方对事实上处于依附地位的东方文化的“同步干扰”问题。

三、个人主义的国家观

个人主义是章太炎国家思想的出发点。在《四惑》这篇文章中，章太炎认为个人是目的，个人就有自足性(“自性”)。个人或小我对于社会大我并无义务。个人“非为世界而生，非为社会而生，非为国家而生，非为他人而生”。个人“对于世界社会国家与其对于他人，本无责任”。他以一种功利主义的观点解释说，人们互相合群而居，彼此发生相助相酬的合作关系，纯属个人自决，而非天经地义的公理。所谓天理、公理，事实上是不存在的，是一些人制造出来的。

从这种彻底的个人主义出发，必然否定国家的合理性。他从三个方面对这个问题加以论证：

第一，从逻辑上说，国家无“自性”，即没有实在性或独自性。自性就是事物的不可分析性，即独特性、独自性。即使由这种具有自性的事物组成新事物，其自性也不会丧失，具有自性的单个事物是集合体的基本组成单位。集合体是虚有、假有，基本单位才是实有。国家是一个由具有自性的个人组成的集合体，由此国家也是虚有、假有，而个人才是实有。① 这种说法在今天看来是有问题的。

第二，国家没有产生的合理性，国家不神圣。他说，“国”字从戈守一，一是因为抵御外敌，针对外患而兴起；一是因争地杀人而兴起，君主原来是酋长演变而来的，酋长是古代的造酒官员，君主的产生并不是起源于保民兴化的高尚目的，实际上是产生于个人的私事，即“家人鄙事而已”。② 在这里，他一方面从现实的利益出发考察了国家起源，打破了国家起源方面的神秘观点；但另一方面又把国家的产生简单地归于家人私事。

第三，任何政府在本质上无高下之分，实际上对一切政府皆表示出批判和警惕的意识。章太炎认定一切政府、国家、权力对于个人都是一种恶的力量，都有侵害作用。专制政体与民主共和政体没有根本区别。君主专制任人唯亲固然可恶，共和制下议员行贿入选也是不道德的；民主制下取媚于大众，与专制政体下取媚一人没有不同。“佞悦众人与佞悦君者，其细大虽有异，要之猥贱则同。”从这些议论可以看出，章太炎的确看出了民主制的一些问题：政客往往利用人性的弱点，操纵大众的情绪，摆布人的下意识，所以民主制度无助于人性的完善。③

第四，从绝对肯定个人主义的立场出发，认为国家在本质上是虚有的，爱国为迷妄，建国为悖乱，救国为猥贱。虽然本质上是迷妄的，但还是有人会爱国、救国、建国。人类的大多数是喜欢虚有的东西胜于实有的东西，如喜欢画中的东西、喜爱装饰品胜于喜爱实有、自然的东西，喜欢过去、未来胜过眼前。爱国、建国、救国之不必产生而产生，也是由于人类行为多是悖乱的、不合理的，没有什么当然之理。虽然救国不高尚，但是出于人类自保的本能，故

---

① 章太炎：《国家论》、《四惑》，《章太炎全集》第 4 册，上海人民出版社 1982 年版。

② 参见《国家论》、《五无论》、《检论·地治》，依次见《章太炎全集》第 4 册、第 3 册。另外，参见肖公权《中国政治思想史》，商务印书馆 1948 年版，第 924~926 页。

③ 章太炎：《官制索隐》，《章太炎全集》第 4 册，上海人民出版社 1982 年版。

如同干屎鸟粪能够滋养庄稼谷物的生长一样。这种观点很接近西方思想家“国家是必要的恶”的思想。

第五，1907年9月，他在《民报》上发表了《五无论》，提出取消国家的“五无境界”。具体说就是：无政府，因为种族相争源于政府；无聚落，人类本来是平等的，但因为占据的土地条件不同，因而导致相争，故应去聚落，使人自由迁徙流动；无人类，因为“人为万物元恶”，战争是由人类产生的，故只有消除人类才能最终息争；无众生，有了生物，仍然可以进化为人，政争不息，故要去众生方可最终断绝人类进化之源；无世界，世界本来就是空无的，现在有形的世界是众生所生的地方，本非实有，如果没有众生，世界就会“高蹈太虚”。从最理想的角度看，最好是不要国家。可见，其思想极端悲观。

四、反对代议制，主张直接民主制

国家虽然从理想上是不应该存在的，但目前又不得不容忍它的存在。在这种情况下，应该采取什么政府形式呢？章太炎的目标是建立一个没有议院、直接民主、经济平等、注重法制的资产阶级共和国。

首先，章太炎对于各国普遍采用的代议民主制进行了分析批评。他指出，由于中国地广人多，议员太多无效率，太少则没有代表性，因此它首先就缺乏可操作性。其次，西方选举权是以纳税额为前提的，因而最终必然是有钱有势的富豪把持政权。“是故选举法行，则上品无寒门，而下品无膏粱。名为国会，实为奸府。”这样，富豪平时本来已经恃强凌弱，现在当选议员后把持政权，不仅不能伸张民权，反而更有利于他们欺压百姓，扼杀民权。百姓在专制制度下只有君主一层压迫，在代议制下却又多了一层压迫，因此，他得出代议制必不如专制为善的结论。再次，代议制不能真正反映民意。因为议员有任期，在任期内即使违反民意也不能罢免；而且在选举的时候，“民不能豫揣而授其意于选人”，即人民也不知道将来有什么事情需要议员代表，从而议员唯以党派之见为己任，不考虑民意。于是他得出结论说，议院是“民之仇而非民之友也”①。应该说，章太炎所批评的第三个问题，确实涉及了西方政治学中长期争论的一个重要问题，“击中”了代议制的要害。大多数政治学者已经从各个角度看出，代议制确实存在难以反映民意的缺陷，并认为代议民主制也只是罪恶最少的一种。

---

① 章太炎：《代议然否论》、《与马良书》，均见《章太炎全集》第4册，上海人民出版社1982年版。

为了实现平等、民主的原则，章太炎首先提出应实行“四法”：一是均分土地，使耕者不为佃奴；二是官办工场，使庸人得分赢利；三是限制“相续”，即限制财产继承，使富厚不传子孙；四是解散议员，使政党不敢纳贿。在这一基础上，他提出了自己的直接民主主张：设总统行使行政、国防、外交权；设司法长官掌握司法权，地位与总统齐同；设教育长官，地位也与总统平；而在立法权方面，则主张平时不设议员，有宣战等紧急事务时，每县选出一人与政府一起议定。定后不得更改。一般的具体法律条文，由明习法律历史、周知民情的人士制定。不过章太炎也认为，即使是这样的民主制也是不道德的，也只是初级苟偷之法，是不得已而为之的制度。①

总之，就思想根源而言，章太炎的虚无主义思想，首先来自其极端的个人主义。把个人与社会国家绝然对立起来，个人的价值绝对化，以个人为本位，为实体，国家为虚，当然就可有可无。其次是来自佛教唯识宗的影响。唯识宗又称法相宗、慈恩宗，“识”的大意是认识、明辨能力。该派认为每个主体皆有八种认识能力：眼、耳、鼻、舌、身、意、末那识、阿赖耶识，前五识相当于感觉，最后一识即心识，是根本依，是世界的一切本原，世上万物皆为它变现，隐藏着变现世界的种子，摄藏万有所由产生的一切原因，万物总根源，故曰种识。唯识宗的基本观点有：（1）万法唯识，一切皆依赖于识；（2）识有境无，唯有内识为实有，心外之境为实有的迷妄；（3）一切以识为性，一切现象在性质上皆属于“识”的一类，是其变现，而境本身无自性。章太炎的思想可以说完全由此脱胎。再次是传统政治思想观念的影响。他的思想中似乎有一个预设，政治应该是最高的善，应是最完美无缺的事务，所以，表层的结论上虽然与西方个人主义和自由主义的观点相通，但价值观却是不同的。后者是以多元论的价值观为前提的，认为自由主义不追求最大的善，只能避免最少的恶，而任何追求绝对完美的政治设计和努力都是危险的。章太炎则从绝对完美的理想出发，自然会导致否定一切政治设计的激烈的批判思想。从社会根源方面看，显然有对现实的强烈不满和反叛情绪等因素，但章太炎似乎也有些有意显示当时名士的怪僻和意气用事。他虽然很有学问，但是在思想上却不免有许多情绪化的成分，爱走极端，甚至故意行险立异，从他的一些思想观点中，很难看出是经过认真思考的，这也是近代许多思想家（其实很难算得上严格意义上的思想家）的通病所在。

① 参见章太炎《代议然否论》、《五无论》，均见《章太炎全集》第4册，上海人民出版社1982年版。

☞**思考题:**

1. 从章太炎的思想变化过程看中国过渡型知识分子的特点。
2. 试分析章太炎对西方代议民主制的批评。
3. 章太炎的国家观与西方契约论的国家观之间有何联系与区别?

第六章

资产阶级革命思想及其流变(中)

——孙中山的三民主义思想

第一节　生平与三民主义的形成过程

一、家世与早年求学经历

孙中山（1866—1925 年），出身于广东省香山（今中山市）翠亨村一个贫困的农民家庭。名文，又德明，入耶稣教时名为孙日新，行医时其汉文老师为之改号逸仙，1897 年别名中山樵，后逐渐以“孙中山”名字著称于世。此外因为从事秘密革命活动需要，还使用过不少其他的用名。1912 年民国建立以后，孙在本人公私档案中统一使用“孙文”。父亲孙达成曾去澳洲当裁缝，后回乡佃耕，兼做更夫，养家糊口。据说孙中山 6 岁起就和多数农家子弟一样，帮助家里干些力所能及的农活与家务。香山地处沿海，与外国文化接触较早，得风气之先；且各种会党势力发达，天地会、三元里、太平天国均与这里有关系。这些为孙中山日后从事反清运动提供了舞台。哥哥孙眉在夏威夷打工成为华侨资本家，受其资助，13 岁去檀香山入教会小学读书，取得美国公民资格。小学毕业之后进入当地教会中学继续学业，接受的完全是西方文化与自然科学教育。1883 年，孙中山 17 岁那年，由于哥哥担心孙中山有信奉基督教的意向，将他送回家乡。他先后在广州和香港的医学院就读，1892 年（26 岁）毕业于香港西医书院（香港大学前身）。在学习医学和后来行医的过程中，自然使孙中山受到比一般人更多的现代自然科学的训练，同时受进化论的影响也很大。

二、兴中会的成立与革命思想的形成

孙中山早年在广州、香港求学的时候，因见于清政府腐败和民族危亡日益

深重，就时常表现出叛逆的言行。他与同窗好友陈少白、尤列、杨鹤龄并称为“四大寇”。加上1884年中法战争失败的刺激，反清的思想日增，自称“洪秀全第二”。但此时他的思想仍处在比较混乱、矛盾之中。当时由于早期改良主义思想已经非常流行，孙中山还曾结识何启、郑观应这些鼓吹维新改良的人士，并投书郑观应，希望他在香山从事改良变法活动。1893年，即孙中山毕业后的一年，他还一方面结交洪帮人士郑士良、陈少华等，准备成立“驱除鞑虏”的兴中会；另一方面又于1894年春上书李鸿章，要求其实行改革，但遭到李的拒绝。不久，即1894年7月间，传来中国在甲午战争中惨败于日本的消息，举国震惊。但此时慈禧太后竟然还在大修颐和园，庆祝其六十大寿。统治集团的腐败无能使孙中山认识到“和平之法无可复施”，于是决心走向反满革命以救中国的道路。这年的11月，孙中山来到早年曾经求学的檀香山，成立了第一个革命团体兴中会，通过了孙中山草拟的《兴中会章程》，并在会员入会的秘密誓词中提出了“驱除鞑虏，恢复中国，创立合众政府”的革命宗旨，孙中山后来概括的三民主义在这里已提出了两大内容。1895年初孙中山回到香港，成立了香港兴中会总部，把“恢复中国”改为“恢复中华”。

香港兴中会总会成立后，当即决定于1895年10月26日重阳节在广州发动武装起义，因事泄而未成，兴中会骨干陆皓东被捕牺牲，孙中山等遭清政府通缉，被迫亡命日本。11月到日本神户登陆时，发现在日本的报纸上，自己已经开始以“革命党”而出名了。于是，孙中山干脆剪掉辫子，改穿西服，以示反清革命的决心。

1896年年初，孙中山与其妻儿抵达夏威夷，再转往美国，希望在旅美华侨中发展兴中会及进行筹款活动。但当时因为革命思想的影响还很小，因此在发展会员和筹款方面都难有成效。在美国打了几个月的工之后，孙中山遂于1896年9月去英国，希望在那里找到发展事业的机会和条件。但是在孙中山到达英国时，就已经遭到清朝的密探跟踪，所以孙中山到达英国不久，即10月11日这天，就被清朝驻英国使馆人员绑架，并准备把他当成疯子押上船回国。孙中山买通了使馆的英国仆人，给曾在香港教过他的医学老师康德黎写信求救。老师接到信后，辗转奔走于英国外交部、《泰晤士报》和伦敦警察局等处营救孙中山，清廷碍于英国的法律，不得不把孙中山释放。但在营救孙中山的过程中，“清朝政府绑架案”已经被英国各家报刊报道得沸沸扬扬，孙中山出来后，又应邀写了《伦敦蒙难记》。孙中山经历此次绑架之后，一下子由清政府缉拿的“逃犯”变成了国际知名的革命家。他在大英图书馆看了几个月的书，又考察了欧洲的资本主义，从中发现了资本主义存在的问题，于是在思想上吸取了社会主义的成分，增加了社会革命的内容，这些成为他思想体系中产生民生主义（社会主义）的主要契机。

三、同盟会的成立与三民主义的形成

1897 年 7 月，孙中山经加拿大再次来到日本，此时他已是闻名遐迩的人物。日本青年中一些泛亚洲主义者开始注意孙中山，希望和他一起振兴亚洲。首先慕名来访的是后来成为终身密友的宫崎寅臧（滔天）和平山周，通过他们又结识了日本著名的政治家犬养毅、大限重信、头山满等数十人。宫崎寅臧（滔天）和平山周等人是英雄惜英雄，其他的一些日本政客看重的则是孙中山清朝敌人的身份。与此同时，孙中山也开始引起一些中国留学生如纽永键、马君武等人的注意，梁启超等保皇派还一度与他有过接触。不过，那时正统的士大夫如进士出身的蔡元培、举人出身的吴稚晖等还是不愿意和孙中山来往。

1903 年夏，孙中山在日本青山秘密创办军事学校，其入校誓词中首次提出了"驱除鞑虏，恢复中华，创立民国，平均地权"16 字纲领。1904 年，孙中山加入洪门致公堂，接受"洪棍"(元帅）之职，在重订《致公堂章程》时，将上述 16 字纲领定为致公堂的宗旨。

1904 年 3 月，孙中山游美募捐，入旧金山时因护照问题被拘留，靠当地的洪帮保释出来。这次赴美没有取得多大效果，遂于 1905 年 7 月回日本横滨，在宫崎寅臧的介绍下认识了另一个革命实力派人物、华兴会领袖黄兴，接着又联合了光复会等组织，于 8 月 20 日成立了同盟会，孙中山被推为同盟会总理，正式确定了"驱除鞑虏，恢复中华，建立民国，平均地权"的革命政纲。11 月间，孙中山在《民报》刊词中首次提出"三民主义"学说，与梁启超、康有为等改良派展开了激烈论战。12 月间，冯自由在香港的报纸上开始正式宣传孙中山的三民主义。

辛亥革命之后，虽然推翻了清王朝和几千年的专制帝制，但是中间又先后出现袁世凯的独裁和帝制复辟、北洋军阀统治等，使得孙中山深切认识到"革命尚未成功"，因此他又发动反袁的二次革命、护法运动和北伐战争，并在领导革命的过程中逐渐看到苏联和中国共产党的力量及希望所在，于二次护法运动之后，开始与苏联及中共合作。1923 年接受共产国际派来的鲍罗廷为顾问，并以苏共为模式重组中国国民党。1924 年 1 月，在中国国民党第一次全国代表大会上，孙中山宣布实行"联俄、联共、扶助农工"三大政策，使三民主义有了新的时代内涵。

以上就是三民主义形成和提出的大致过程。后来孙中山通过一系列著述、演讲，对这一理论进行了系统的阐述。国内学术界一般把三民主义思想的演变过程分为前、后两个阶段，前期称“旧三民主义”，主要是在1905年至1919年形成；后期称“新三民主义”，主要见于《三民主义》一书，以及体现了孙中山“三大政策”的中国国民党一大宣言。

第二节　三民主义思想的内容

一、三民主义思想的哲学前提

和近现代许多思想家一样，孙中山的思想也受到当时流行的进化论的很大影响。但和一般人不同的是，他并没有停留在进化论的认识水平上，而是吸收了进化论的成分，提出了自己的民生史观，从而为他的三民主义思想构造了哲学基础。

进化论的基本观点是宇宙和自然界是一个不断发展、不断进行新陈代谢的进化过程。把这一思想运用于人类社会，孙中山就提出了自己的社会历史观。为什么人类社会也是不断向前发展的？其动力何在？这是孙中山确立自己的历史观时所面对的核心问题。对此，他用“民生”来解释这一问题。在孙中山的思想中，所谓“民生”，是指“人类求生存”的问题，或者说“民生就是人民的生活，社会的生存，国民的生计，群众的生命便是”。他认为这种“人类求生存”的问题（民生问题）是“社会进化的原因”，“是社会进化的原动力”。“民生”的具体内容包括衣、食、住、行等方面。人类为了满足这些方面的需求，为了实现求生存的愿望，就会克服一切困难和障碍，不断地改造环境和征服自然，从而必然推动社会历史的发展。不过，人类满足这些需求和愿望不是靠像动物那样的弱肉强食的竞争原则，而是靠互助，只有互助才使人和动物相区别。所谓“物种以竞争为原则，人类则以互助为原则”，“社会国家者，互助之体也；道德仁义者，互助之用也。人类顺此原则则昌，不顺此原则则亡”。人类社会进化的法则是互助，在互助中求得生存问题的解决，这和动物的生存竞争原则是不同的。这样，人类求生存的愿望和行动就构成了历史的中心，成为推动历史发展的原动力，所以，孙中山的这种历史观被叫做“民生史观”。民生史观一方面肯定社会的物质生产、生活在历史发展中的作用，和唯物史观存在某些接近之处；另一方面又认为，人们求生存的愿望也是“历史发展原动力”中的一方面内涵。正是从这一立场出发，孙中山批评马克思主义“错认物质是历史的中心”。而毛泽东在《新民主主义论》中也批评民生史观是一种历史的二元论或唯心论。可见，民生史观与唯物史观是有所不同的。

在孙中山看来，正是在这种求生存的动力推动下，人类社会不断向前发展，并且必然要依次经历四个发展阶段：一是远古洪荒时代，在政治上处于野蛮时期；二是渔猎时代，在政治上则处于神权时期；三是游牧时代，在政治上则处于国家和君权时期；四是工商时代，在政治上则处于民权时期。可见，孙中山就是通过这种进化论的思路和语言，论证了民权（政治民主）是历史发展的必然归宿，同时也是政治发展的必然前途。①

二、前期三民主义的基本内容

（一）民族主义

概括地说，孙中山前期的民族主义虽然也有对外争取民族独立和民族权利的内容，但主要以反满革命为中心，矛头主要对着清王朝，主张以革命的手段推翻清王朝的统治。但是他也认为革命不是笼统地反满兴汉，革命的矛头应该对准掌握统治权的满清贵族。他在东京《民报》创刊周年庆祝大会上发表演说时就强调："惟是兄弟曾听见人说，民族革命是要尽灭满洲民族，这话大错。……我们并不是恨满洲人，是恨害汉人的满洲人。假如我们实行革命的，那满洲人不来阻害我们，决无寻仇之理。"② 另外在《中华民国临时大总统宣言书》中也指出，将来革命成功后，应"合汉、满、蒙、回、藏诸地为一国，即合汉、满、蒙、回、藏为一人"。可见，尽管孙中山的民族思想也和传统的反满思想、民族大义观念有很深的联系，但已经在一定程度上突破或力图突破狭隘的反满复仇的思想局限。具体而言，由于清政府日益腐败无能，导致外患日益严重，为了拯救民族的危机，摆脱被列强瓜分的境地，必须推翻卖国无能的清政府。如他在《驳保皇报书》中就说：列强虎视眈眈，瓜分中国的危机已经达到了极点，而清政府却软弱无能，"欲免瓜分，非先倒满洲政府，别无挽救之法也"。从这里也可以看出，孙中山这时的思想虽然以推倒清政府为首要目的，但反满思想也是和反帝、救亡思想密切相联系的。他在《中华民国临时大总统宣言书》中指出："临时政府成立之后……满清时代辱国之举

---

① 以上内容见孙中山《三民主义·民生主义》、《建国方略·孙文学说》、《三民主义·民族主义》，收入《孙中山选集》，人民出版社 1981 年版。

② 孙中山：《孙中山全集》第一卷，中华书局 1981 年版，第 325 页。

措……务一洗而去，使中国重见于国际社会。”正如有的论者指出的那样，孙中山的反满在一定意义上是由于清政府的“卖国”、“亡国”，从某种程度上反映了各族人民“救亡图存”的要求，因而具有“通过反封建来实现反帝和独立”的意义。① 因此，不能把他前期的民族主义与后期截然割裂开来。

在孙中山看来，要坚持反满革命的民族主义，就要提倡国族主义，反对家族主义和宗族主义。孙中山的民族主义虽然也受到春秋大义中的“夷夏之防”、“华夷之辨”的影响，但其阅历以及他的整个资产阶级思想体系，决定了他主要是向西方学习真理，他所依据的主要还是西方资产阶级民族国家学说。他在《三民主义·民族主义》中指出，民族不同于国家，单纯的国家是由武力造成的，而民族国家则是由“天然力”造成的。具体来说是由血统（祖先）、生活（谋生的生活方式）、语言、宗教、风俗习惯五种自然力造成的。他认为中国过去没有民族主义，“只有家族主义和宗族主义”，导致中国人的团结始终没有超出宗族、家族的范围，家族、宗族的团结力非常强大，为了宗族的利益人们可以牺牲身家性命，但是没有人愿意为国家、国族牺牲。没有民族主义便容易被淘汰，只有民族主义才是人类生存的工具。目前的办法是利用传统的“敬宗收族”思想逐步发展扩大到国族，形成民族主义。

唤醒民族意识，就涉及如何对待自己民族文化、实现民族文化认同的问题。孙中山提出，要恢复民族主义，就要恢复中华民族的自信心，还要充分认识中国文化的长处。中华民族之所以在世界上存在几千年，一定是有其长处和特别精神的，这就是固有的道德知识和能力。对它们应该发扬光大，不能全盘抛弃。比如中国传统文化中的忠孝、仁爱、信义、和平这些精神和伦理规范，只要赋予新的时代意义，如“忠于国”，“为四万万人效忠”；对于民族尽孝，对于人民讲爱心；对于朋友讲信义，对于外国讲和平，都是“极好的道德”，不但可以保存，“并且要发扬光大”。从智慧方面说，中国人提倡自身体验，即格物致知，从个人的内心做起，推广到平天下，以及中国的科举制度、科技发明都是值得珍惜的。

但是总的看来，直到清朝覆亡、民国成立之初，孙中山民族主义思想的内容和目标还是比较狭隘、具体的，带有更多的种族排斥和汉族中心思想。正如胡汉民也承认的那样，“排满二字口号极简明切要，易于普遍全国”，提倡反

① 参见林家有《孙中山的民族主义思想与辛亥革命》，《中山大学学报》1979 年第 4 期。

满的民族革命不免带有进行政治动员的策略考虑，而包括孙中山在内的革命党人，在宣传发动革命时也难免存在过分渲染满汉矛盾的情况，也造成在当时的语境下，“民族主义”被较多地理解为“排满革命”。孙中山辞去临时大总统时说：“今日满清退位，中华民国成立，民族民权两主义俱达到，惟有民生主义尚未着手，今后吾人所当努力的即在此事。”甚至在一些场合说辛亥革命的成功“就是民族主义的成功”①。孙中山在南北议和成立、就任临时大总统不久，就亲率文武官员拜谒明太祖陵，发表《谒明太祖陵文》，说议和成功“虏廷震惧，莫知所为，奉兹大柄，还我汉人，皇汉民族，既寿永昌”云云，也有表明已经完成“恢复中华”的意思。

（二）民权主义

孙中山在《民权主义第一讲》中这样解释“民权主义”：“管理众人的事便是政治。有管理众人之事的力量，便是政权，今以人民管理政事，便叫做民权。”另外，从他的许多演讲和著述中，以及从他在民国成立后颁布的重要法令中，都可以看出民权主义的主要内容和精神，就在于强调人民是国家的主人、主权者，应该采取适合中国国情的政府体制和制度来切实保障人民应有的权利。因此，民权主义和西方的“民主政治”思想基本是一致的。它包括以下几个方面的内容：

第一，民权主义的基本原则与精神，是以“主权在民”为最高原则，提倡民权与自由、平等、博爱，通过政治革命推翻专制政体，实行民治、民享、民有的共和制政体。关于这方面的内容，孙中山在1904年的《中国问题的真正解决》、1906年的《军政府宣言》以及同年的《中国同盟会革命方略》等论著中，都曾十分清楚地阐述过。②

第二，五权宪法思想，即制定以“五权分立”为基本精神的宪法，建立“五权分立”的政体，作为实现民权的形式。孙中山认为这是破天荒的政体，是“完美无缺的治理”。在政府的机构设置上，就是要把国家权力分成立法、行政、司法、监察、考试五个部分，设立相应的五个院来行使这些权力。

五权宪法思想的理论来源实际上还是分权制衡思想，这是它和西方分权理

① 孙中山：《在桂林军政学七十六团体欢迎会的演说》，《孙中山全集》第6卷，中华书局1981年版，第3页。

② 《孙中山选集》，人民出版社1981年版；《孙中山全集》第1卷，中华书局1981年版。

论的共同之处。比如他认为政治中存在着两种潮流或力量：一是自由的力量；一是秩序的力量。这两种力量好比物理学中的离心力与归心力。如果离心力大，则物质必然会飞散无归；如果归心力大，则物质必然越缩越小。政治生活中若自由太过，则为无政府；若秩序太过，则成为专制。因此，必须采取分权的办法以避免专制，采取相互平衡以防止绝对自由和无政府主义。①

但孙中山又力图要超越、克服西方“三权分立”制度的缺陷。他认为只有“三权分立”还不够，流弊甚多，主要是没有独立的考试权和监察权，官吏有考试进来的，有选举进来的。从选举方面说，只要在选举中略有口才，善于巴结选民，就可以当选，结果是“黠者得以乘势取胜，以售其欺”，学问思想高尚的人，反而可能因为口才木讷而不受重用。从委任上说，部长随总统共进退，政务官随着政党选举获胜而分肥，导致政治散漫腐败，所以，孙中山认为中国的考试制度最为合理，被西欧各国先后仿效。但是西方考试权由行政部门掌握，且只考下级官吏，将来中华民国“必要设立独立机关，专掌考选权，大小官吏必须考试，定了他的资格，无论那官吏是由选举的抑或是委任的，必须合格之人，方得有效。这法可以除却盲从滥举及任用私人的流弊”。在监察权方面，西方各国都是由立法机关兼掌监察权，没有独立的监察权，总是产生无数流弊；况且“裁判人民的机关已经独立”，而裁判官员的机关却还在别人手里，从法理上也说不过去，因此一定要让监察权独立出来。②

第三，建设民主宪政国家的步骤。关于这方面的思想，主要见于孙中山1906年的《军政府宣言》以及《中国同盟会革命方略》、1914年的《中华革命党总章》、1918年的《建国方略·孙文学说》等论著中。其主要内容是，从推翻清王朝到中华民国建成要经过三个阶段：第一阶段，军法之治和军政时期，以军法为依据，在三年内以积极的革命武力，推翻专制王朝，扫除官僚腐败和社会恶习，建立军政府；第二阶段，约法之治和训政时期，以六年为期，以《约法》为依据，实行国民党的“党治”，训练人民的政治能力，推行地方自治，是向民主宪政的过渡时期；第三阶段，宪法之治和宪政时期，以宪法为依据，制定与实施宪法，召开国民大会，选举总统、议员以及国会，建立中华民国。

① 孙中山：《五权宪法》、《在东京〈民报〉创刊周年庆祝大会的演说》，《孙中山选集》，人民出版社1981年版。

② 《在东京〈民报〉创刊周年庆祝大会的演说》，《孙中山选集》，人民出版社1981年版。

孙中山认为，这三个阶段只能“循序以进”，不能操之过急。他在《建国方略·孙文学说》中分析说：“我中国人民，久处于专制之下，奴性已深，牢不可破，不有一度之训政时期，以洗除其旧染之物，奚能享受民国主人之权利?”又总结历史的经验说，法国是欧洲文化的先进之邦，人民聪明奋励，且在革命之前，曾有百余年哲理民权思想的鼓吹，又有美国为典范，“犹不能由革命一跃而及于共和宪政之治”，反而大乱相寻，国体五更，持续 80 余年，又为外国所败，其原因就是因为法国过去曾经是专制政体。中国的缺憾与法国相同，而人民的知识与政治能力又远不如法国，故要想由革命而达到共和宪政，只能采取渐进的方式。

（三）民生主义

民生主义的基本精神就是注重解决人民的生活，解决社会的生存、国民的生计、群众的生命问题。具体途径是进行社会革命，“对资本家打不平”、“不愿意少数富人专利”，把社会的财富“弄到平均”，“就是要四万万人都有饭吃”，解决全体人民的生计问题，使中国成为世界上最富有的国家，故孙中山有时干脆说民生主义就是“共产主义”，就是“大同主义’。不过，他那实现民生主义的办法与马克思的阶级斗争不同，即不是采用暴力的手段，而是采用和平的手段。他认为中国不存在阶级，中国人通通是贫，没有大富，只有大贫小贫之分。中国自秦汉以后就没有阶级制度了，封建制度被打破了。没有大地主，只有小地主。但是现在受英美的影响，虽无大地主，还是有九成的农民无土地。为了防止过度的两极分化，要实行土地为社会公有，平均地权，首先要核定地价，再调查所有的土地，令土地所有者自报地价，按照地价额征收 1% 的地税。地主不敢报得太低，否则国家会强行收买；也不敢抬高地价，否则地价收税太高。① 孙中山的民生主义确实表达了对社会下层人民的生活和命运深切的关怀和同情，反映出他对社会平等、正义的渴望和向往，但也有很深的中国传统的平均思想的痕迹，同时又受到了西方一些社会思潮的影响，具有某些空想社会主义成分。②

三、后期三民主义思想的发展

在孙中山晚年，看到辛亥革命的果实被袁世凯等篡夺，护国、护法运动屡

① 参见孙中山《三民主义·民生主义》、《在东京〈民报〉创刊周年庆祝大会的演说》，《孙中山选集》，人民出版社 1981 年版。

② 参见李华兴《中国近代思想史》，浙江人民出版社 1988 年版，第 404、408 页。

屡失败，于是在俄国十月革命和中国共产党的影响下，逐渐形成了“联俄，联共，扶助农工”的三大政策，并在1924年1月《中国国民党第一次全国代表大会宣言》中，运用三大政策对三民主义作了正式的阐述，标志着三民主义思想的重大转折。

第一，在民族主义方面，除了原来的内容外，着重强调了民族解放和反对帝国主义，即“免除帝国主义之侵略”、“民族主义实为健全之反帝国主义”，解除帝国主义对华经济、政治和人口三大压迫，实现国家的主权独立，废除不平等条约；对内实现中华民族的联合，中国境内的各民族一律平等，承认各民族具有自决权；在反帝任务完成后，成立各民族自由联合的中华民国，对外联合世界被压迫民族，尤其是联合苏联，认为苏联是人类的希望。

孙中山及其领导的国民党在民族主义思想方面的这些变化，是和当时各国对中国革命的态度分不开的。辛亥革命爆发后，孙中山曾一度通过各种渠道向西方国家求助，希望它们在经济上帮助新成立的南京临时政府，但都被它们以“中立”为借口拒绝了。特别是第一次世界大战中，列强在巴黎和会上无视中国的利益，继续其对华侵略、瓜分政策，使孙中山认为中国“所受压迫比从前更厉害”。与西方列强形成对比的是，十月革命后列宁领导的苏联社会主义国家两次发表对华宣言，宣布废除一切不平等条约，放弃在华特权，这自然会受到孙中山及其追随者的热烈欢迎。戴季陶就曾写文章赞扬说，这是“一个世界历史上空前的消息”，“自有人类以来空前的美举，任何民族、任何国家在历史上从来没有这样伟大的事业，没有这样清洁高尚的道德”。

附带地说，孙中山在谈到民族主义的反帝内容时，还阐述过大亚洲主义思想。如1924年孙中山北上，途经日本神户时，作了《大亚洲主义》的演说，提出要反对世界主义，主张民族主义和大亚洲主义；认为西方之所以能够征服中国，就在于中国只有世界主义而没有民族主义，认为民族主义是人类生存的工具，只有具有民族意识才可能生存，因此大讲东方主义和反对帝国主义，大讲亚洲在文化上的一致性，认为东方文化是王道文化，重视以仁义道德感化人；西方文化是霸道文化，科学文化，功利文化，讲的是功利强权，用洋枪大炮压迫人。东方的物质文化自然不如西方，但是东方的道德却比西方高得多；主张全亚洲联合，以王道反对霸道，以和平反对战争，认为只有打破强权之后，世界才能进入大同，世界主义使个人知有世界不知有国家。具体途径就是由三民主义实现世界大同。

第二，在民权主义方面，主要有两个方面的变化。首先，孙中山看到西方代议制的弊端，尤其看到民国成立、实行议会制度后，一些议员政客的表现极为腐败丑恶，选举中贿选舞弊，被称为“猪仔国会”、“猪仔议员”，议会制因此走上和人民意愿背道而驰的方向，从而声名狼藉。这促使孙中山进一步思考，究竟设计怎样的制度才能切实保障人民的权利，防止议会制民主下出现不受民意控制的“万能政府”？他寻找的解决方法是，在政权的性质和政治体制所追求的价值目标上，应该“驾乎欧美之上”，致力于“造成一个‘全民政治’的民国”，建立“为一般平民所共有，非少数人所得而私”的国家，要把政权放在四万万人民手中，“用四万万人来做皇帝”。尤其是他对于工农阶级有了一定的认识，强调在新的共和国中应给予他们一定的地位。① 其次，在实现民权主义具体的办法方面，提出实行“直接民权”和“权能分治”的政治体制构想。在孙中山看来，西方那种代议制还不能算是完全的民权，只有实行直接民权才是完全的民权。什么是直接民权呢？实行“权能分治”，使人民掌握了四种“政权”就是直接民权。“四种”政权，就是选举、罢免、创制、复决四权。选举权就是实行普遍选举，废除财产资格限制，使人人有选举权与被选举权，所有官员都由选举产生；罢免权就是罢官权；创制权就是由人民的公意创制法律；复决权即废法权，法律有不便者，人民可以废除。这四权由人民掌握。孙中山把这“四种”政权比喻为“四个放水闸”、“四个电钮”，有了它，人民就可以直接管理国家的政治，而官吏则是人民的公仆，这就是“直接民权”、“全民政治”。根据孙中山在《建国大纲》中的设计，“直接民权”的具体实施方法是：在中央一级，人民行使“直接民权”，主要通过每县选举一名国民代表组成的国民大会，行使选举、罢免、创制、复决权，国大代表履行职责时一切以民意为归依。孙中山力图通过间接民权的形式，贯彻直接民权的精神，并说这是“全国之直接民权”；在地方上，主要是通过以县为单位的“地方自治”来实现直接民权，即人民直接行使“四种”政权，直接选举和罢免县的行政首长与民意代表，组成自治政府，直接制定、修改规章，管理地方公共事务。

孙中山认为，仅有这“四种”政权还不能管理国家的政治，还必须在人民的“四权”控制之下，按“五权分治”的原则设计出五种具体管理国家的“治权”，真正实现人民有权、政府有能。为此，他在 1924 年间明确、系统地提出了“权能区分”或者叫“权能分治”的学说。他认为人民虽然有权，但并没有管理国家政治的专门技术和知识。根据个人的天赋和聪明能力，孙中山

① 《中国国民党第一次全国代表大会宣言》、《三民主义·民权主义》，《孙中山选集》，人民出版社 1981 年版。

把人分为先知先觉、后知后觉与不知不觉三种人。中国四万万人大多数都是不知不觉的人，都是“扶不起来的阿斗”，他们虽然有权却又无能。因此，必须把管理国家的大事交给有能的“诸葛亮”去做，由这些专门家组成政府，行使行政、立法、司法、考试、监察五项“治权”。这样，人民有权，政府官员有能，人民以政权控制政府的五项治权。主权属于人民，人民好比股东；政府由有本领的人管理，是人民的雇员或仆人。这就是“权能分治”思想。①

第三，关于民生主义方面，除了原来的平均地权思想之外，首先是进一步提出了“耕者有其田”的口号，但方法不具体，除了主张土地国有之外，并不主张实行像苏联那样的激烈做法，而是采取和平手段。其次是在对待资本主义方面，提出了“节制资本”，主张对关系国计民生的重要企业由国家掌握，控制私人资本，发展国家资本，而对于“不能操作国计民生”的资本主义则允许其发展。

四、历史地位与局限

（一）孙中山三民主义思想的历史地位

孙中山的三民主义在近现代政治思想史上无疑具有非常重要的地位。

首先，孙中山通过其三民主义的理论探索与实践，推翻了几千年的专制帝制，在中国进行了第一次实现资产阶级民主共和制的尝试，播下了民主的种子，这是破天荒的创举。从此以后，民主共和思想日益深入人心，向往民主、反对专制成为不可抗拒的历史潮流，以至于近现代许多反动势力都不敢公开放弃民主的旗号，这无疑对中国民主政治的发展创造了牢固的基础。

其次，三民主义尤其是民主共和思想虽然属于资产阶级范畴，但它产生于半殖民地半封建社会，又是与争取民族的独立解放相联系的，具有争取民族独立，建设现代民族、民主国家的意义，在一定程度上反映了广大劳动人民的愿望，切合了我国政治发展的时代主题。

再次，孙中山在移植资本主义国家的政治制度和政治伦理时，没有照搬照抄，而是清醒地看到其弊端并努力加以扬弃，主观上力图要超越它。比如要把民族革命、政治革命和社会革命三种同时进行的思想；比如实行直接民主以避免代议制缺陷的主张，以“五权分立”代替“三权分立”的思想，都是难能可贵的超越与尝试。另外，他对于资本主义国家民主的虚假性也有一定的认

① 《三民主义·民权主义》，《孙中山选集》，人民出版社 1981 年版。

识，并注意从经济方面实行彻底的平等和民主。从这些方面看，孙中山确实是一个伟大的爱国主义者和革命的先行者。

（二）理论缺陷与历史局限性

作为中国现代化的先行者和探索者，作为一生都在为推翻专制、建设民主共和国、实现三民主义而奔走的革命者，孙中山的三民主义理论不可避免地存在一些矛盾、缺陷甚至混乱之处。

第一，他虽然注意到了农民的土地问题，以及节制资本的问题，注意从改善经济条件方面来改良政治，但又和公有制不同；虽然否定封建土地所有制，但没有找到实行“耕者有其田”的具体方法、动力和阶级基础，在社会革命方面具有浓厚的空想社会主义色彩。

第二，在肯定民权的同时，对人民的政治能力又表现出不信任。在对待人民的自由的问题上，也存在着前后转变和矛盾。孙中山把人民分为三等，因而不信任、低估了人民的力量；把建国分为三个阶段，在民主宪政到来之前要接受党治，把人民实际上排除在政治实践之外。一方面他确实注意到了政治设计的可操作性和政治发展的循序渐进规律，但同时又过分夸大了对民众进行单方面训练的作用，忽视了政治实践、政治参与对于人民政治素质和政治能力的提高具有重要的锻炼作用。在对待自由的问题上，孙中山的态度有着前后的变化与不同，而且认识也比较肤浅。在前期与康有为等保皇派论战的时候，他对中国文化否定得较多一些，因此认为中国在历史上是专制的，是没有自由的；到了后期则认为中国不仅自古就“放荡不羁”，就有自由，而且认为自由太过了。比如他在《民权主义第二讲》中说：“中国人既是一片散沙，本是很充分的自由。”“中国人的自由，老早就很充分了。……中国人日出而作，日入而息，凿井而饮，耕田而食，帝力于何有哉？是一首自由歌。”甚至说：“中国人用不着自由，但是学生还要宣传自由，真可谓不识时务了。”既然认为一般老百姓的自由太多了，那么孙中山在后期就比较强调、重视国家层面的自由，他认为：“实行民族主义，就是为国家争自由。但欧洲当时是为个人争自由，到了今天，自由的用法便不同。在今天自由这个名词究竟要怎样应用呢？如果用到个人，就成一片散沙，万不可再用到个人上去，要用到国家上去。个人不可太过自由，国家要得完全自由。到了国家能够行动自由，中国便是强盛的国家。”

第三，孙中山的权能区分、直接民权理论也存在一些矛盾、混乱和缺乏操作之处。正如一个人的物权事实上是不能离开他对物的处置权一样，权与能、人民的主权与其对于国家事务的实际管理权是不能分开的。人民虽然有权，但是如果没有实际参与管理国家，则对国家的主权还是不能充分体现，政权离开治权，离开对国家机关、军队、法庭、监狱、警察等的控制权，政权是否有可能被架空？从西方政治学的理论看，这也属于难以解决的“民主悖论问题”。另外，孙中山提出的直接民权思想固然出于美好的善良的愿望，但缺乏具体的操作方法。比如，大小官员一律经过考试，且不说这样势必要在全国设立庞大的考试机构，从法理上也有抵牾之处：考试机关是“公仆”，被考的如果是国大代表，是“主人”，“公仆”怎么会有资格考“主人”？① 又比如，为了与欧美国家的国会区别开来，孙中山把立法院定为治权机关，但在一些具体阐述和制度设计中，又常常把立法院与欧美的国会等同。他在 1923 年提出，由全国人民投票“选举代议士，以组织立法院”；又说司法、考试、监察三院之院长由总统征得立法院同意任命之，于是，原本在五权宪法体制设计中同属于“治权”机关的立法院，却又凌驾于其他职权机关而具有国民大会的地位。再比如，国民大会的性质和职权，在孙中山的设想中属于代表人民行使直接民权的机关，但且不说选举国大代表行使“民权”与代议制下的议员有何区别，仅就操作性方面来说就有问题。在孙中山的设计中，国民大会由每县选举一人组成，总计二三千人，如果讲代表性，一名代表所代表的人数起码在十几万人以上，这远远高出英国下院议员所代表的几万人比例，从直接民主的要求来看，国大的人数显得太少；如果从效能上看，由三千人组成的国民大会作为常设机关运作，又显得国大人数太多。

第四，民族主义、党治主义与自由主义、民权主义之间也存在着内在的紧张与冲突。在孙中山看来，为了将来的民主目标，目前不妨由国民党代表人民行使政权，建立过渡性质的党治国家（党国）。问题是，一种理论在推行的时候也会产生“路径依赖”的问题，取得了政权的统治者为了维护既得利益，很可能将“党治”维持下去，出现对民权“久假不归”现象。后来蒋介石国民党的实际表现说明，这种可能性显然是存在的。另外，孙中山提倡国家的自由，强调纪律，反对个人的自由，认为自由不能用到个人，个人不可有太多的自由，国家需要完全的自由，并要求全国的民心都“归化到本党”。这和他的自由、平等、博爱精神也不可避免地产生矛盾。

① 参见徐矛著《中华民国政治制度史》，上海人民出版社 1992 年版，第 269 页。

☞**思考题：**

1. 试分析孙中山民权主义思想在中国政治发展史上的地位。

2. 孙中山训政思想的局限何在？

3. 试说明孙中山“直接民权”和“权能区分”的内涵，并分析其理论缺陷。

第七章

资产阶级革命思想及其流变(下)

——戴季陶的三民主义思想

第一节 生平及思想演变过程

一、学习经历与反满活动

戴季陶（1890—1949年），名传贤，因反清而自号"天仇"，表示与清朝有不共戴天之仇。四川广汉人，出身于富商家庭，但到戴季陶时家道中衰。自幼受到旧式教育，据说6岁能出口成诗，11岁曾参加过童生试而落第。戊戌变法失败后，清政府也办起了新政，废除了科举制，各地兴办新式学堂。1902年，戴季陶也随哥哥到成都一家洋学堂接受新式教育，在当时留学日本风气的影响下，主要是学习日文。后进入高等学堂，虽然学习成绩优异，却因顶撞道台级的校长而被退学，该道台并呈请四川督署，不准他在四川任何学校入学，只得辍学。后来幸得一位日本籍教师的帮助，聘用他为日语翻译。在这位教师的指点下，1905年自费赴日本留学。1907年师范毕业，转入日本大学法科学习，日文水平在留学生中非常优异。1909年回国，起初在江苏巡抚瑞徵创办的地方自治研究所任主任教官，1910年离开苏州到上海《天铎报》作编辑，以"天仇"的笔名写下许多批评时政、鼓吹排满反清的文章，很快升为总编辑。

1911年，戴季陶被清政府通缉，流亡到马来西亚办报。在此开始与同盟会接触，不久入会，并成为孙中山家中的私人教师，但还没有机会和孙中山正面接触。1911年10月10日，武昌起义爆发，回国到汉口参加保卫战，后又先后到上海、东北发动起义。袁世凯上台后，他回上海办《民权报》，揭露袁世凯复辟阴谋，后来逐渐与孙中山熟悉，得到信任。1912年9月成为孙中山的机要秘书，后又担任专职记室，随时记录言行。孙中山赴日本访问，戴季陶为随行翻译，其流利的日语和干练的作风给孙中山留下了深刻的印象。反袁失败后，戴季陶亡命日本，协助孙中山组建中华革命党。1917 年，任孙中山护法政府的法制委员会委员长，大元帅府的代理秘书长、外交部次长。

二、从宣传社会主义走向保守反共

1919 年护法运动失败后，戴季陶回到上海，一边与蒋介石等人合伙从事证券交易，一边主编《星期评论》(系《民国日报》副刊)，宣传和介绍社会主义，并参与了共产主义小组的早期活动。当时随着马克思主义在中国的传播，以及各种社会主义思潮在全世界流行，《星期评论》也发表了大量的谈论社会主义的文章，使得该杂志与《新青年》、《民国日报》的《觉悟》副刊一起，成为上海地区宣传社会主义的著名刊物。戴季陶这时候宣传社会主义，一方面是因为革命失败后，看不到出路，思想彷徨；另一方面是因为害怕苏联式的流血革命，希望用忍耐、渐进、温和的方式，从改良主义、社会民主主义的角度改造社会。试图把社会主义纳入三民主义，一方面引导工人进行和平斗争；另一方面主张资本家向英国学习，对工人让步。后来，他还翻译了考茨基的《资本论解说》，并写了具有唯物史观的《从经济上观察中国的乱源》，从生产制度的角度分析中国的社会问题。还在《星期评论》上发表了《劳动问题杂感》(1920 年 5 月第 51 号)、《中国劳动问题的现状》(1920 年 2 月第 35 号)、《学潮与革命》(1920 年 2 月第 39 号) 等文章，认为工人和资本家的关系如同老虎和羊的关系一样，号召工人阶级行动起来“直接行动”、“自己奋斗”，以“根本解决”的方法求得解放，甚至还喊出了“革命是急激的进化”的口号，放弃了阶级调和、改良主义的主张。作为早期宣传马克思主义的积极分子，戴季陶 1920 年 8 月参加了由陈独秀发起的共产主义小组，据说还参与了党章的起草工作。

1922 年，他奉孙中山之命入川，游说川军息兵合作。但是他的游说，不仅没有调停各方，四川战事反而愈演愈烈。所见所闻都是军阀混战、社会险恶，使他的思想发生重大转折，开始悔恨自己不该“盲从西洋共产的口号”，“胡乱输入西洋的学说，以为便可以救国救民，不止是太过无知，而且真是罪过”，认为自己宣传“胡乱杀伐”的理论，是要负“重大责任的”；认为共产党就是要“把中国民族仅存的一点存在平民阶级里面的优美德性也都破坏干净，造成洪水猛兽的世界”。还说自己早年参加共产主义小组的行为“更是不可饶恕的罪过”①。1923 年秋季，戴季陶又登上乐山闭门反省，进一步坚定了

① 戴季陶：《八觉》，《戴季陶集》上册，上海三民公司 1929 年版，第 20 页。

反对社会主义、反共意识。1924 年 1 月国民党第一次全国代表大会召开，戴季陶虽然对于孙中山的联共政策不满，但由于他对孙中山的崇敬，没有公开反对。由于他和孙中山的关系，加上早期他和陈独秀的关系，以及宣传社会主义的经历，国民党一大上被选为中央执行委员会常委、宣传部长。

后来孙中山北上重病的时候，戴季陶随侍在旁，向孙中山谈了自己的想法，想要将多年钻研三民主义的心得写成文章，得到孙中山的认可。戴季陶认为，他后来写出《孙文主义之哲学基础》、《国民革命与中国国民党》的理论著作，就是继承了孙中山的遗愿。1925 年 5 月国民党召开一届五中全会，戴季陶在会上提交了《接受总理遗嘱宣言》，经大会讨论通过。宣言提出建立党的“最高原则”，即以“纯正的三民主义”思想建立国民党，声称孙文主义“任何人不得独创”。随后，发表《孙文主义之哲学基础》和《国民革命与中国国民党》小册子，连同此前在广州发表的《民生哲学系统》，构成了一整套理论体系。后来戴季陶担任中山大学校长，又于 1928 年把他在中山大学的讲话编集为《青年之路》出版，标志着“戴季陶主义”的形成。此后，曾担任国民党中央执行委员会委员、考试院院长，为国民党的元老、蒋介石的心腹。1949 年因对前途绝望，服安眠药自杀。

第二节　民生本体论与孔孙道统说

一、民生本体论

前面说过，民生史观原是孙中山最先提出来的。孙中山认为，“历史的重心是民生，不是物质”；“民生为历史进化的重心”；民生问题“是社会进化的原动力”。所谓的民生，既是指“人民的生活，社会的生存，国民的生计，群众的生命”，又是指人民“求生存的”愿望。因此，毛泽东批评这在“实质上是二元论或唯心论”。戴季陶利用了孙中山的这些思想加以发挥，提出了三民主义理论的核心是“民生本体论”。戴季陶的所谓“民生本体论”主要包括以下内容：

第一，认为孙中山的理论中特别重视民生问题。孙中山主张民生是“历史的重心”，是社会历史发展的原动力。他引用孙中山的观点说，孙中山虽然也承认进化论，但认为人类社会的进化与动物界进化的法则不一样，社会进化的原动力也不是马克思主义所说的社会基本矛盾，也不是物质，而是民生。民生既包括社会经济生活，又包括人们的精神力量即求生的意志和要求。但是人类求生存这一欲望不是依靠动物式的弱肉强食，而最终是依靠互助来实现的，这是人与动物的根本区别。而阶级斗争的理论实际上是用动物竞争解释社会，是“倒果为因”，因此认为在现实中国，“马克思的阶级战争、无产专制用不着”。戴季陶就是在这一思路下，把孙中山所说的民生问题进一步归结为“求生冲动”或“生存欲望”，并作为民生问题的核心。他认为发展民生、顺应人民的生存欲望是历史的必然要求。正是在求生存这一欲望的引导下，人们才会克服一切障碍和困难，创造出一个个业绩，推动历史的进步。一切发明创造都是为了满足求生存的欲望而进行的。具体来说，民生就是要满足人民的衣、食、住、行、育、乐六个方面的需求。其中，“育”就是生育、养育、教育，少有所教，老有所养，男女老幼各得其所。“乐”就是要使“一切人民都有高尚优美的享乐”。不仅人类的经济生活是来自于求生存的需求，而且“一切国家和社会的文化，都是以人类的生存为目的，以‘共同生活’的组织为人类生存的手段”①。但是他又从生存竞争的角度说，只要存在着求生存的欲望，“无论是哪一种欲望都具有独占性和排他性，同时也具有统一性和支配性。因为要独占，所以要排他；因为要统一，所以要支配”②。这实际上已经暗示着国民党应该在民主革命中起主导作用。

第二，民生是三民主义的中心。在戴季陶看来，孙中山的三民主义从方法上来讲是三个主义，其实在根本上就是一个主义，其中，民族主义是三民主义革命的第一步，是民生主义的基础。因为要解决民生问题，必须首先排除阻碍民生的恶势力；要排除恶势力，就要建立完全独立自由的国家，故民族问题是实现民生问题的一个组成部分。为了解决民生问题，就必然要建设人民的政权，树立人民的权利，尤其要树立起“在政治上、经济上立于被压迫地位的农工阶级的权力不可”。所以戴季陶总结说：孙中山先生所领导的国民革命，其“最初的动因，最后的目的，都在于民生”。“先生每次演讲革命道理，必是把民生主义作为最重要的论点，一切问题的中心”。他又引证孙中山的话说：“我是为实行民生主义而革命的。如果不要民生主义，就不是革命。”③

从唯物史观的角度看，戴季陶是把孙中山思想中已经存在的局限性加以发

---

① 《孙文主义之哲学基础》，《中国现代政治思想史资料选辑》上册，四川人民出版社 1984 年版，第 411 页。

② 《国民革命与中国国民党》，《中国现代政治思想史资料选辑》上册，四川人民出版社 1984 年版，第 441 页。

③ 《国民革命与中国国民党》，《中国现代政治思想史资料选辑》上册，四川人民出版社 1984 年版，第 406~407 页。

挥，把历史发展的动力归结为更具有“唯心”色彩的“生存欲望”，实际上比孙中山走得更远，这和马克思主义把“物质生活条件”作为社会历史的“原始起因”的观点是截然相反的。

二、孔孙道统说与三民主义的道德基础

（一）孔孙道统说

戴季陶认为，三民主义是对中国以孔孟之道为核心的固有道德的发扬光大，是对两千多年来“中绝的中国道德文化的复活”，是继承了尧舜以来的仁义道德思想。儒家所开创的道德传统，后来因以老庄为代表的个人主义盛行而湮灭断绝了，使中华民族的创造力消失了两千多年，三民主义的出现使孔孟之道重放异彩，是三民主义接续了这个传统，形成了一脉相承的“孔孙道统”，所以，孙中山是“继往开来的大圣”。

为什么说孙中山是“继往开来的大圣”呢？孔子思想和孙中山思想的结合点在什么地方？戴季陶认为就在于民生史观，就在于儒家道统和民生史观都是以仁爱为基础的。也就是说，仁爱是孙中山和孔孟之道的共同基础。具体来说，三民主义以民生为基础，民生又是以仁爱为基础的。因为民生主义虽然坚持推动人类进步，但却是本于人类的互助本性，发扬只有人类才有的利他之心。人类进步就是靠实现共同的福利、靠利他实现的，实现民生主义的革命即是一种利他举动，就是要“求全人类的解放”。他认为，孙中山和国民党就是基于这种仁爱、这种利他精神才发动国民革命的。这种仁爱，就是要“处处以爱最受痛苦的农夫工人和没有工作的失业者为目的，要能够爱他们才是仁爱。不能够爱最大多数受痛苦的平民就是不仁，不仁就是反革命”。所以，仁爱是革命的道德基础，没有它就不是真革命。而孔子的思想就是讲仁爱和民生的，孔子的思想核心“全在于民生”和仁爱，如《大学》讲修身、齐家、治国、平天下，又提出“大道之行，天下为公”。这样，孔子讲仁爱和民生，孙中山也是讲民生，都是以仁爱为基础和出发点的，故形成了一脉相承的思想传统。

（二）以仁爱为核心的三民主义道德基础

戴季陶夸大这种传统道德的作用，认为传统道德“最发达最进步”，传统文化是“最有价值的文化”，不仅可以救国，而且将来可以成为实现世界大同的基础。这种政治上的保守主义，必然会导致文化上的保守主义。因为如果否

定孔子和传统文化，势必会抽掉三民主义与传统文化的共同基础，所以他反问说："如果中国的一切真是毫无价值，中国的文化在世界文化史上真是毫无意义，中华民族也没有创造文化的能力，那么中国人只好束手待毙就算完了，还要做什么革命呢?"①

那么，在中国的传统道德伦理中，具体有哪些内容可以作为三民主义同时也是国民革命的道德基础呢？戴季陶在《孙文主义之哲学基础》中论述说，以实现民生主义为根本目标的国民革命，其最深厚的道德基础就是仁爱。这种仁爱必然表现为革命的全过程。仁爱首先必然是发于至诚（没有至诚的仁爱当然就不是仁爱了），有了至诚之心来从事革命，必然会产生"择善固执"、贯彻始终的大决心，亦即对于民生、对救国事业的执著追求。这种对于民生的"诚"就是中华民族精神的原动力。这样，在整个人类社会起原动力作用的"生存欲望"，似乎在国民革命过程中就具体化为精神上的"诚"了。

有了这种原动力，必然表现为"智"、"仁"、"勇"三种美德，即儒家所谓的"三达德"。其中"智"就是所以知仁。如何能够认识到仁、体认到仁?要靠学问（即儒家的博学、审问、慎思、明辨过程）和经验两个途径。"仁"即泛爱众，其具体表现又分抽象方面和具体方面。抽象方面的"仁"就是伦理道德，如仁爱、忠孝、信义、和平；具体方面的"仁"就是在政治上实现三民主义。"勇"就是行"仁"之勇，"仁"的具体实现要靠"勇"，由于有了至诚之心，必然有行"仁"之勇。他解释说"行仁不可无勇。当仁不让，是勇之力。凡为不仁之举，必恐惧不敢行"。三者之中，"仁"是核心，是基础。

从"三达德"必然表现为"三达道"，即三民主义。民权主义即解决政权与治权的关系问题；民生主义的最高原则是世界大同，新共产制度的建成；民族主义是中国民族自求解放，国内各民族一律平等，世界被压迫民族全体解放。②

第三节　实现三民主义的方法：国民革命论

关于戴季陶这方面的观点，主要见于他的《国民革命与中国国民党》、

① 以上参见《孙文主义之哲学基础》，《中国现代政治思想史资料选辑》上册，四川人民出版社 1984 年版，第 418、430、414、417 页。

② 参见《中国现代政治思想史资料选辑》上册，四川人民出版社 1984 年版，第 402、431 页。

《孙文主义之哲学基础》，现择要加以评述。

一、国民革命思想的基本原则与内涵

根据以上的理论，戴季陶认为应以国民革命的形式实行三民主义。所谓国民革命，就是坚持“统一革命的原则”，联合各阶级“革命势力”进行的革命。就是以各阶级的革命势力，阻止阶级势力的扩大，以国家的权力，建设社会的共同经济组织，而“渐进消灭阶级”。反对用阶级斗争和无产阶级专政的方法改造社会。

为什么不能使用阶级斗争的手段去解决社会问题呢？因为在他看来，历史发展的动力是民生，民生的道德基础是仁爱；阶级差别的存在不是历史的常态，而是历史的变态，特别是中国并不存在十分清楚的阶级对立。阶级差别的存在也不能消灭人类固有的仁爱之心，“爱人利他的仁心更不是一定要同阶级才能具备”，求生存、求互助的仁爱是“人类的生性”，是人区别于动物之所在。这种人类所共有的仁爱之心是各个阶级共同革命的基础。他进一步举例说明，1860 年因为参加俄国革命被流放到西伯利亚的贵族妇人有三千之多；著名革命家克鲁泡特金就是贵族出身。就中国的事实看，“我们中国数十年来的革命并不出于被支配的阶级，而大多数却出于支配阶级。因为在中国这样的国家里面，去了生活能够自如的人而外，实不易得到革命的智识。所以结果只能是由智识上得到革命觉悟的人，为大多数不能觉悟的人去革命”。故革命的行动并不是被压迫的阶级才有，各个阶级在本质上都有革命要求和革命性。

那么，既然各个阶级都有革命要求，都可以成为革命力量，如何解释中国国内存在的革命与反革命势力呢？革谁的命（对象是什么）？谁来革命（革命的动力如何）？他解释说，这种区别实质上是觉悟者与不觉悟者之间的对立，不是阶级之间的对立。一些人之所以不革命，是因为他们对于“仁”不知（所以“知难行易”），如果能知，其仁爱心就可以发挥出来，转入革命队伍。所以中国革命是联合革命，一方面是“治者阶级觉悟了，为被治者阶级革命”；另一方面是被治者阶级的工人、农民“也起来为自己的利益而革命”，因此主张各个阶级的联合。当然，他也说，联合不是拉拢反革命分子，而是要联合各个阶级的革命分子。显然，这种分析存在着不少漏洞和牵强附会的成分，比如既然每个人都有“仁爱”之心，为什么还要革那些暂时“不觉悟”者的命，通过宣传教育岂不更符合革命的“仁爱”性质？比起中国共产党所宣传的阶级斗争理论来说，这种“仁爱”说确实不大容易贴近当时国人的生活经验。①

总之，在戴季陶看来，三民主义有更深刻博大的思想基础，有更高的“统一革命原则”，也唯有以它为指导，中国人的自信力才能够得到恢复，使中国文化重放异彩。只有这种革命，才是“最健全的国民革命运动”，才能使国家有“最确实的进步”，因而不需要阶级斗争的方法。

二、反对国共合作，反对马克思主义

戴季陶从“民生本体论”、从“孔孙道统说”出发，必然导致文化上的复古主义和保守主义，以及理论上唯我独尊的独断性与排他性。他认为中国文化是将来世界大同的基础，从而导致反对西方文化的结论。他一方面批判西方的个人主义、帝国主义；另一方面反对马克思主义，认为它是“以纯粹的物质问题为历史中心，以阶级斗争为绝对手段之社会革命理论”，这是空想的。在他心目中，个人主义等实际上和马克思主义一样，都属于西方文化。如果将这一问题放在当时国共两党冲突的大背景之下加以考虑，可以看出戴季陶实际上是将马克思主义视为西方文化的代表来加以反对的。

由于肯定民生是历史的中心，仁爱是民生的道德基础；三民主义才是唯一的真理，所谓“三民主义的必要和国民革命的必要是时间和空间的真实性”，因此他必然会从根本上反对中国共产党的基本纲领和路线，反对共产主义，反对国共合作。他认为“革命不是试图破坏，革命的目的是在建设”。而共产党的过激活动只会使“中国受长时间的扰乱，使国家民族衰微”。攻击中国共产党是和无政府主义一样，犯了幼稚空想病，他甚至认为无政府主义还可以有“促进人们博爱的好处”，而中共的马克思主义政党却利用中国青年知识上的薄弱，“把青年的思想化成僵石”，所以，共产主义和共产党必然为“时代所不需要”，而只有中国国民党才是时代的“唯一救主”。

他指出，由于国共两党存在着根本的分歧，在根本的信仰上不同，“共信不立，互信不生；互信不生，团体不固；团体不固，不能生存”。没有共信，不存在国共合作的基础。他还指责共产党采取的是“寄生政策”，是要用齐天大圣对付牛魔王的办法，钻到了国民党的肚皮里去对付国民党，这种合作必然会阻止中国国民党的自然生长。因此，“要图中华民族的生存，先要图国民党的生存，要图国民党的生存，一定要充分发挥三民主义的中国国民党的生存欲

① 以上“国民革命”说见《孙文主义之哲学基础》，《中国现代政治思想史资料选辑》上册，四川人民出版社 1984 年版，第 416~418 页。

望所必需的独占性，排他性，统一性，支配性”，等等。①

第四节　中国共产党对戴季陶主义的批判及戴季陶主义产生的根源

一、中国共产党对戴季陶主义的批判

戴季陶主义出现之后，瞿秋白、毛泽东、恽代英、陈独秀等中国共产党人立即在《向导》、《中国青年》、《政治周报》等刊物上发表文章，展开反击与批判。其主要论点是：

第一，批判戴季陶将孙中山的理论歪曲为“孔孙道统说”。中共北方区委在《关于戴季陶主义的决议》中认为，孙中山三民主义的重点在于中国民族革命解放运动，而不是继承孔孟之道，发扬中国的固有文明；中山先生的主义是革命观，而非道统观，是革命的战斗的理论，而不是“和平的道德学说”。瞿秋白发表《中国国民革命与戴季陶主义》一文说，戴季陶把三民主义说成是继承中国古代道统，而戴季陶又自认为继承了孙中山的道统，孙中山的三民主义竟被说成以仁慈忠孝为基础，国民党竟然是对中国固有文化的发扬光大，这完全是把革命当慈善事业，当作戴季陶等人的仁政。其实，三民主义是很浅显明白的道理，“用不着什么道统，什么哲学思想做基础”。而戴季陶却用民生哲学来解释，目的不过是把中国民众联合战线的国民革命，变成少数人的贵族革命。

第二，坚持唯物史观和阶级斗争学说。中国共产党人认为，阶级斗争的存在是客观历史事实，而不是哪个人愿意提倡就忽然有、不愿意提它就忽然无的现象。只要还存在资本家地主剥削工人农民，阶级斗争就不可避免。阶级斗争理论不是杜撰的，是从阶级斗争的事实中产生的。国民革命存在的事实，中国近代以来的反帝反封建运动，如1922年的海员罢工、1923年的“二七”大罢工、1925年的五卅运动，本身就说明阶级斗争的存在；想用仁爱去说服资本家，说服帝国主义和封建军阀放弃对劳动阶级的剥削压迫，才是纯粹的空想主义。甚至戴季陶主义的出现，本身就反映了思想领域中的阶级斗争。

第三，针对戴季陶对于中国共产党的歪曲，阐述了中国共产党的纲领和路

① 《国民革命与中国国民党》，《中国现代政治思想史资料选辑》上册，四川人民出版社1984年版，第441、476~478、442~443页。

线。中国共产党主张革命必须分成两步，第一步是根据当前中国的国情，实行联合战线的国民革命，反帝反封建，这是实现共产主义的第一步，是解放中国的唯一道路，也是“消灭世界资本主义，消灭阶级及其阶级斗争的唯一的道路”。革命的第二步才是实行共产主义制度，但具体如何实行，必须根据中国的国情。而戴季陶主义恰恰是脱离实际的。

第四，反驳戴季陶对国共合作的攻击，阐明中国共产党加入统一战线的目的。中国共产党认为加入统一战线，就是为了使国民党更加革命化，增加国民党内的工人阶级成分，使革命尽量代表农工的利益，为实现两党的共同目标而奋斗，中国共产党没有自己的特殊利益。国共虽然具有不同的世界观和阶级立场，但也不是没有共信，共信就是反帝反封建，三民主义和国民党的纲领能够代表一部分工农的利益，所以国共存在合作的基础。

二、戴季陶主义形成的社会根源与思想根源

首先，戴季陶主义形成的直接背景，就是孙中山提出的三大政策以及随之而来的国共合作。他本来就对国民党一大持消极态度，特别是一大之后，全国的工农运动蓬勃发展，到1925年的五卅运动，全国掀起了反帝爱国运动的大风暴，国民党右翼势力感到恐慌，因而认为中国共产党的政治主张不是建设性的，而是破坏性的，因此竭力反对国共合作。从思想渊源来说，也和他早年受传统的旧式伦理道德的教育和熏染有关。他自幼与家人的感情非常深厚，加上后来少年去国离乡，养成一种极端重视、依恋家庭亲情伦理和秩序的心理，特别是在他的成长、求学过程中，其母亲和兄长对他的帮助很大，因此他一直以孝敬、尊敬母亲及兄长而出名。这种特殊的成长道路和家庭出身，使他特别容易对传统文化、对旧秩序中的某些东西产生亲和力，虽然在短时期内倾向革命，但在思想深处惧怕激烈的变革，害怕工农阶级起来直接行动。

其次，尽管戴季陶主义是对孙中山三民主义从右的方面进行了修正，或作了右的解释，但也要看到，这些解释与孙中山三民主义本身存在的一些矛盾或局限有关。可以说，戴季陶的思想、观点都是从孙中山的著作和言论中引出并加以发挥的，都能在孙中山的思想中找到“出处”和“依据”，这是他的思想后来能够成为国民党内的“正统理论”的重要原因。三民主义是一个非常丰富、复杂的思想体系，而且经历了从前期向后期的演变过程，戴季陶抓住了孙中山思想中的某些部分，根据自己反对国共合作、反对共产党的需要加以解释、发挥，这是有目共睹的事实。但是过去理论界有一个不好的倾向，为了说明戴季陶主义的反动性，有意无意地割裂戴季陶主义与三民主义的联系，甚至

为了服从批判的需要，故意把戴季陶引用的孙中山的思想和观点说成是戴季陶的“反动”观点，这是违背历史真实的。

不过，戴季陶口口声声强调三民主义和国民革命的独占性，强调行“仁”之勇，用今天的眼光看是非常独断和危险的。如果没有符合近代以来科学民主潮流的思想体系，如果一种思想体系的前提即严复所说的“公例”本身出了问题，仅有固执独断的精神，只会加剧对国家和人民的灾难。另外，人们评价一个党派的政见，不是看其声明，甚至也不是看其主观意愿如何，而是看其实际行动和实际效果。这种看似非常“革命”、非常讲“仁慈”的理论，最后在中国大陆遭到彻底失败，的确是值得深思的。

☞思考题：

1. 戴季陶提出的“孔孙道统说”的主要内容是什么？它和戴季陶的“国民革命”理论之间有何逻辑关系？

2. 戴季陶“国民革命”理论的内涵和实质是什么？

第八章

“五四”前后短暂传播的新思潮

——中国的无政府主义、基尔特社会主义和国家主义思想

自1915年《新青年》创刊到1920年前后这短短几年里，整个中国和世界都经历了社会、政治和思想上的剧烈震荡与深刻变革，因而这几年是中国近现代历史发展、中国近现代政治思想演变过程中的又一重大转折时期。① 从1915年的年初到年末，袁世凯复辟帝制的闹剧终于从幕后策划正式走到前台(是年12月13日袁世凯接受帝号、受百官朝贺)，激起了全国一片反对，护国运动、讨袁运动此起彼伏；而陈独秀创办的《青年杂志》(次年改名《新青年》)也在这年9月正式面世；接着是1917年11月俄国爆发十月革命，1918年11月人类历史上空前规模的第一次世界大战结束，随后在1919年年初召开的巴黎和会上，列强拒绝了中国收回山东主权的要求，又激起了五四运动的爆发。在这一连串的国内国际重大事件的刺激和交织作用下，中国的思想界也在快速变革，呈现出一些新特点、新动向。最明显的是，在此之前传播的资产阶级改良思想与革命思想，尽管在改造社会手段、具体目标上存在分歧，但它们所追求的价值目标、所信奉的基本政治理念，如自由、人权、民权、宪政实际上是一致的，都同属于资产阶级民主政治的思想范畴；而在五四新文化运动期间却有大量新思潮的涌入，影响较大的有马克思主义、无政府主义、国家主义、基尔特社会主义、乡村建设理论，以及由胡适加以系统介绍的、由美国实验主义为理论武装的自由主义，等等，这些都造成中国近现代政治思想舞台上五光十色、斑驳陆离的局面，其中无政府主义虽然在清末民初就已经开始在留学生中传播，但是高潮出现在五四运动时期；国家主义虽然作为一个政治派别正式形成于1923年，这一年中国青年党成立，但其广泛传播也是在五四运动前后的“少年中国”时期；马克思主义早在19世纪末20世纪初就被零星地

① 根据学术界的一般看法，广义的五四运动可以称作“五四新文化运动”，时间大概从1915年《新青年》创刊到1920年前后。

介绍到中国，但在当时并没有产生多大的影响，只是到了“十月革命一声炮响”，才真正给中国人“送来了马克思主义”。为了叙述和体例编排的方便，本章主要介绍无政府主义、基尔特社会主义和国家主义这些流行时间较短的思潮。而对于其他或流行时间长、或影响深远的思潮如马克思主义、自由主义、乡村建设理论等，则以专章加以介绍。

第一节　五四新文化运动的历史影响

一、作为思想变革运动的五四新文化运动

五四新文化运动一般以1915年9月《青年杂志》(即后来的《新青年》)创刊为标志。主要倡导者是陈独秀、李大钊、胡适、周氏兄弟（鲁迅、周作人)、易白沙、吴虞、钱玄同等。它开始于文学革命，提倡白话文，反对文言文，继而演变为一场输入新思潮的运动，最后又演变为学生运动和工人运动，成为追求改革和革命的革命运动。在这一过程中，各种新思潮的鼓吹者组成联合战线，如早期的马克思主义者、各种社会主义者、自由主义者，共同向中国的旧道德、旧文化发动冲击。其主要背景是：自鸦片战争后，中国一步步对外开放，西方思潮日益深入中国，科举制度的废除，形成一批受西方文化影响的新型知识分子；加上辛亥革命失败后，传统的权力结构瓦解，而新的秩序尚未形成，军阀混战，政治日益黑暗，追求进步的知识分子遭到挫折；同时，由于外国资本主义的侵入，特别是第一次世界大战结束，外国资本主义重新占领中国市场，和中国的民族资本发生了冲突，故以巴黎和会、中国外交失败为导火线而发展为学生运动和政治运动。

作为一种思想变革运动，五四新文化运动主要包括以下内容：

第一，提倡文学革命，主张文学在内容和形式上的革命。因为文言文是士大夫的专利品，是身份与社会等级的构成要件，正如福柯所揭示的，知识也是一种重要的权力，士大夫凭借这些文言文就可以垄断知识，取得对社会的支配地位。所以，从形式上，主张用一种更易于表达思想的大众化、平民化的白话文写作，提倡推广普通话，甚至有人认为中国的落后和方块字有关，于是要求废除汉字，把线装书都丢进废纸篓，采用拉丁文字；在内容上，主张文学和文章反映现实生活，表达人的真实感情，甚至大胆描写爱情，反对文以载道，突破道德说教，因此，在这一时期出现了许多白话诗歌、白话文、白话小说。

第二，批判旧礼教、旧道德，批判以儒家学说为符号象征的传统文化，提

出了“砸烂孔家店”的口号，提倡个性解放。为什么把矛头对准儒家及孔子？首先，因为自民国以来，各种守旧势力都把孔子和儒家当成复辟的工具，以至于在人们的心目中造成了这样一个印象：似乎一切反动落后的势力都和孔子及儒家有瓜葛，都尊孔。李大钊就说，总觉得中国的圣人与皇帝有些关系，“洪宪皇帝出现以前，先有尊孔祭天的事；南海圣人与辫子大帅同时来京，就发生皇帝回任的事”。他又在《乡愿与大盗》中说，中国的历史是乡愿与大盗的记录。大盗不结合乡愿做不成皇帝，乡愿不结合大盗做不成圣人，所以皇帝是大盗的代表，圣人是乡愿的代表。点名指斥被视为千古“圣人”的孔子，震动极大。其次，孔子的学说确有不适合现代生活、与中国近代以来启动的现代化运动相抵触之处。易白沙在《新青年》上发表《孔子评议》说：“孔子尊君权，漫无限制，易演成独夫专制之弊”；“孔子讲学，不许问难，易演成思想专制之弊”；又说孔子缺少绝对的主张，“易为人所借口”，因此说孔子是独夫民贼的“万世傀儡”。李大钊也说，孔子是封建时代的道德礼教，“不适合民众”，“孔子者，数千年前之残骸枯骨也”，“历代帝王专制之护身符也”。他又以进化论的观点论述说：古今社会不同，古今道德自然会不同，新时代要有新道德。吴虞也说：儒家是要把中国弄成一个“制造顺民的大工厂”，“儒家以孝悌为二千年家族制之根基，流毒不下于洪水猛兽”。最后，他们认为礼教“吃人”，扼杀人的本性和个性，与近代以来的个性自由的解放运动相抵触。如鲁迅的《狂人日记》就说，中国的历史写满了“吃人”二字；吴虞也说，我们不是为君主而生，不是为圣贤而生，也不是为纲常礼教而生的，礼教就是要吃人。还有人写了《非孝》的文章，批判传统的孝道，受到警察的查封。

在“破”的基础上，新文化运动的领袖们提倡新的伦理道德，提倡从家庭和旧伦理道德的束缚中解放出来，反抗礼教，反抗家庭，反对父母包办婚姻，提倡自由恋爱，女子解放、剪发，男女同校和男女平等。胡适等人提倡易卜生主义，也是要高扬个性，号召人们追求独立。

第三，政治上反对封建专制和思想迷信盲从，提倡科学、民主。在新文化运动的发动者看来，科学的态度和科学的人生观是和民主人权联系在一起的，而迷信、盲从必然伴随着专制制度。李大钊在《新青年》发刊词中号召人们，要树立自主的而非奴隶的、进步的而非保守的、科学的而非想象的人生观；又提出科学与人权并重的思想。不久，他又把“德先生”与“赛先生”并提，提倡科学和民主。在当时的语汇中，人权就是民主。他认为自从人权平等学说出现后，“奴隶之名，非血气所能忍受”。近代欧洲的历史就是解放的历史，即破坏君权，求得政治解放、宗教解放、经济解放、妇女解放，以实现“自主自由之人格”。中国要图进步，必须改变官僚专制的个人政治为“自由自治的国民政治”。他认为专制与自由、君主与人民是势不两立的，“君主生则国民死，专制活则自由亡”；摒弃中国的传统文化和旧伦理道德，接受西方独立、自由、平等之学说，是中国唯一的选择，是“吾人最后之觉醒”，只有这样才能彻底改变国民的面貌。

二、新文化运动在现代政治思想变迁中的地位

关于如何看待新文化运动的历史地位，是与如何看待新文化运动和五四运动的关系联系在一起的。一般都比较强调前后的同一性、连续性，以为五四运动是在新文化运动的启蒙下发生的，五四运动虽然发展成为一场反帝爱国运动，但是“五四”精神中的科学、民主成分也是和新文化运动一脉相承的，所以人们常将“五四”与“新文化运动”合称。

但是也有人持不同看法，如胡适就基于反对马克思主义的立场，认为五四运动是一场“不幸的”政治运动，是对新文化运动这场中国的“文艺复兴”的“不幸干扰”。在他看来，五四运动因为急于救国，流于情绪化的东西过多；特别是中国的各派政党受到了学生运动的启发，觉得一种观念可以转化成为力量和武器，开始把注意力转向学生运动，把学生运动作为一种政治力量加以动员。孙中山就在事件爆发时对海外华侨写信，谈到对于青年学生宣传的重要性，同时各大政党都注意利用白话文争取青年，其结果是弄得知识界“人人都对政治感兴趣”①。还有人用“救亡压倒启蒙”来概括这前、后两个阶段，认为新文化运动的主题是启蒙，反对旧道德，追求个性解放，提倡新道德；但是这种启蒙受到了政治体制的阻挠，因此必然演变为政治批判运动，从而演变为“五四”救亡反帝政治运动。

不过总的来看，这场运动确实是中国历史上最为严峻、最为深刻的思想运动，它使中国的传统文化遭受到最为严重的精神危机，它对传统文化的破坏是颠覆性的和根本性的。从积极方面来说，新文化运动扫荡了旧的伦理道德和纲常名教，更为彻底地批判了专制制度，传播了科学与民主思想，使近代价值观念更加深入人心；同时也打破了儒家思想一统天下的局面，为思想的解放，为后来各种西方思想的传入，特别是为马克思主义思想的传播创造了条件。尤其是，由于第一次世界大战暴露了资本主义制度的严重问题，西方思想发生了严重的分裂，社会主义在全世界流行，它也随着新文化运动迅速传入中国。然

① 唐德刚译注：《胡适口述自传》，华东师范大学出版社 1993 年版，第 184 页。

而，由于当时中国压倒一切的任务是挽救民族的危亡，对于中国文化和西方文化的精华和糟粕还来不及进行认真的总结和清理，加上在西方文化冲击下对于现代化的急于求成，对待传统文化的态度过于简单化和情绪化，对于西方文化、西方思想的理解也过于浮浅和片面，从而给后人留下了进一步思考、反省的任务。

第二节　中国的无政府主义思潮

一、无政府主义在中国传播的原因

（一）中国无政府主义的理论渊源

无政府主义又称安那其主义，来源于希腊文，原意是指“没有政权、没有首长”的意思。英国的葛德文、德国的斯蒂纳为其先驱。而最为著名的、提出了系统理论的无政府主义者，当属法国的蒲鲁东、俄国的巴枯宁和克鲁泡特金。

威廉·葛德文（1756—1836年），牧师出身，受启蒙运动的影响，后转入无神论。1793年发表代表作《政治正义论》，虽然不完全是无政府主义，但已提出否定财产私有制和否定国家政权的观点。他认为政权是少数人的恶行强加给人类，是基于人类的愚昧和错误造成的，政权和财产总是侵犯个人的独立见解和良知，政权存在的结果总是为非正义提供新的机会和诱因。

麦克斯·斯蒂纳（1806—1856年），是青年黑格尔的代表人物，与马克思有过接触。其代表作是《唯一者及其所以物》，从绝对个人主义出发绝对否定国家和权威。他认为自我才是唯一的实体，我的意志就是法，在自我之外不受任何义务的束缚；国家产生后，成为维护私有制的根源，成为私有制和奴役的工具，因而是对自我的束缚，对个人意志的扼杀；而一切关于国家的意识形态（道德、义务、法律、真理、正义），都应当作“怪影”加以去除。他公开声称：政府本质就是坏的，国家的存在总是要从我这里得到好处，总是要利用我剥夺我，因此：“我要向任何国家甚至是最民主的国家宣战！”为了理想，他辞去大学教授的职务，妻子也和他离婚，还因债务两度入狱，这些使他更加走向个人与社会和国家的绝对对立。

蒲鲁东（1809—1865年），因发表了《什么是财产》而知名。他提出“财产就是盗贼”的口号，认为国家起源于私有制，又反过来维护私有制和不公正；有国家就有压迫和服从，就妨害自由独立和平等，就有不公正。任何国家和权威都是对于自由、个性和平等的危害；认为自由是独立和平等的合题，资本主义违反平等，共产主义违反独立。

巴枯宁（1814—1876年），出身于俄国贵族，当过军官。20世纪40年代留学欧洲，受无政府主义的影响，参加过巴黎街垒战，并在各地从事无政府主义活动，被引渡回国后，流放途中逃走，继续在英国、意大利等国的游民中间活动，创建了无政府主义的秘密组织，后又成立无政府主义国际，曾受到监禁并两次被判死刑，在工运史上影响颇大。其基本主张是：反对一切权威，认为权威是野蛮的人类动物性的标志，一切权威都是虚伪、专横的，使人腐败堕落，用到任何人身上都会让人变成怪物，成为否定人性的罪孽，人类进化的目标就是要消灭权威；权威最大的危害是剥夺人的自由。自由是人性的基本条件，自由才会使人有人性，有了权威和国家必然产生奴役，一切国家在本质上都是侵略国家、军事国家，必然破坏人类的团结，无产阶级专政也是一边专政一边产生奴役，所以，有国家就没有自由，要立即在24小时内废除国家。办法是通过革命的破坏、暴动，消灭国家和私有制。他特别迷信破坏，认为革命者只知道一种科学，那就是破坏的科学。为此发动流氓、乞丐等赤贫无产者，因为他们最有破坏性。

克鲁泡特金（1842—1921年），也是出身于俄国贵族，经沙皇推荐，就读于侍从学校。受民粹主义影响，立志改革农奴制。毕业后去西伯利亚考察，制订的一些改革方案未获沙皇的支持，觉得要“国家何用”，萌发无政府主义思想苗头。后出国旅行时受无政府主义者的影响，回国后参加民粹派的秘密组织，从事恐怖活动，被捕后越狱逃走，参加无政府主义国际，在法国搞爆炸被判刑五年，后去英国写作。也是从人性的角度论证国家的罪恶，认为人的本性是合作互助，人是社会性动物，国家制造压迫，违反互助性。

中国的无政府主义者在理论上就是直接以上述西方无政府主义为渊源的，甚至是全盘输入的。

（二）中国无政府主义产生的历史渊源与社会条件

无政府主义作为一种对现实生活的深刻反省、批判和对理想社会的渴望，在中国当然也有一定的思想基础和渊源。如道家对现实社会的批判与否定和“顺其自然”、“无为而治”的思想，儒家对“大同”、“三代盛世”的憧憬，以及对道德理想国的向往，都为这种无政府主义思想提供了深厚的精神资源。另外，像魏晋时期的陶渊明对无国家的“桃花园”的歌颂，以及鲍敬言公开提出“古者无君，胜于今也”的口号，也都反映了这种对绝对理想世界的渴望与憧憬。

从社会条件来说，由于中国实行了几千年专制制度，加上辛亥革命后又是军阀混战，百姓深受专制国家之害，对外又受帝国主义列强的欺侮，容易把一切国家都当成恐怖、残暴的力量，对国家极为反感。故虽然反对一切国家，但实际上是有现实内涵的，是针对专制国家和列强的。这在当时仍然不失为反专制、反对帝国主义侵略的武器，因此也容易引起一些知识分子的共鸣。在思想史上常常会出现这种情况：现实越是黑暗，人们越是渴望光明，越是容易产生极端完美的空想或乌托邦理想。

二、主要流派及其思想

无政府主义在中国的传播，大致分为三个时期。

第一个时期：辛亥革命之前。主要的输入源是在日本东京和法国巴黎的留学生。从日本宣传、介绍无政府主义的，主要有张继、刘师培（后改名刘光汉）等人，曾办《天义报》宣传其思想。在巴黎的主要代表人物是李石增、吴稚晖等人，他们于1906年创办了《新世纪报》。这两派无政府主义的主要区别是：第一，虽然都赞同革命，但在革命成功后的目标上有所不同。天义派认为，中国自三代以后，名为专制，实则历代统治者都采取放任政策，与无政府略同，而历代统治思想如道家、儒家也都以无为为宗旨，无政府主义是中国自古就有的，因此他们所主张的无政府主义有着浓厚的复古色彩；新世纪派则认为，无政府主义是社会进化的结果，因此无政府革命是比资产阶级民主革命更高阶段上的革命。第二，在革命的依靠力量上，由于中国产业不发达，工人阶级力量不太大，不可能像西方那样实行总同盟罢工，因此都强调通过发动社会下层劳苦群众进行无政府革命，但新世纪派侧重于依靠会党，而天义派则主张发动农民，实行农民革命，即所谓“欲行无政府革命，必自农民革命始”。① 从这些方面也可以看出中国无政府主义的某些特点。

另外，在革命前夕的1911年，江亢虎在上海发起成立中国社会党，声称主张无政府主义，但其成员观点复杂，大多只是摘取了无政府主义的词句，思想上对这种主义的认识并不深刻、系统，后来一部分成员分裂出去。

第二个时期：辛亥革命后。这一时期的主要代表、同时也是影响最大的无

① 参见朱义禄、张劲《中国近现代政治思潮研究》，上海社会科学院出版社1998年版，第227~231页。

政府主义者是刘师复。我们将在后面详细介绍他的活动和观点。

第三个时期：五四时期。这个时期是无政府主义的高潮时期，几乎绝大多数的中国早期马克思主义者都接受过这种思想，其中影响最大的是继承了刘师复这一派的正统派，以黄凌霜、区声白为代表；其次是新虚无主义，以北大学生朱谦之①为代表，曾组织工团互助，认为仅有无政府还不够，还要“无天无地无人无物”，“虚空平沉，大地破碎，毁灭了宇宙”，“天翻地覆，人类灭种”，才能达到绝对完美的境界，为此主张自由恋爱，这样就可以减少生育，又曾亲自实践自己的主张，自杀未成功。另外一派是新村主义。受日本新村运动的影响，在广州办了新村，参加者自己劳动、读书，希望通过这种不断扩大新村的和平方法，逐步淘汰和取代国家与社会组织。最后是工读互助派，受托尔斯泰的影响，主张办公学会，人人参加劳动，劳动与学习一体化，采取泛劳动主义和不抵抗主义，希望通过人人劳动消灭阶级，无需阶级斗争就可以改造社会。

这里对以刘师复为代表的无政府主义稍作介绍。

刘师复（1884—1915 年），广东香山人，15 岁考中秀才。早年留学日本一年，1905 年在东京参加同盟会，受到无政府主义者的影响。回国创办女子学校，同时准备用炸药谋杀广东提督李准。1907 年因炸弹提前爆炸，他本人受伤，截掉了左手，并因谋杀嫌疑罪入狱三年。在狱中还写了《改良监狱议》，管理监狱的官员看了十分惊讶。此人对祖母奇孝，因怕入狱的事情被祖母知道后伤心，假称去南洋教书，托人每月以其名义写信给家里。出狱后，因伤了左手，只能夜里回家探望祖母，直至装好假肢。出狱后脱离同盟会，独立进行恐怖活动，在香港组织暗杀团，1911 年派其成员终于将李准杀掉。后又北上谋刺摄政王，到上海时清政府已经垮台，中途停止。1912 年在广州组织第一个无政府主义团体——晦鸣学舍，创办《晦鸣录》(后改为《民声》)，用一只手排字、印刷，宣传其主张。同年又发起心社，因其宗旨是绝对自由，“破除现社会之伪道德、恶制度，而以吾人良心上之新道德代之”，加上无规则、无章程、无组织，只是靠良心结合，故名。该社并立有“十二戒”：不食肉，不饮酒、不吸烟，不用仆役，不乘轿及人力车，不婚姻，不称族姓，不做官吏，不做议员，不入政党，不做海陆军人，不奉宗教。由于要实现世界大

① 朱谦之（1899—1972 年），福州人，生而丧母，10 岁丧父，13 岁失去爱姊。幼年的悲惨遭遇，对于其孤独、悲观、厌世的性格影响颇大。见其《七十自述》，《中国哲学》第一辑，三联书店 1979 年版。

同，又发起世界语研究会，加入环球世界语会。袁世凯上台后，其刊物被禁止，成员被通缉，于是将刊物转移到澳门出版，后又转回上海出版。1914 年在上海组织无政府主义的同志社，一边传播主义，一边联络同志。为了贯彻宗旨，他曾在广州整天步行办报，积劳成疾，得了肺病，医生劝其食肉增加营养，然而他为了坚持宗旨，宁死不吃肉。《民声》全靠他一个人来办，每出一期，就要躺下休息几天。由于无钱治病，严重缺乏营养，31 岁即死去。他曾声言："杀戮囚辱，固无政府党之乐乡。"

总起来看，刘师复这一派无政府主义者的最终目标是要建立"十三无"的社会：没有地主、资本家、首领、官吏、代表、家长、军队、监狱、警察、裁判所、法律、宗教、婚姻。具体主张大致可归纳为三点：

第一，提倡绝对自由，反对一切政权和权威。刘师复声称，无政府主义者"主张人民完全自由，不受一切统治，废绝首领及权威所附丽之机关"。他认为一个人有规则就没有自由，而国家是一切罪恶之根源。他也反对无产阶级专政，认为在公有制下，国家控制了一切社会财富和资源，国家的专政会更加利害。

第二，消灭私有制，实行共产主义制度，人人劳动，经济上也是自由结合，各取所需，没有家庭婚姻，人人自由结合，子女公养。

第三，在实现无政府主义的方法、手段方面，一是传播思想；二是主张用激烈的方法如暗杀等恐怖行动抵抗政府的权力和政策，认为暗杀是传播主义最快、最有效的方法，当主义深入人心后，人民大众都觉得政府不必要，就会全体起来发动平民大革命，最后由一国波及数国，引发世界大革命。①

三、无政府主义在中国的破产

在 20 世纪 20 年代前后的中国，虽然无政府主义曾经非常流行，但是很快就失去了市场，其原因在于：

首先，无政府主义理论的空想性。无政府主义理论主张不要一切权威和规则，主张个人绝对自由，自我高于一切，按照这种设想是不可能组成社会的。社会或人类本身就是复杂的，本身就意味着一种多样性、多种可能性的存在，

① 参见区声白《讨论无政府主义》，《中国现代政治思想史资料选辑》上册，四川人民出版社 1984 年版，第 25~26 页；黄凌霜：《马克思学说的批评》，《新青年》六卷五号；刘师复：《无政府共产主义同志社宣言书》，《无政府主义思想资料选》上册，北京大学出版社 1984 年版；黄凌霜：《师复主义》，《进化》第一卷第三号。

只要有社会存在，就必然存在利益的差别和利益的冲突，就必然需要一种协调机构或机制，否则社会就不能存在。而无政府主义的前提却是，人人都达到了和他们一样的想法，这显然是不切实际的，因而具有明显的空想乌托邦成分。

其次，无政府主义理论在现实中也缺乏可操作的实践条件。一方面是武装组织起来的国家和军队；另一方面是无政府主义又不能有组织，只能依靠一些自由散漫的人宣传和个别人的恐怖活动，这样根本无法对付掌握着国家暴力机器、高度武装和组织起来的军阀和统治者。

再次，无政府主义的主张是和当时的时代大趋势、大潮流背道而驰的，甚至也是和他们最初向西方学习新思想的初衷相矛盾的。当时中国面临的主要问题或中国现代化过程中的主要课题，依然是如何凝聚起力量，共同反对国内外反动势力，建立起独立富强的现代民族国家。而无政府主义在这种情况下鼓吹取消国家，实际上是逆潮流而动。具有讽刺意义的是，许多人开始的时候也是抱着救国救民的初衷接受无政府主义的，而将无政府主义贯彻到底，就会和他们的初衷发生冲突，因此，这种思潮在中国那时的条件下不可能具有持久的生命力。20 世纪 20 年代初，一批信奉无政府主义的知识分子纷纷放弃早年的信仰，转向马克思主义。至抗战时期，大多数无政府主义者放弃了反对一切国家和战争的主张，积极参加抗战，支持中国军队的反侵略战争，主张各种主义实现神圣的联合，共同抗日。而区声白则当了汉奸，黄凌霜最终投靠了国民党。

第三节　基尔特社会主义在中国的传播

一、基尔特社会主义在中国传播的背景

（一）中国基尔特社会主义的理论来源

“基尔特”为英文 guild 的音译，原意是“行会”的意思，故又译为行会社会主义。总的思想是希望通过发挥同业工会的参政作用，使工人阶级获得自治权。它是 20 世纪初到第一次世界大战期间在英国工人运动中流行的一种改良主义思潮。其创始人为潘蒂（1875—1937 年），后来的代表人物有霍布逊（1864—1940 年）和柯尔（1889—1959 年），哲学家罗素也曾经是它的积极鼓吹者。

社会主义思潮是随资本主义工业革命所带来的社会问题而产生的，各种社会主义的共同特点在于：批判资本主义制度的不公正、不平等，批判财产私有

制，主张生产资料归全社会占有、实际上是归劳动者占有，以实现全体社会成员在政治上和经济上的平等，消灭阶级特权与阶级差别。但因具体的方法、手段不同而形成不同流派，如有无政府主义的（激烈的手段），有费边主义的（和平渐进的），有国家社会主义的（中国译为“集产主义”，主张生产资料归集体所有）以及革命工团主义的（兴起于法国，反对国家与政党，主张组织工团，实行总罢工，扫除资本主义制度；认为总罢工是一种神话，能够唤起史诗一般的精神状态，等等）。基尔特社会主义正是吸收了这些思想加以调和、折中的结果。

霍布逊的社会主义理论其主要前提是任何社会都应该以尊重个人意志为立足点，任何人都有对政治事务的自主权。但资本主义却把工人变成商品，使工人受机械般的待遇，没有“自我表现”的机会；工人出卖劳动力后对其产品没有任何支配权利，生产与消费完全脱节，剥夺了工人的参与权。因此，为了使工人阶级取得自主权，取得生产资料的支配权，必须建立产业自治的基尔特制度，使工会成为一种责任团体，和国家建立合作关系，共同管理工厂。

柯尔首先批评资本主义代议民主制度是虚伪的：第一，在这种制度下，选举人只是作为一个投票团体而存在，投票后除了等待别人的统治就无事可做；第二，选举人在选举代表时并无明确的目的性，而只是为了可能的事情而选举他人为自己意志的代表，事实上代表只是笼统地声称代表人民，实际上什么也不能代表，等于说意愿无法充分表达；第三，代议制的原则是要选举出能人代表民意，事实上只能选出平庸之徒；第四，国家事务的复杂多变使选民事先无法预料，议员们不可能随时听命于选民的指示做出决定，对于选民没有必然的责任，而只能根据个人的意愿做出决定，选民即使发现议员违背了民意也不能随时撤换，这样，议员所作的决定就是根本违反民意的。此与章太炎所谓“不能豫揣选人而授其意”、唯“以党见为任”的说法相近。马克思在总结巴黎公社经验时，也把公社成员随时可以撤换作为克服资本主义民主虚假性的重大创造。

柯尔认为，只有采用职能民主制才能克服资本主义制度的这些缺陷，真正的代表制或民主只能是在同行业内部、发挥共同职能、社会活动相同的组织内才能实现。他的基本思路是：每个行业应该由本行业的从业人员按照民主原则，自己管理自己的行业，其社会组织也以行会为基础。社会组织都有多种目的，为实现这些目的产生多种职能和行业，不同的行业相辅相成为一个整体，完成社会的不同职能。按照这一思路，不同的行业均有自己的目的和职能，因此必须按照不同的职能团体来选举各自的代表（不是笼统地按人口或地区）。

这样做的好处是：这些行业工会的代表了解本行业的情况，才会有责任感；对情况熟悉，才有能力，有责任、有能力才会有权力。用今天经济学的语言来说，就是要求信息比较完全、比较对称。具体做法是：在一个国家建立两个议政系统。首先是国家系统。国家虽然包括一切的地域性团体，但也只是许多职能组织（社团）中的一种，尽管它可能是最大的一种。既然各种职能组织都代表着不同的职能和目的，没有理由说哪一种组织更有权威性。国家只能管理和代表消费者的利益。而另一部分生产者的利益则由各个行业工会（基尔特）代表，社会的每一种主要职能都要有自己的基尔特组织，其最高权威是基尔特议会。为了协调不同职能组织的利益冲突，不同的基尔特组成联合会议或联合委员会。在基尔特内部，每一个职能团体就是一个立法机关和行政机关，由直接选举产生。

通过什么样的途径实现基尔特社会主义？柯尔主张组织工会向资本家争取权利，逐渐支配企业管理，一个厂工会成立后，再扩大为一个行业，从车间到全国产生基尔特议会，最后全世界基尔特社会主义联合起来最终实现社会主义。

（二）基尔特社会主义在中国传播的原因

第一次世界大战暴露了资本主义的严重危机和缺陷，造成了形形色色社会主义思潮风行世界的局面。受这些思想潮流的影响，社会主义对于当时中国的思想界来说，不仅是最先进的思潮，而且预示着一场席卷全球的社会主义革命运动即将到来，这样，已经纳入全球化浪潮的中国思想界，自然不能独立于这种思想大潮之外。同时，对于正在探索中国民族独立与富强的一部分知识分子来说，基尔特社会主义首先是以批判资本主义、站在资本主义对立面的姿态出现的，同时又反对暴力革命，主张温和改良式的劳资合作，阶级调和，扩大工会的作用，实行产业自治和产业为社会占有，既能克服他们痛恨帝国主义的感情障碍，又能在避免激烈暴力革命的情况下实现国家的现代化，因此很合乎他们的胃口。有两件大事直接刺激、引发了基尔特社会主义在中国的传播：一是十月革命的胜利；一是第一次世界大战。第一次世界大战是人类历史上的空前浩劫，打破了人们以往对于资本主义的迷信，暴露了它的许多弊端；十月革命使一些知识分子一方面感到只有社会主义才是中国的出路，但又害怕俄国革命的“过激”暴力，因此希望通过一种温和的方式实现社会主义。另外，主张在中国实行基尔特社会主义的哲学家罗素于 1920 年来华讲学，虽然赞成社会主义，但又认为俄国式的社会主义“扼杀自由”，因此中国只能走基尔特社会主义的道路，第一步是首先发展实业和教育。他的这些宣传，对基尔特社会主义在中国的传播起了直接的推动作用。而在这期间宣传基尔特社会主义最为起劲的、而且影响最大的当属梁启超和张东荪。

张东荪（1886—1973 年），原名张万田，杭州人，毕业于日本东京帝国大学，曾任临时大总统孙中山的秘书，后成为梁启超宪政研究会的成员，主办研究系杂志《时事新报》，又曾担任中国公学教授。1920 年至 1921 年因宣传基尔特社会主义，与陈独秀展开中国社会主义问题论战。1927 年创办第一个哲学杂志《哲学评论》。1934 年与张君劢等组织中国国家社会党（后改为民主社会党），后退出，成为民盟的负责人。曾辗转在几个大学任教，任教燕京大学时曾被日本人逮捕入狱。参加过 1946 年的旧政协，参与起草国民党的宪法。北平和平解放时，曾作为国共两党谈判的中间人，1949 年参加新政协。张东荪不仅在介绍基尔特社会主义方面，而且在中国现代哲学史上也因介绍西方哲学而具有非常重要的地位。大致上说，张东荪在 1920 年 11 月 6 日《时事新报》上发表的《由内地旅行而得之又一教训》、12 月在《改造》三卷四号上发表的《现在与将来》，以及梁启超在 1921 年 2 月《改造》三卷六号上发表的《复张东荪书论社会主义运动》等文章，是对中国基尔特社会主义思想的系统阐述，后面关于中国基尔特社会主义的分析介绍，主要就是以此为依据的。

二、中国基尔特社会主义思想的主要内容

（一）认为基尔特社会主义是改造中国的最理想方案

中国基尔特社会主义者一般都认为，人类社会的发展分为三个时期：第一个时期或第一种文明是封建时代；第二个时期或第二种文明是资本主义时代；第三个时期或第三种文明是社会主义时代。而第一次世界大战的爆发把资本主义的破罅一齐暴露了，国家主义与资本主义已经到了末日，第三种文明必兴。他们认为顺着这个潮流就会乘风破浪，一日千里，逆着它就会把船打得粉碎，看到了社会主义取代资本主义的历史必然趋势。尤其是梁启超到欧洲旅行之后，看到资本主义社会满目疮痍，艰难万状，也认为人类面临着不可避免的世界革命大风潮：“俄国的火盖已自劈开，别国也到处埋着火线。”“社会革命恐怕是二十世纪史的唯一特色，没有一国能免，不过争早晚罢了。”这与马克思主义者对于时代特点的分析十分相似。列宁认为：19 世纪末 20 世纪初资本主义已经发展到帝国主义阶段，“帝国主义是无产阶级革命的前夜”。列宁宣告：

十月革命“具有在国际范围内重演的历史必然性”。① 但是基尔特社会主义者对于这种看来是不可抗拒的潮流又抱有十分复杂的心情，特别是觉得俄国式的革命过于激烈，感到极其恐怖，说俄国式的革命是西班牙伤风症，如不加以牵制防范，就有流行全局的可能。因此，既然社会主义是不可避免的，就应该设法为中国找到一个能够避免过激危险的、温和的社会主义。而在他们看来，基尔特社会主义就是最理想的道路，是“最圆满”的、“社会改造原理中最彻底的一个”，因为只有这种道路才能使中国既免于过激主义的危险，又能防止资本主义的毛病。

（二）为了实行基尔特社会主义，首先必须发展资本主义

这一结论首先得自他们对于社会基本问题的分析。他们认为，在中国实行基尔特社会主义，首先必须经过发展实业、实现资本主义这一不可逾越的阶段。之所以得出这一结论，是与他们对于中国基本国情的认识分不开的。张东荪认为，中国社会的基本问题是所谓的“四病”：一是无知病，认为中国“大多数人民无知识，和原始人类的状况所差未必甚大”。二是贫乏病，认为“大多数人民困于生计，因本来物质不丰，加以天灾人祸，以至愈来愈贫”。三是兵匪病，认为中国连年内乱，兵匪越来越多。四是外力病，指出自前清以来，关税外交完全失败，外国的国家主义与资本主义合二为一以压倒中国。② “四病”中最主要、最根本的是贫乏病：“中国的唯一病症就是贫乏病。”中国真是穷到极点了，除在通商口岸与都会的少数人外，大多数中国人“都未经历过人的生活滋味”。也就是说，中国主要的问题是穷，所以主要的任务也是解决贫穷问题：“中国今日所急者乃在救贫。”③

在他们看来，中国社会的基本问题或基本矛盾是贫穷问题，这一问题也制约着中国国内阶级关系的现状。由于穷，因此社会上尚不存在“经济上有力之阶级”即资产阶级，以及工人阶级。工人阶级只有在少数商业发达的城市才存在，难以形成政治势力，因此还不能与资产阶级构成明显的冲突和矛盾。农民与地主也构不成根本的阶级矛盾，因为农民与地主“平分收入”，甚至比

① 《列宁选集》第4卷，人民出版社1972年版，第178页。

② 张东荪：《现在与将来》，《中国现代政治思想史资料选辑》上册，四川人民出版社1984年版。

③ 张东荪：《由内地旅行而得之又一教训》、《张东荪谈“社会主义”》，《中国现代政治思想史资料选辑》上册，四川人民出版社1984年版。

地主所得还多（六四分成），故消灭地主也不会使农民的生活获得更大改善。农业落后、农民生活困苦的原因不在于剥削，而在于天灾兵祸。张东荪曾举例说："中国现在是抬轿的不以为苦，反以不得抬轿为忧，则其穷苦可知。如我们执抬轿的人而告以人格，他必笑我们为迂了。"① 梁启超明确指出：西方才是有产无产的问题，中国现在是有业和无业的问题，全国的大多数人"欲求一职业以维持其生命而不可得"，因此根本否认国内存在阶级差别和阶级压迫的问题。如果硬要分阶级，也应该从国际上来分：全体中国人实际上都是外国资产阶级的"被压制被剥夺阶级"②。

虽然外国资本主义的入侵和掠夺、"外货之压迫"对国计民生带来很大的不良影响，但造成中国贫穷的主要原因是"一般生产的缺少"。因此，为了救贫，中国目前不应该立即实行西方式的基尔特社会主义，而是实行以发展实业为核心的资本主义。他们设计的方案是：要搞社会主义，先要搞资本主义，解决中国的贫穷问题。然后再培养出劳动阶级，创造条件搞社会主义。资本主义是"兄"，社会主义是"弟"，应该是"兄终弟及"，在中国目前实行资本主义是不可避免的选择。③

在张东荪、梁启超等人看来，实行资本主义的益处在于：一可速效地开发实业，提高物质生活与精神生活水平，以便救贫，以救无知病；二可吸引军阀发展实业，成为财阀资本家，取代军阀免除内乱，以救兵匪病；三可使外国势力给中国军阀提供发展实业的支持，变外力为内力，消除外力病；四是造成明显的阶级分化，使中国产生绅商阶级和劳动阶级。但发展资本主义利在当前而害在将来。他们也认为将来资本主义的发展会导致黄金崇拜（拜金主义），资本主义也是"与吾辈素心太相刺缪"，但又是无法避免的。

（三）主张在发展资本主义的过程中，贯彻基尔特社会主义精神

在张东荪等人看来，基尔特社会主义虽然十分完美，但目前尚不能完全实行。只能采用资本主义的方法，贯彻社会主义精神，即在发展资本主义的时候不忘贯彻社会主义精神。他们所谓的社会主义精神，就是阶级调和、劳资协

① 张东荪：《现在与将来》，《中国现代政治思想史资料选辑》上册，四川人民出版社 1984 年版。

② 梁启超：《复张东荪书论社会主义运动》，《中国现代政治思想史资料选辑》上册，四川人民出版社 1984 年版。

③ 蒋百里：《我的社会主义讨论》，《改造》第三卷第六号。

作，又称“温情主义”、“劳资协调主义”，甚至把这种调和说成是改造社会的时代精神。

首先，要解决对待资本家的态度问题，即对其要实行“矫正”、“疏泄”的方法。所谓“矫正”，就是使资本家产生觉悟，“知剩余利益断不容全部掠夺”，以免“劳资距离太甚”，即要资本家懂得节制，不要过分剥削工人，以免阶级矛盾加剧；所谓“疏泄”，就是在发展资本主义的同时，发展一些非资本主义的产业，如兴办共营企业，提倡各种协社，使之与资本主义相互竞争。

其次，对工人阶级，一要灌输知识，陶养人格，救其无知病；二要“助长其组织力”，培养其组织能力，帮助工人举办消费合作社以及疾病、保险事业，同时教育训练工人，使之懂得为自己的利益而奋斗，而不是被政治问题以及各种主义所左右。①

(四) 反对科学社会主义在中国的传播

为了证明他们宣传的社会主义绝对正确，在理论上必然会否定科学社会主义、反对马克思主义的阶级斗争和无产阶级专政学说。他们认为，在当前中国还不够资格谈马克思主义的阶级斗争和无产阶级专政理论，因为在中国根本上没有劳动阶级，没有形成两大阶级的对立，因此在中国没有产生劳动阶级政党的条件，没有进行阶级斗争的条件，阶级斗争学说在中国没有市场。在这种情况下硬要成立劳动阶级政党是十分可怪的，硬要搞劳农革命，只能是“伪劳农革命”、“游民运动”，只能受到那些“兵与寄生阶级”的欢迎，只会被那些游民阶层所利用，其后果只会给社会带来破坏，是“害民不是福民”，只会“毁灭社会”。在这样的条件下硬要建立无产阶级专政，也必然缺乏拥护者，只能是“兵与匪的国家”，只会得到兵匪、政客、寄生阶级的拥护。② 他们认为，任何高度的集权都会产生“万恶的官僚”，攻击无产阶级专政“太讲秩序”，忘却人类社会最根本的要素——自由，“他们所做的没有什么，只是把过去二千年来人类生活的根本制度——奴隶制度，重新抄袭一遍”。③

① 以上并见《现在与将来》、《复张东荪书论社会主义运动》，《中国现代政治思想史资料选辑》上册，四川人民出版社 1984 年版。

② 梁启超：《复张东荪书论社会主义运动》；张东荪：《现在与将来》，《中国现代政治思想史资料选辑》上册，四川人民出版社 1984 年版。

③ 六几：《评马克思派的社会主义》，转引自陈旭麓主编《五四以来政派及其思想》，上海人民出版社 1987 年版，第 132 页。

三、基尔特社会主义在中国的破产

乍看起来，中国基尔特社会主义认为当时中国社会的最主要问题是“一般生产的落后”，因此提出当务之急是“救穷”的社会改造方案，似乎和马克思主义主张的从社会经济的角度观察解决问题的思路相吻合，但是如果把它放在当时的具体历史条件下来看，结论就不一样了。从当时的中国马克思主义者看来，中国的贫穷落后不是一个纯粹的经济问题，造成中国贫穷落后的根本原因在于内部的腐朽政治，以及外部的帝国主义列强对于中国的压迫与掠夺。而这一问题的解决，最根本的办法是要进行社会制度、政治制度的革命与创新。也正是在这种内外双重因素的作用下，使中国大部分知识分子产生了极其严重的危机意识，从而急切地要从内外压迫下解放出来，容不得渐进改良，最终必然选择激烈的革命方式。如陈独秀在《复张东荪先生的信》中就说，改造中国的迫切任务客观上不允许实行“渐进改良”，而只能“取急进的革命”。更何况，对于许多人来说，以往的改良运动、辛亥革命运动的失败已经有了足够的事实，证明除了革命的手段进行“根本解决”之外，已经很难找到更合适的改造道路。

此外，张东荪等人在当时宣扬发展资本主义，也很难对舆论界产生吸引力。因为当时资本主义在西方国家已经声名狼藉，名声不佳，要在当时世界社会主义革命的潮流下重新抄袭资本主义，内部和外部条件都不允许。而当时与中国情形比较接近的俄国，却在落后的国家成功地进行了社会主义革命，所以对于当时的中国人来说，从俄国传来的社会主义显然更加具有吸引力。这样，在经历了20世纪20年代初与中国的马克思主义者的短暂论战之后，基尔特社会主义很快就销声匿迹了。

第四节　中国国家主义派的政治学说

一、国家主义在中国传播的情况

国家主义原本是资产阶级民族国家形成时期的一种思潮，其特点是鼓吹资产阶级民族主义，强调国家利益和民族利益。其早期的代表人物是德国哲学家费希特（1762—1814年）。此人在政治上信奉契约论，反对君主专制，在哲学上为主观唯心主义，崇尚自我，延伸到对外关系上，便得出民族至上的结论。1806年普法战争爆发，他发表了《对德意志民族的讲演》，提出沙文主义口号，声称“德国人和具有崇高品德的人是同义语”，流露出德意志民族高于其他一切民族的优越感。他的基本国家观念是，国家是一个伦理实体，是伦理的至善体现，也就是说，只有国家才能使人在道德上达到至善。他认为正如人有人格一样，国家也有一种伦理上的神圣使命，这就是使人类进步。德意志人由于民族本性的决定，必然地担负着这种使人类进步的使命。国家纯粹是“奠定一个完善社会的手段”。完善社会实现了，国家就会消亡。当时的主要倾向是反对外来侵略与奴役，促进德国统一，同时主张国与国应该平等。但是后来这种思想发展为法西斯主义的民族至上、国家至上理论。

比较系统地提出国家主义理论的是德国政治学家特赖奇克（1834—1896年）。他认为国家的主体是民族，国家是永恒的；国家的本质是追求权力，为此国家的存在必然导致战争；国家的基本职能是追求国家的强大，对内实施法律，对外战争。在其所著的《政治学》一书中，洋溢着对战争的歌颂与赞美，他认为没有战争便没有国家，战争锤炼民族意志，提高民族素质，可以洗掉民族身上的女人气；雅利安民族必须时刻以刺刀激励自己民族的精神；只有通过战争，才能战胜工业社会的物质主义和享乐主义，消灭自私自利心理，拯救人类文化。因而认为战争是上帝赐给的医治不健全人类的可怖的药方。特赖奇克的思想对于后来纳粹主义的兴起产生了深远的影响。

中国自鸦片战争以来，帝国主义和中华民族的矛盾十分尖锐，民族危机极其严重，救亡图存的任务非常迫切，这引起一部分知识分子开始检讨民族的劣根性，思考如何增强民族凝聚力的问题。自龚自珍开始，直至梁启超、孙中山、章太炎等人，都大力提倡现代民族观念乃至于国家观念。这种民族主义在当时条件下，很大程度上就是爱国主义。因为它不是要侵略扩张，而是要救亡图存，反抗民族压迫，维护民族的起码生存权利，同时在强调国家、民族的时候，并没有忘记强调民主和自由（尽管存在着把自由、民主当成救国手段的问题），所以它不能等同于西方的民族主义。西方的民族主义在资本主义上升时期也具有反封建、追求个性解放和自由的意义，但后来就转化为帝国主义。中国的民族主义基本上没有越出爱国主义范围。但是，也要看到，民族主义的确是一把“双刃剑”，它很容易走向极端，发展为国家至上、民族至上思想，导致国家主义，所以，如果实事求是地看问题，就会发现，在中国出现的国家主义思潮，既和中国近代以来严重的民族危机所造成的民族主义思想趋向具有某种渊源关系，又和西方精神分裂后对东方的“同步干扰”有关。特别是作为国家主义起源地的德国，它在欧洲所处的那种落后、受气的地位正和中国在近代中西冲突中的情况接近，国家主义因此比较容易在中国引起共鸣。

正是在这一背景下，20 世纪 20 年代前后在中国有相当一批知识分子都曾成为国家主义的鼓吹者和信徒，其代表人物是曾琦、左舜生、李璜、余家菊等。最初，他们和早期的共产主义者同属于一个“少年中国学会”(毛泽东、李大钊、恽代英等皆在其中)，但是各自的主义不同。1921 年中国共产党成立，从 1922 年到 1923 年双方展开了论战，最后彻底决裂。这期间，一部分国家主义者留学欧洲，如曾琦、李璜等，于 1923 年 12 月 2 日在巴黎成立了中国青年党，对外用“中国国家主义青年团”的名义，直到 1929 年才公开青年党的名称，青年党后来迁回上海。国家主义派还在巴黎创办《醒狮报》，作为宣传其主义的阵地，故国家主义派又称“醒狮派”。北伐战争结束后，蒋介石南京政府成立，坚持“一个主义”、“一个政党”的原则，不允许国家主义派存在。因此，尽管青年党主动提出放弃成见，要求蒋介石联合一切反共势力，但蒋介石还是把曾琦等人抓进了监狱。直到 1934 年，青年党才在答应不扩大组织、不反对国民党的条件下，得到国民党的承认。抗战爆发后，青年党拥护蒋介石政权抗日；抗战胜利后，成为国民党“国民大会”中多党政治的点缀。国家主义者多是留学的学者，高唱爱国主义口号，因此在当时曾经拥有一定的市场。李璜 1929 年 8 月发表的《国家主义浅说》，是国家主义的代表作。

二、中国国家主义派的基本观点

中国国家主义思想的基本内容包括三个方面：一是国家主义的基本原理和基本精神；二是国家主义的政治纲领；三是国家主义的行动纲领。

(一) 国家主义的基本原理：“全民国家”

首先，关于国家主义的精神实质。根据中国国家主义的解释，认为国家主义实质上是爱国主义，即它是以爱国卫国为核心、以国家利益为前提的。只要有爱国心，就必然会以国家利益为重，必然有国家主义，它是客观的产物。德意志靠它打败了拿破仑，取得了国家的统一；意大利靠它反抗梅特涅，建设了少年意大利；土耳其靠它摆脱了英国；日本靠它一跃而成为世界一等强国。中国儒家式的忠孝思想，就是中国式的国家主义思想结晶。近代义和团的“扶清灭洋”、孙中山的三民主义就是国家主义的一种表现。国家主义合乎天理，顺乎人情，只有这种主义才是使中国起死回生的良药，才是唯一救国的方法。①

① 余家菊：《国家主义释疑》，《中国现代政治思想史资料选辑》上册，四川人民出版社 1984 年版，第 340、351 页。

其次，关于国家的“自然起源论”。在他们看来，国家不是马克思主义所说的历史范畴，不是阶级矛盾不可调和的产物，国家是基于人类的生物学基础、适应人类的精神需求和物质需求这类“求生冲动”而产生的。具体说，国家是顺应人性的两个方面的基本需求而产生的：一是物质要求，即人类的在食、性上的要求，以及为了抵御自然界的敌人而自保的要求；一是精神要求，即人有合群的天然心理，独立存在就会感到孤独寂寞，而群居就会觉得快乐。就是在这两种要求的驱使下，自然地向国家“组织”发展。由于合乎人性的要求，建立在动物生存主义的基础上，因此国家和社会制度是不会消亡和停止的；欲望永远在发展，社会制度和国家也永远在发展变化。

再次，关于国家的性质问题。国家主义者强调国家的全民性和超阶级的完整性，认为国家由人民、主权、国土、灵魂四要素构成，在本质上国家反映和体现的是人性的共同要求，是士、农、工、商四民协作的机构，对外是“生存竞争单位”，对内是“生存互助单位”。因此，国家是“人类的自然社会”，是“保种卫群的最善制度”，是“全体民众的国家”，“全民所共同托命的组织”，它体现的是自由、平等、博爱精神，而不是“任何个人、党派或阶级的工具”。所以，在现代社会，一个真正的国家必然实行种族平等、宗教自由、阶级协作的原则，能够包含不同的种族、宗教和阶级，体现出超阶级的“完整性”。①

最后，关于对待国家的态度，即国家主义者所强调的国家观念问题。国家主义者强调国家至上原则。具体说就是，其一，国家主义者认为对于同胞应有同类意识，这是国家观念形成的前提。“即觉通国之人皆与我同类，而于异国之人，则觉其非我族类也”。实际上就是对于本国人民具有认同感。其二，国家观念还应该包括国家的主权意识，这是构成国家观念的根本要素。主权意识就是要人们意识到，主权或国权具有最高性和自主性，它不依赖他人的承认而存在，“其权利不受他人之限制，国内的一切团体和一切个人皆在国家的承认下始可享受权利”，国家是至高无上的。总之，国家观念是以同类意识为基础，以主权意识为根本要素的。从这种国家观念出发，在对国家的态度方面，一是在个人与国家的关系上，树立国家至上的观念，强调个人以国家为前提，要“牺牲个人尽忠于国家”，“个人道德责任在牺牲一切，拥护国家”。如果不能这样，个人的生命便无价值。“人生而无所裨益于国家，则是枉生一世，有

① 李璜：《释国家主义》，《中国现代政治思想史资料选辑》上册，四川人民出版社1984年版。

愧于昂藏七尺躯也。”“有志男儿纵不能以生利国，应当以死报国。”二是在处理本国与外国的关系上，鼓吹资产阶级种族主义和强权政治理论，用生存竞争、弱肉强食的生物进化论观点解释一切国家关系，认为国际关系领域中是弱肉强食、强权政治原则在起作用，根本谈不上自由、平等、和平原则，因此主张中国应该效法德国法西斯主义精神、俄国的斯拉夫主义、日本的大和魂精神，特别应该学习意大利，实行法西斯制度。因此在中国大力宣传“醒狮”运动，希望以此唤起“国民自信心”。①

（二）国家主义的政治纲领：“全民革命”与“全民政治”

“全民政治”的主张，首先基于国家主义的“全民国家”原理。既然国家在本质上是全民的国家，故实现全民国家要靠全体人民的努力，即通过全民革命建立现代国家，而不能由哪一个政党包打天下。经过全民革命建立的国家，当然要满足全体人民的利益，政治向全体人民开放，实行全民参与的政治，这样的国家当然不是某一个阶级专政的工具。其次，“全民革命”和“全民政治”的主张也是基于中国的国情而得出的结论。和基尔特社会主义一样，国家主义者也认为现阶段的中国不存在阶级和阶级斗争，封建阶级早已随着近代政治平民化而消失，新的资产阶级因为产业的落后无从发达，形成不了资产阶级和无产阶级对抗的形势。“今日的中国几乎全部都是小资产阶级，士人、商人，不必说，农人多数拥有土地，土地即使极少，但在今日生活程度的水平线上，已经不算相差过远。”所以社会成员之间的利益是一致的，并无根本冲突。他们主张阶级合作，反对阶级斗争的观点，说这是“故意挑拨阶级的冲突”，是“无理取闹”，“洪水猛兽”，“药不对症”，完全不符合中国“国情”。

什么是“全民政治”？第一，全体民众享有参政权，如选举、思想、言论、集会、结社等自由，特别是不分财产多少，一律享有普选权，同时主张取消地域性选举，而代之以按照职业选举，无职业、不劳动的资本家将失去选举权。第二，在经济上，将大企业、荒地收归国有，实行国营，以累进法课征所得税，限制遗产继承，防止大地主势力的发展，增加工资，规定工人的分红制，扶助小农。第三，发展全民教育。总之，在未来的全民国家中，应该使工

① 曾琦：《国家主义之四大论据》，《中国现代政治思想史资料选辑》上册，四川人民出版社 1984 年版。

农大众真正成为国家的主人。①

但是，国家主义者认为目前还不能实行全民政治，而是要搞法西斯主义。因为工农大众既无余力过问政治，而且教育尚未普及，劳农阶级的知识水平低，也没有能力过问政治，故目前只能寄希望于俾斯麦那样的铁血人物，用“专制手段以谋政治之进步”，“以菩萨心肠行金刚手段，以老庄哲学行申韩法理”，“治乱国用重典”。②

（三）国家主义的行动纲领：“内除国贼，外抗强权”

中国国家主义者认为，“外国的种种侵略，种种压力强加于我们的国家，而使我们的国家无生存之可能”，如武力、经济、宗教、文化等方面的侵略，所以要外抗强权。但他们又和共产党的反帝主张不同，而是宣扬民族仇视心理，制造一切外国人皆是敌人的谬论。认为欧洲人的心性或习性就是以侵略为能事，他们的学说总是以争斗为本位，如霍布斯；视胜者终有理，如黑格尔；或主张弱肉强食和阶级斗争，如赫胥黎与马克思。但是，在反对外来强权时，又把苏联“赤色帝国主义”列为头号敌人。

他们认为，凡有害于国家生存、有悖于国民公意者就是“国贼”，而共产党就是他们坚决要消灭的“国贼”。他们认为中国共产党所主张的阶级斗争、无产阶级专政是“寻仇主义”、“杀人放火的强盗主义”。曾琦曾说，国家主义的第一步工作就是排斥共产党，打倒军阀，排斥共产党的一切“邪说”。左舜生更公开表示，“所谓‘国贼’者，大概便以共产党为主体”，坚决主张用武力消灭共产党。③

三、国家主义和马克思主义在国家问题上的根本区别

通过以上介绍不难看出，国家主义和马克思主义之间在国家问题上存在着根本的分歧。在国家起源的问题上，马克思主义认为国家是社会内部的阶级矛

① 参见李璜《国家主义浅说》，中国青年党、中国国家主义青年团编印，1929年版，第32页；陈启天：《国家主义与共产主义的分歧点》，《醒狮》周报第53号；《中国国家主义青年团第一次全国代表大会对于时局宣言》，《醒狮》周报第97号。

② 李璜：《国家主义浅说》，中国青年党、中国国家主义青年团编印，1929年版，第38页。

③ 李璜：《国家主义与世界大势及中国问题》、《〈内除国贼外抗强权〉释义》，《醒狮》周报第2号；左舜生：《论曾慕韩》，《中国现代名人轶事》，九龙自由出版社1954年版，第99页。

盾发展到不可调和的产物；而国家主义则认为，国家是基于人类的生物学基础，是在生存冲动的作用下产生的。在国家的性质问题上，马克思主义认为国家是阶级统治和阶级压迫的工具，是一个阶级对另一个阶级专政的暴力机器；而国家主义则认为，国家代表全民利益，其统治基础在于全民利益的完整性和统一性。在国家的发展方面，马克思主义认为国家是人类历史一定发展阶段的产物，随着阶级的消灭，国家必将消亡；而国家主义则认为，国家的出现是基于人类本性之上的，只要人类存在，国家就会存在，由此必然得出国家是永恒的结论。

另外，国家主义一方面强调国家至上；另一方面又在政治纲领中倡导民主、自由、平等，同时又主张在当时实行法西斯主义。一方面反对欧美即苏联的强权；另一方面又要发扬弱肉强食的、狭隘的民族主义和生物进化论，使得这种理论表现出明显的矛盾和漏洞。特别是对政见不同的中国共产党所持的那种杀气腾腾的态度，更使人不难感受到这种学说的独断、残暴和恐怖。

☞思考题：

1. 试分析中国无政府主义思想的空想性。

2. 中国的基尔特社会主义者对于中国的基本国情是如何估计的？

3. 在中国的基尔特社会主义者看来，应该如何在发展资本主义的过程中贯彻基尔特社会主义精神？

4. 试比较中国国家主义学说和马克思主义国家学说的根本区别。

第九章 以胡适为代表的中国自由主义思潮

第一节 自由主义在中国的传播及其代表人物

我们知道，西方政治哲学领域内的所谓“政治自由主义”概念虽然有很多层面的含义，也曾长期引起学者们的讨论甚至争论，但一般都承认，它是以个人主义为核心价值和基础的。具体而言，这种建立在个人主义基础上的自由主义，强调个体价值即个体至上原则，呼唤个性解放，鼓吹人权；同时强调个人自由是其他一切自由的基础，认为如果没有个人自由，自由如果不能落实为每个人的思想言论和行动的自由，就不可能有其他自由如参政自由等。另外，尽管深入研究会发现自由和民主之间存在着很大区别甚至紧张，但是一般来说，主张自由主义的人一般也会主张政治民主，因为没有政治民主就不能保障自由的落实，因此政治民主也是自由主义的应有之义。同时，由于近代中国的自由主义也是和提倡理性和科学态度、反对迷信专制和精神奴役联系在一起的，因此可以说，在近代中国，凡是主张个性解放和个体自由，呼唤人权，提倡科学民主，反对专制制度和精神奴役的思潮和政治主张，都可以归为政治自由主义的范畴。下面，我们就按照这一基本界定，对中国的自由主义思潮的源流进行一个大致的梳理。

一、维新变法与自由主义在中国的萌芽

应该说，严复是在中国最早输入自由思想的第一代启蒙思想家。他首先在认识论上推崇西方的实证方法，认为西方之所以富强，一是得力于实证方法；一是得力于民主制度，说“吾党之言政治，大抵不出内籀之术”。实证主义是自然科学和社会科学的方法论原则，凡事都要经过自己的检验和证明才能相信，这样就自然会形成独立的思考和判断能力，就不容易产生迷信，因而是导致精神自由和政治自由的认识论前提。而中国的学术则是“师心自用”，或者

空泛无征，不可被经验证明，是造成迷信和思想束缚的主要原因。另外在伦理自由方面，严复也提倡个体主义，认为东西方的一大差别，就是西人崇尚个体自由，而中国则无个体自由。在经济方面，则是崇尚放任主义，推崇亚当·斯密的《国富论》，推崇利己之心，认为这是人类进步的动力，并据此批评中国的义利观。

梁启超也曾以西方的自由人权思想为武器，在中国宣传维新变法思想，特别是变法失败后，他更加不遗余力地提倡新民说，为自由民权大唱赞歌，认为自由是“天下之公理，人生之要具，无往而不适用者”。他在 1899 年出版的政论集就被命名为《自由书》，认为生命和权利是人生的两大要件，二者缺一就是“非人”。当然，正像我们已经指出的那样，梁启超的自由思想中特别重视政治自由、特别强调对被压迫者谈自由，并用生物进化论的方法论证自由，打上了深深的中国烙印。另一个传播自由思想的重要人物是谭嗣同。他在《仁学》一书中提倡伦理革命、个性解放和个体自由，要求冲决一切罗网，扫除一切束缚，成为五四运动的思想先驱。

二、从新文化运动到 20 年代的人权运动

众所周知，在五四时期，李大钊、陈独秀、胡适、鲁迅等新文化运动的领袖与闯将们为了唤起国民“全人格的觉醒”，提倡个性解放、个体独立，提倡科学民主和新文化、新道德。对中国传统文化所维护的旧纲常伦理、旧道德、旧的价值观念发起了猛烈的批判和冲击，虽然这种对传统文化的批判反省本身，还不能简单地和自由主义相等，但这场运动所传播的肯定个人价值、提倡个性解放和自由的新文化观念，无疑对自由主义思想在中国的传播产生了深远的影响。

20 世纪 20 年代传播自由主义思潮的主要代表是胡适、梁启超、徐志摩等，他们以《新月》杂志为阵地，发起向当局争取人权和自由的运动。早在 1922 年，胡适在《努力周报》上发表《我们的政治主张》，提倡好人主义，主张由“好人”出面建立一个“好政府”，有些类似于西方的精英民主政治主张，同时也抗议了北洋政府的统治是“坏人”当道。1923 年，胡适、徐志摩、梁启超等在北京组织了“新月社”，属于沙龙和俱乐部性质的文学团体。1927 年徐志摩、潘光旦、闻一多又在上海办“新月”书店，由胡适任董事长。开始只是文学团体，并有意回避政治问题。一年后正式创办《新月》杂志，从第二卷二期开始“谈政治”、谈“人权”。究其原因，中国的自由主义知识分子，一是不满于国民党统一全国后的政治气氛沉闷；二是要通过不参政只议政

实现自己的理想。到1929年发起了向国民党“争人权”的讨论，发表了大量的文章，指责当局侵犯人权。

三、从30年代至抗战胜利后

在20世纪30年代，中国自由主义知识分子主要以《独立评论》为阵地，发表自己的政治见解。《独立评论》由胡适、丁文江、傅斯年、翁文灏等人于1932年发起创刊，是当时中国自由主义知识分子为了探讨内忧外患的时局而议论政治的阵地，由胡适任主编。胡适在发刊词中说：“我们叫这刊物作《独立评论》，因为我们希望永远保持一点独立精神，不依傍任何党派，不迷信任何政见，用负责任的言论来谈我们个人思考的结果，这是独立的精神。”《独立评论》的自由主义知识分子企图超越党派的偏见，对时局和社会采取理性的批评态度。但与《新月》杂志不同的是，《独立评论》主要是谈时政，提建议，批评国民党，指出国民党应放弃一党制，允许共产党成为非暴力的公开反对党。抗战爆发后，这些聚集在《独立评论》的自由主义学者放弃了超党派的立场，大部分人转而支持蒋介石政府的抗日政策，与国民党采取了合作态度，而且在国共两党的分歧中，多数情况下是同情和支持国民党的。

抗战胜利后，自由主义再度活跃。主要以《世纪评论》、《大公报》、《观察》为阵地，而且为这些杂志撰稿、宣扬自由主义观点的作者阵容非常庞大。胡适之外，比较活跃的有张东荪、张君劢、章乃器、张伯钧、罗隆基、储安平、施复亮、周绶章等人。由于内战迫在眉睫，自由主义派坚持和平解决的立场，自然会出来对国共两党的分歧加以周旋；更主要的是，他们从国共两党一时相持不下的形势中，发现有可能实现自由主义的理想，走“第三条道路”。因此，杨人缏在《观察》上发表了《自由主义向何处去》，提出停止内战以安定人民生活，重人权崇法制以奠定民主政治，尚宽容以提高文化水准。施复亮也发表了《论自由主义者的道路》，认为目前国际上有苏美对立，国内有国共对立，自由主义者应在这种对立中另辟蹊径，寻找“第三道路”，这就是采取新民主主义的政治与新资本主义的经济。又有人发表文章为自由主义“正名”说，自由主义既不是左派所说的“帮闲主义”，也不是右派心目中的“尾巴主义”、“投机主义”，而是具有真正的自由思想、自由精神的人。胡适在《自由主义》一文中更是强调尊重自由，认为自由主义包括自由、民主、容忍反对党、和平的渐进改革四个方面。还有人提出新自由主义，主张政治自由（资本主义）与经济自由（经济平等，社会主义）统一，双管齐下。政治民主方面，要有宪法保障公民的权利，采取多数决定的民主制度，同时在经济民主方面，主张缩小社会成员在经济上的差别。认为这是集中了社会主义和资本主义的优点，是一条新主义、新路线，可以把人类引向和平幸福。在国共两党的尖锐冲突下，自由主义也纷纷组织政党，如民主同盟就是其中之一。不过，在中国共产党正在取得节节胜利的大变局之下，这些努力只能是中国自由主义在中国大陆消亡前的回光返照而已。

第二节　胡适的生平与思想形成过程

一、早期教育与新思想的洗礼

胡适（1891—1962年），安徽绩溪人，出身于一个旧官僚家庭。在他小时父亲即去世，家道中衰，13岁以前，在家乡接受传统的儒家经典教育，从小勤奋好学，素有“小先生”之称。据说在儒家经典之外，还在偶然的机会读到了《水浒传》、《三国演义》、《红楼梦》等一大批明清小说，使他在“子曰诗云”之外看到了另一个世界，不知不觉中受到了白话文的训练。

1904年，胡适到上海读书，接受新式教育。起初在一所私立学校读书，一连跳了四级。1906年考入由留日回国的学生创办的上海中国公学，因成绩优异，当时主持校务的马君武曾拿着考卷到处给人看，说中国公学得了个好学生。该校的学生大多数主张反满革命，由于胡适年龄最小，而且被认为是个读书的料子，将来对国家有用，因此大家都很爱护他，并不强迫他参加反满活动。他在这个时期还为一个旨在“振兴教育、提倡民气、改良社会、主张自治”的《竞业旬报》工作，负责编辑撰文，因此写了大量的白话文，主要是追随梁启超，强调破除迷信、反对愚昧、倡导独立，并阐述热爱国家、贡献社会的责任感。据说他因此而成为民国前“革命报人”的代表之一。

后来，胡适回忆14岁到19岁的这段读书生活，在思想上主要有以下方面的收获和变化：第一，通过读严复翻译的书籍如《天演论》、《群己权界论》，接受了达尔文、赫胥黎的进化论，相信只有靠点滴改良才能取得进步，并将原名胡洪骍改为胡适之。第二，读了梁启超的《新民说》、《中国学术思想变迁大势》等著述，在接受了维新变法思想的同时，也接受了自由思想的最初洗礼，使他知道除了中国之外，世界上还有别的高等文明，养成了历史地看待中国文化的思维方法。但胡适觉得，对于这么有趣的问题，梁启超只作了几篇就不作了，觉得余兴未尽，暗自发誓，将来要由自己亲自补上这部学术史。后来他写《中国哲学史大纲》即与此有关。第三，培养出了善于思考、怀疑的精神。他读了朱熹的《近思录》中“学原于思”的话，认为是千古圣言，相信实证、怀疑是认识问题和从事学术研究的根本思想方法。

二、留学期间接受杜威实验主义哲学

20~27 岁是胡适在美国的留学时期。1908 年，胡适结束了上海公学的学习后，一度失业，精神苦闷，曾经酗酒殴打警察被关押了一夜。后来在一个学校教了几天书，幸亏第二批“庚款”留学考试于 1910 年 7 月举行，胡适闭门读书，准备了两个月。第一场考语文，出的题目是文字考据性的，正对了胡适的学问路子，他便做了一篇洋洋洒洒的考据文章。而主考的老师恰好又是个有考据癖的人，给他的语文打了满分。第二场考试，相当于对高等数学、物理、动物学、西洋史等学科的综合知识考试，使刚刚受过不多现代教育的胡适感到难以应对，因此考得成绩不佳。幸亏第一场考得好，胡适才得以在 70 个名额中以第 55 名被录取。1910 年 8 月 16 日，胡适启程赴美。起初在康乃尔大学学习农学，可他觉得他的天赋和兴趣都不适合农学的学习，因此学了三个学期后申请转到文科。1915 年又进哥伦比亚大学，师从实用主义哲学大师杜威。这个时期，胡适最重要的思想变化就是，全面接受了杜威的实用主义，并且一生不改。其次，由于早年受老子“以柔克刚”思想的影响，来美后又受基督教“不抵抗”教义的影响，形成了影响其一生的“不争主义”，为他后来提出和平改良主张埋下了伏线。另外，在美国七年，胡适接受了西方民主政治的洗礼，使他一生推崇西方的个人主义。所以，到他回国时，他的基本思想和学术志趣、学术风格已经基本形成。

三、回国后的政治与学术活动

1917 年 6 月胡适回国，担任北京大学哲学教授。此后先后编辑过《新青年》，发起了新文化运动，担任过北大文科学长（1922 年）、上海中国公学校长、北大校长和国民政府驻美大使，1949 年去美国，1957 年出任台湾“中央研究院”院长，1962 年 2 月 24 日于台北病逝。

胡适一生在许多学科都有重要的贡献。在文学方面，他首倡文学革命，提倡白话文、白话诗歌，第一个写白话诗歌《尝试集》，第一个用标点符号，用白话翻译西方小说，第一个用现代方法研究国语语法，第一次考证出《水浒传》的形成，对几十部小说进行考证，给以极高的地位，尤其对《红楼梦》的研究，开创了现代新红学研究领域。他考证出曹雪芹的身世，考证出后四十回为高鹗的续作。在哲学方面，写出了第一部具有现代眼光和方法的《中国哲学史大纲》，这是公认的具有划时代意义的著作，使他“暴得大名”。在思想文化方面，他和陈独秀、李大钊等发起了对传统道德伦理的猛烈批判，喊出了“打倒孔家店”的口号，提出要推倒孔子这个偶像和招牌，但对于孔子本人又比较尊重，说孔子是一个伟大的改革家。在历史学方面，他提出用科学的方法整理“国故”和“国渣”，反对盲目守旧，提倡用怀疑的精神研究历史和传统学术，影响了一大批近现代历史学家。在教育方面，他也有很大贡献，认为救国之道，端在树人，树人之道，端在教育。曾说自己回国后别无奢望，要以一张苦口、一支秃笔从事于社会教育。回国后他确实促成了教育方面的一些重大改革，如提倡男女同校、平民教育等，现代的许多教育制度就是在他的参与下制定的。他在教育方面的许多观点至今仍然不乏启示，如认为当时教育的大弊就是“把学生求知识的能力看得太低了，现在各级学堂的课程都是给下等低能儿定的，所以没有成绩”。他提出做学问要“大胆假设，小心求证”，“做学问要在不疑处有疑，做人要在有疑处无疑”。他对毕业的青年学生开出的人生“药方”也十分有趣：“一是问题丹，二是兴趣散，三是信心汤。”主张做学问要“和”、“缓”、“勤”、“谨”；重视对社会学术风气的培养，认为一个社会总需要有人耐得住寂寞，刻苦读书，为国家准备人才。今天看来，这些主张当然不可能具有绝对适用价值，但在一定的条件下也不无道理。不可否认的事实是，正是在他的影响下，一些人成为现代著名的学者。

和许多论政学者不同的是，在胡适的思想中虽然也有中西文化、新与旧之间的张力，但基本上还是能够保持其“同一性”，自接受实用主义、进化论后，终生不改其政治上的自由主义和改良主义主张。

第三节　实验主义与进化论：胡适政治思想的哲学基础

胡适的政治思想主要包括个人主义和政治自由观，以及改良主义的政治纲领，而这一切又建立在他的实验主义和社会达尔文主义思想基础之上的。

一、胡适对实验主义、进化论的介绍

实验主义，又译为实用主义（pragmatism）和工具主义（instrumentalism）、实效主义等，是20世纪主要流行于美国的一种哲学思潮，以詹姆士和杜威为代表。其主要观点是：第一，认为存在就是有用，也就是说，判断一个事物是否客观存在，就看其是否有用。反过来说，有用的东西就是存在的，一种观点有用就是真理，具有实在真理的意义。所谓“有用”，就是有实际效

果，实际上是英国哲学中“存在就是被感知”的翻版。第二，真理等于有用。认为“一个观念（意见）就像一张支票，上面写明可支若干金额。如果这个自然银行见了这张支票即刻如数兑现，那支票便是真的，那观念便是真的”。就是说，有没有用，是不是真理，要看有无兑现价值。上帝的这个观念可以给我们“一个理想的世界”，使我们觉得“世界上有上帝在里面做主，我们便觉得一切悲剧不过是暂时的，都不过是局部的，一切灾难毁灭都不是绝对没有翻身的”。后来杜威觉得这样的表述太粗浅，又提出了工具主义，认为理论不是客观对象的反映，而是人们为了达到某种目的而设计的工具，这种设计起初只是一种应用的假设，正如要制造某种物品而使用什么工具一样，完全是由制造者根据个人的需要自由选择的，如果它们对于达到预期目的有用，就是真理，是正确的，否则就是谬误。用胡适的话就是：“真理原来是人造的，是为了人造的，是人造出来供人用的。”“真理不过是对付环境的工具，环境变了，真理也随之改变。”①

关于进化论，我们前面已经提到，它是从研究生物物种进化而推演到人类社会，认为人类社会的进化也有其内部规律，即弱肉强食，生存竞争，优胜劣败。

二、实验主义、进化论在方法论方面对胡适的影响

这两种哲学世界观对胡适有哪些影响？与其政治观有何内在联系呢？胡适自己写道：“我的思想受两个人的影响最大，一个是赫胥黎，一个是杜威先生。赫胥黎教我怎样怀疑，教我不信任一切没有充分证据的东西。杜威先生教我怎样思想，教我处处顾到我们当前的问题，教我把一切理想学说都当成待证的假设，教我处处顾到思想的结果。这两个人使我明了科学方法的性质与作用。”② 又说，这两个人的主要贡献在于它们的“存疑主义（agnasticsm）”，直译为“不可知论”。“赫胥黎教人记住一句话：‘拿证据来！’我记得一句话：‘为什么？’人同畜生的区别就在这个‘为什么’上。”③ 此外，胡适又把杜威的思想方法概括为以下步骤：

① 胡适：《实验主义》，《胡适文存》一集，《胡适全集》第1卷，安徽教育出版社2003年版。

② 胡适：《介绍我自己的思想》，《胡适文存》四集，《胡适全集》第4卷，安徽教育出版社2003年版。

③ 转引自“现代中国思想家丛书”第七辑《胡适卷》，台湾巨人出版社1978年版，第34页。

第一，思想的起点是一种疑难的境地（遇到环境提出问题）；

第二，指定疑难之点究竟在何处；

第三，提出假定的解决方法；

第四，决定哪种假设是适用的；

第五，证明这种假设的有用性①。

综上，可见在胡适的思想体系中，实用主义和进化论的直接作用在于提供了一种方法论的支持，提供了一种思考问题的基本路径和方向。由于实用主义只相信能够感知的东西，只相信经过实证的东西，因此首先体现为一种基于感觉主义的怀疑精神，以及实证的方法。从这种立场出发，必然的结论是反对存在着普遍真理和主义，反对依据这种主义或真理体系对社会进行总体的定性分析、总体设计和规划；也否认人类有可能认识社会的根本问题并加以解决。我们知道，从进化论可以得出许多社会问题的推论，这些推论甚至是互相冲突的。但对于胡适这位自由主义者来说，他没有像康有为那样，借助生物进化论提出对于人类社会发展图式和理想未来的设计，而是主要从中获得关于实证的、怀疑主义的思想方法论启示，即胡适本人在《实验主义》中所说的"科学实验室的态度"，以及注重变化的"历史的态度"，形成自由主义的思想原点。因为生物进化论的结论首先就是通过实证方法，即不断怀疑又不断观察、证明、证伪的过程获得的，而从生物进化论的观点本身又可以导致以下结论：和自然界的生物进化一样，人类社会也是通过与环境的相互作用，在一点一滴的改良、渐进累积的过程中取得进步的，只有这种一点一滴的改进才是不可逆转、真实可靠的进步。这就是胡适的实用主义哲学和生物进化论与其自由主义之间的内在联系。

从唯物主义的立场上看，进化论是机械地采用生物进化的观点解释人类社会，否认社会发展过程中的突变和飞跃，片面地强调渐变和量变。怀疑主义和实证主义则否认理性认识，过分注重感觉经验，或认为经验是知识的唯一来源，进而大多怀疑人类能够认识普遍真理。这些理论在西方哲学史上可谓源远流长（从伊壁鸠鲁、培根到贝克莱、休谟、穆勒、詹姆士、杜威等），台湾学者韦政通曾这样批评胡适说：胡适一生崇拜杜威的实用主义，而杜威本人只是美国文化的代表，他在西方传统思想中是较浮浅的一位。胡适对此全盘接受，不仅与西方传统哲学隔离，也对中国传统思想中超知识部分缺乏亲和之感和深度的认识，因此"他的学术生命根本洋溢不出中西两大传统汇合的智慧。历

① 胡适：《实验主义》，《胡适文存》卷二，上海亚东图书馆 1921 年版。

史上许多伟大的思想家都要经过肯定与否定、认同与叛逆的痛苦挣扎的历程，因而在漫长的人生道路上都能始终保持高度的奋斗精神和工作热情，这是因为他们的思域广阔如一片海洋，海洋中的汹涌波涛，象征着自然无尽的动力。胡适的一生缺乏这些经验，他从杜威那里获得的生命，终生不渝。相反，孔子则是学无常师，三人行必有我师。只能得一次思想生命的人，是极容易自限的，思想的根须所植也不会很广很深……晚年胡适在美国旅居多年，国家民族陷入如此的苦难，他竟能在象牙塔里玩《水经注》。以他的天赋或他当年的活力，为何如此消沉，我百思不得其解"①。这一评价大体是中肯的。但后面批评胡适不关心"国家民族"方面的政治，就不能算是知人之论了。胡适一贯主张首先救出"自己"，而且内心里总想疏离政治，追求自己的学术事业。晚年考证《水经注》，抛开早有此种夙愿不说，也和他的一贯人生志趣有关。

第四节　从自由主义到改良主义

一、个人主义："易卜生主义"

学术界对于个人主义并无统一的解释。大体上说，个人主义（individualism）首先是一种以个人为出发点解释社会政治现象的观察方法，其次是一整套个人优先的价值规范和原则。它是自由主义的基础和出发点，也是自由主义的基本原则之一。当自由主义者论及自由、民主和市场经济概念时，实际上就是强调个人自由、个人民主参与和个人的经济活动，因此一个自由主义者首先必然是一个个人主义者。所以，讲到胡适的自由主义不能不涉及其个人主义。

胡适宣扬个人主义是从介绍易卜生的戏剧作品着手的。易卜生（1828—1906年）是挪威著名的问题戏剧作家，主要作品有《人民公敌》、《玩偶之家》、《群鬼》、《海上妇人》等。易卜生在这些戏剧中提出了关于道德、法律、宗教、教育和妇女地位等社会问题，主张通过个人主义的叛逆精神改造社会。胡适等新文化运动的先锋人物觉得，易卜生的戏剧充分反映了典型的个人主义精神和自由精神，于是怀着极大的热情和一些人翻译易卜生的戏剧，并写文章阐述这些戏剧所反映的价值观念，提出"易卜生主义"。1918年6月，《新青年》还刊行了"易卜生专号"，发表了胡适与罗加仑合译的易卜生的《玩偶之

① 见"现代中国思想家丛书"第七辑《胡适卷》，台湾巨人出版社1978年版，第79页。

家》，以及陶孟和翻译的《人民公敌》，同时还发表了胡适撰写的导言式的长篇论文《易卜生主义》，借易卜生的戏剧阐述了他的个人主义见解。具体来说，他所强调的个人主义主要包括以下内容①：

第一，从个人本位的立场解释个人与社会的关系，批评社会对个人的压抑与专制，提倡社会对于个人的宽容，特别是对个人独立自由的宽容。

胡适借助易卜生的戏剧，批判、揭露社会对人的压抑，认为相对于个人来说，社会最爱专制，往往用强力摧折个人的个性，压抑个人独立自由精神，比如一些陈腐的习惯、老朽的思想、极其不堪的迷信，就像一个大熔炉，什么个性、独立精神都会被熔化。社会重罚人的独立精神的“机关”就是所谓“舆论”、所谓多数人的主张，而那些服从社会命令、维持陈旧迷信和腐朽观念的人则往往受到奖赏，升官发财，横行无忌。因此，摧折个人的个性是社会最大的罪恶。

但是在胡适看来，社会的活力和生机主要体现在人的个性和独立精神上，如果“个人的个性都消灭了，等到自由独立的精神都完了，社会自身也就没有生气了，也不会进步了”。因为社会那些永不满足、敢于独立思考、敢于向恶势力开战的人，就像一个人身体的白血球一样，时时刻刻在和社会的病菌作战。有了他们，社会才可以身体健全、精神充足，没有了这种具有自由独立人格的人，就好像酒里少了酒曲，面包里少了酵母，人身上少了脑筋，就好像社会的肌体上缺少了“白血球”精神，这样的社会国家“决没有改良进步的希望”。因此，他呼吁社会国家要能够宽容、能够容忍异己，特别是容忍社会的独立自由精神。他认为，只有容忍异己，容忍独立自由精神，才是“保卫社会健康的卫生良法”。

第二，从个人方面看，提倡个性主义，即个性独立、个性解放和个性自由精神。

胡适明确提出，应该提倡一种“真益纯粹”的为我主义、个人主义或个性主义。这种个人主义，一是要敢于自己负责；一是要敢于独立思想。“个人主义人生观一方面教我们学娜拉，要努力把自己铸造成一个人，教我们学斯铎曼医生，要特立独行，敢说实话，敢向恶势力开战。”

所谓敢于自己负责，就是要像娜拉那样，首先“救出你自己”，敢于对自己的思想和信仰的后果负责，为了捍卫个人的自由和信仰，不怕权威，不怕监

① 此节关于个人主义的内容，除另外注明出处外，均依据胡适的《易卜生主义》，见《胡适文存》卷四，上海亚东图书馆 1921 年版。

禁，不计较个人利害。他认为娜拉和海上妇人就是两个相反的例子：一个为了自由，为了个人的权利，敢于抛开社会加于她的所谓“责任”，敢于忍受孤独和可能遇到的种种生活磨难，毅然离家出走，不再充当丈夫的玩偶。海上妇人埃黎坦虽然也向往自由，但是又怕付出代价，怕自我操心，忍受不了生活的不安全不舒适，最后丈夫同意她离家时，她又因为不敢负责而放弃了自由。胡适告诉人们，要想获得自由，就必须敢于自己负责，“只有奴隶的生活既不自由选择，又不负责”，他引用易卜生的话说：

> 我所最期望于你的是一种真益纯粹的为我主义。要使你有时觉得天下只有关于我的事最要紧，其余的都算不得什么。……你要想有益于社会，最好的法子莫如把你自己这块材料铸造成器。……有的时候我真觉得全世界都像海上撞沉了的船，最要紧的还是救出你自己。

胡适接着这段话发挥说：最可笑的是，有些人明知道世界就要“陆沉”，却要跟着“陆沉”，跟着堕落，不肯救出自己。这些人不知道，社会是由个人组成的，多救出一个人，便是多备一个再造新社会的分子。他认为，这种为我主义“其实是最有价值的利人主义”。因此，他极为赞赏易卜生戏剧中娜拉的举动：当丈夫责备娜拉不该抛弃对丈夫和儿女的“神圣责任”时，娜拉干脆地回答说：“我还有别的责任同这些一样的神圣。……是我对于我自己的责任……无论如何，我务必努力做一个人。”胡适后来在《介绍自己的思想》中说：“我要对你们说，争你们个人的自由，便是为国家争自由；争自己的人格，便是为国家争人格。自由独立的国家，不是一群奴才造得起来的。”

一种健全的个人主义者还要敢于独立思考，敢于说真话。在胡适看来，易卜生本人就是一个写实主义者，他敢于揭露社会的黑暗，敢于说出真相，反对社会加于个人的、不利于个性发展的种种压制，他首先教给人的就是说实话。为了说出真相，为了保持思想的独立，《人民公敌》中的斯铎曼医生永不知足，永不满足，甚至不怕孤立，甘冒天下之大不韪。因此，他呼吁人们要像易卜生和斯铎曼医生一样，不要拿别人的耳朵当耳朵，拿别人的眼睛当眼睛，要有自己的独立判断能力，睁开眼睛看真相。他批评说：

> 人生最大的病根在于不肯睁开眼睛来看时间的真实状况。明明是男盗女娼的社会，我们偏说是圣贤礼仪之邦；明明是赃官污吏的政治，我们偏要歌功颂德；明明是不可救药的大病，我们偏说一点病都没有！却不知

道，若要病好，须先认有病；若要政治好，须先认现在的政治实在不好；若要改良社会，须先知道现今的社会实在是男盗女娼的社会。

胡适认为，说真话，坚持独立的思想，要不怕付出代价，不怕孤立和打击，甚至有时要敢于和多数人作对，敢做人民的公敌，要敢当报忧不报喜、令人讨厌的乌鸦，时时刻刻同社会的偏见和恶势力作战，要敢为天下先，永远走在众人思想的前头。他引用易卜生信中的一段话说：

十年之后，社会的多数人大概也会到了斯铎曼医生开公民大会时的见地了。但是这十年之中，斯铎曼医生也刻刻向前进，所以到了十年之后，他的见地仍旧比社会的多数人还高十年。即以我个人而论，我觉得时时刻刻总有进境。我从前每作一本戏时的主张，如今都已渐渐变成了很多数人的主张。但是等到他们赶到那里时，我久已不在那里了。我又到别处去了。我希望我总是向前去了。

实际上，胡适年轻时写的白话诗歌《乌鸦》就寄托了这种敢做“人民公敌”的思想倾向：

我大清早站在人家屋角上哑哑的啼，
人家讨厌我，说我不吉利；
我不能呢喃地讨人家的欢喜。

二、政治自由思想与点滴渐进的改良主义

（一）对于政治自由的强调

在西方的语境中，个人主义是自由主义的前提和核心，但是它并不等同于自由主义。从语义的层面上说，个人主义强调的是个人价值、个性独立，以及个人自由的绝对性和本位性，而自由主义也是反抗暴力压制，不畏权势，敢于独立发表自己的见解，敢为正义和尊严奋斗不息，这是两者相通之处。但自由是与奴役、压制相对应的，它更侧重于与政治自由的联系。胡适在这方面可以说没有格外追求自己的“发明”，而是基本上采用了“拿来主义”的做法，对自由主义尤其是对政治自由问题进行了介绍和输入。

在《自由主义》一文中，他首先区别了中国与西方在“自由”问题上的异同，认为自由在中国文字里就是“由于自己”、“自己做主”的意思，自由与自然相近，是要求摆脱外在的压迫，使人生无待于外力，回归和保持内心的自由、内心的安慰，是一种内心境界。它表现为追求隐遁的生活，逃避外力的压迫，或追求神仙式的生活，要求行动自由，变化无踪。在欧洲文字里，自由含有“解放”，即从外力制裁下解放出来的意思，强调的是不受外力拘束、压迫、限制束缚的权利，现代自由主义就是一种争取自由、解放的大运动。① 或者用他在《自由主义是什么》一文中借用禅宗“治病解缚”的话，自由主义就是人类历史上一连串的“解缚”运动。②

胡适认为，自由主义的基本含义有四个方面：第一是自由本身，包括宗教信仰自由、思想自由、议论出版自由。第二是政治自由，政治自由也就是民主政治，如国家的统治权必须掌握在多数人手中（多数决定原则），采用代议制度，有可以修改的宪法，以及无记名的秘密投票制度等。第三是容忍反对党，保障少数人的权利，尊重少数人的基本自由。在这样的理念下，多数人有可能变成少数人，下台坐冷板凳；少数人也可能变成多数人，成为执政党，所以不可能不尊重少数人的自由。第四，自由主义还含有和平改革的意思，即和平转移政权，同时通过立法的方法一步步地进行具体改革，一点一滴地求进步。相反，“凡主张彻底改革的人，在政治上没有一个不走上绝对专制的道路，这是很自然的，只有绝对的专制政权可以铲除一切反对党，消灭一切阻力，也只有绝对的专制可以不择手段，不惜代价，用最残酷的方法做到他们认为根本改革的目的。他们不承认他们的见解会有错误，他们也不能承认反对的人会有值得考虑的理由，所以他们绝对不能容忍异己，也绝对不能容忍自由的思想与言论。所以我很坦白地说，自由主义为了尊重自由与容忍，当然反对暴力革命与暴力革命必然引起的暴力专制”。

在他看来，在思想与信仰方面，东方也有大胆的批评者与反抗者，老子、孔子，特别是孔子都是大胆的争取思想自由的人，也有争取自由主义的运动。但是东方自由主义的运动始终没有抓住政治自由，太注重强调内心的自由，不太重视外在的政治自由即民主，因此我们虽然也有“天听自我民听，天视自我民视”一类的民主思想，虽然也有全世界历史最久的文官考试制度，但东

① 该文是胡适 1948 年于北平发表的广播词，见葛懋春等编《胡适哲学思想资料选》上册，华东师范大学出版社 1981 年版。

② 《自由主义是什么》，见《胡适的时论》第一集，南京六艺书局 1948 年版。

方自由主义运动始终没有走上建设民主政治的道路，始终没有解决君主专制的问题。①

（二）改良主义的基本政治主张

首先从思想的内在逻辑上说，胡适的改良主义的现实政治主张是建立在他的实用主义哲学和进化论思想基础之上的，同时也是自由主义的应有之义，即从实用主义、从进化论以及自由主义本身，必然会得出和平改良的渐进主张。但是，对理论的选择最终是取决于现实生活的实际情况的。

胡适主张点滴改良，首先基于他对中国社会现状，即当时中国的基本国情的认识。

胡适对于中国社会现状的认识，最初反映在他发表于《新青年》第四卷第一期上的《归国杂感》一文。他总的印象是中国实在太落后了：国号变了七年，偌大个中国却找不出一部哲学书籍和一部可看的小说；其次是教育落后，有的中学老师连日本在哪里都不知道，这种教育不仅不能救国，简直是亡国；还有一个最大的不公正现象是，国家的财政负担全压在大多数贫苦农民身上，人民依然是穷得吃不起盐，甚至刮土地上的硝盐吃还要被治罪处罚；中国还有一个普遍的怪现象，那就是时间不值钱，而时间不值钱就是生命不值钱。后来，他在几篇文章中把中国的基本问题归结为“五大仇敌”、“五大恶魔”或“五鬼闹中华”，其中写于 1930 年 4 月的《我们走那条路》一文，可谓系统地反映了他对国情的看法及改良主义政治主张。②

在这篇文章中，胡适认为中国存在的主要问题在于：一是贫穷。胡适根据当时一些学者的调查指出，中国目前贫困人口占到三分之一，或占二分之一，有的省份甚至占到 70%。二是疾病。他认为中国不讲究医药卫生，导致疾病瘟疫横行，以至于死亡率超过了出生率，这是民族的大敌。三是愚昧。认为中国虽然号称是一个具有五千年文明的大国，却没有一个超过三十年的大学；国家的统治还掌握在没有知识学问的官僚政客手里。至于每日花一百万元养兵的国家，却没有钱普及教育，这更是国家的自杀。四是贪污。认为贪污是我们这个民族的最大特色。五是扰乱。认为太平天国使中国扰乱了六七十年，毁坏了

---

① 以上主要引自《自由主义》，见《胡适全集》第 22 卷《时论》(二)，安徽教育出版社 2003 年版。

② 《我们走那条路》，见《胡适文存》四集，《胡适全集》第 4 卷，安徽教育出版社 2003 年版。

南方的精华地区；近二十年的纷乱不绝，不仅使西北完全毁掉了，东南各省也成了残破之区，成了土匪的世界。这就是摆在中国人面前的“真正的敌人”，是我们革命的真正对象。

基于这种基本国情，中国到底应走哪条路？

第一，在理论上应反对空谈“主义”，反对由这种理论所指导下的暴力革命。他认为，人类社会的发展有两条道路：一种是演进的道路；一种是革命的道路。演进的道路是一种不知不觉的自然的变化，是顺着自然的程序瓜熟蒂落；革命的道路则较多地含有一点自觉的努力。单靠自然的演进取得社会进步，一是缓慢，很不经济；二是演进过程中往往保留起来许多陈旧的东西。

然而在胡适看来，革命的问题似乎更大。他指出，以往所谓自觉的革命，虽然理论上能够在短期内取得进步，铲除腐朽的东西，但是在实际操作上，则往往流于暴力革命。特别是在中国，他认为这种暴力革命是“盲动”的，因而也是非常危险的：首先，这些革命都是根据一些人的“主义”或“理论”发动的，这些革命的理论往往向壁虚构出一个革命对象，好比捉妖的道士，先制造出狐狸精、山魈鬼怪等名目，然后画符念咒，用桃木宝剑去捉妖。妖怪是收进葫芦里了，然而床上的病人仍旧在那儿呻吟痛苦。他认为那些革命者都是抓住几个名词喊来喊去，如同变戏法一般，这样的革命必然是盲动的。其次，盲动的理论必然带来盲动的革命，给中国带来祸乱。特别是中国人的政治能力“不够收拾已经纷乱的局势”，必然会使中国“一乱再乱”，能发而不能收，能破坏而不能建设，能扰乱而不能安宁，于是你打我是革命，我打你也是革命，打败的人只图武力准备再革命，而打胜的人只图准备武力以阻止他人的武力革命，于是人人以革命者自居，而结果永远是“革命尚未成功”。这种革命只会煽动起人类那盲动残忍的劣根性，造成一种兵匪的世界。他说：“我们认为今日所谓‘革命’，真所谓‘天下多少罪恶假汝以行’。用武力来替代武力，用这一班军人推倒那一班军人，用这一种盲动势力来代替那一种盲动势力，这算不上真革命。”结果只能是“兵化为匪，匪化为兵”。他举例说，太平天国之乱毁坏了南方的精华区域，六七十年不能恢复；近二十年的纷乱，使中国的东南西北和华南都成了土匪的世界，而日本之所以能够强盛，全靠明治维新之前已有五十年不断的和平，积养了民族的精力。他认为标语口号、暴力屠杀并不是最快捷的路子，不能解决中国的问题。而今日中国最大的危险就在于，不考虑中国的实际需要，不去解决中国许多燃眉之急而空谈主义，洋洋自得地说这是“根本解决”，这其实不过是自欺欺人的梦话。① 再次，胡适认为，凡是主张彻底改革的人，在政治上必然走上暴力专制的道路。晚年的胡适更受哈耶克的思想影响，认为那种根据某种理论对社会问题进行“根本解决”的彻底革命是危险的。他自己忏悔说，早年在《我们对于西洋文明的态度》一文中还对社会主义抱有希望，认为18世纪的宗教信仰是自由、平等、博爱，19世纪的宗教信仰是社会主义，凡是具有人道主义倾向者都信奉社会主义。现在读了哈耶克的《通往奴役之路》之后，这种看法改变了。② 1941年他在美国发表《民主与集权的冲突》演讲时说：“一切所谓的社会彻底改革的主张必然要领导到政治独裁。”

第二，解决中国的问题，首要的不是空谈主义，而是多研究、多解决实际问题，采取和平的、点滴改良的方式。他认为，中国所面临的“五大敌人”是不能用暴力的革命来打倒的。为了改造社会，为了消灭“五大敌人”，既不能采用盲动的、暴力革命的方法，也不能懒惰地“顺其自然”，等待历史的自然演进，而是要通过自觉努力的改革来实现。“只有集合全国的人才智力，充分采用世界的科学知识与方法，一步一步作自觉的改革，在自觉的指导之下一点一滴的收不断的改革之全功。”在他看来，革命的方法其实不止暴力革命一种，但在中国却被误以为唯一的方法，从而导致盲动和一乱再乱。其实，革命还有和平的、渐进改革的方式。只有通过这种方法，才能取得真实可靠的进步，才能取得革命的实效。

（三）鼓吹“好政府主义”和人权观念

以自由民主为基本政治目标，主张通过和平、渐进方式实现社会的改造，这是胡适一贯的政治主张。但在不同的历史时期内，由于面临的主要政治问题不同，胡适作为自由主义的代表人物，又提出过许多不同的政治要求。其影响较大的主要有“好政府主义”和向国民党政府发起的争取人权运动。

胡适原是主张不谈政治的，但是一是由于现实的政治太残酷，使他没有办法躲进象牙塔搞学问；二是由于20世纪20年代初受到英国哲学家罗素的影响，于是一度热衷于提倡“好政府主义”。罗素于1920年来华讲学时，曾对

① 参见胡适《问题与主义》，《胡适文存》一集，《胡适全集》第1卷，安徽教育出版社2003年版。

② 参见胡适《从〈到奴役之路〉谈起》，台湾《自由中国》第10卷第6期，1954年3月。

张东荪说："你们中国人为什么不把好人办政治的事?"此事对胡适触动很大，于是他在 1921 年提出："此时我们应该谈好政府主义，不能谈无政府主义。"并到处演进，提倡"好政府主义"，认为"好人不出头，坏人背了世界走"。他在《双十节的鬼歌》一文中更是一改平时的温和从容，言辞激烈地说："大家合起来，赶掉这群狼，推翻这鸟政府，起一个新革命，造一个好政府。"1922 年，又联合 16 位教授发表《我们的政治主张》，呼吁"好人参政"。不久在上面签字的王宠惠果然担任了北洋政府的内阁总理，俗称"好人内阁"，但仅仅过了 72 天就下台了。胡适后来回忆说，这种做法实际上无异于与虎谋皮。

在 1929 年出现的人权运动中，胡适也是一马当先，发表《人权与约法》等文章，愤然揭露在国民党的一党专政下，"人权被剥夺得几乎没有一点剩余"的事实，批评国民党只训政无宪法；认为训政不能只是用来"训"人民的，"党国的政府诸公先要训练自己"，自己的行为"皆不足为训"，怎能有资格"训"人民呢?如果党不受约法的约束，那就是一国之中"仍有特殊的阶级超出法律的制裁之外"。① 后来，又从谈人权转向谈论思想自由，认为在国民党的一党专政下，上帝可以否认，对于孙中山却不允许批评；礼拜可以不做，而总理遗嘱不可不读，纪念周不可不做，胡适甚至公开向被视为官方正统的孙中山的思想发难。针对孙中山的"知难行易说"，胡适还专门写了《知难行亦不易》一文，认为孙中山此说的第一个错误是把"知"和"行"绝对分开，第二个错误是把"行"看得太容易。其实"知"和"行"都很重要：有了良法美意而行不得其法，也会祸国误民，进而，他批评国民党把治国看得太容易了："今日最大的危险是当国的人不明白，他们办的是一件绝大繁难的事。以一班没有现代学术训练的人，统治一个没有现代物质基础的大国家，天下的事有比这更繁难的吗?要把这件大事办好，没有别的法子，只有充分请教专家，充分运用科学。"然而，"知难行易学说"却为一班不学无术的军人政客提供了护身符。在这一学说下，纨绔子弟可以办交通，大炮头出身的可以办一省的财政。因此他又呼吁："我们现在的要求是容忍，我们要思想自由，我们要法律给我们以自由的保障。"进而明确提出要有批评孙中山、批评国民党的自由，说："上帝我们尚且可以批评，何况国民党与孙中山?"②

---

① 胡适：《人权与约法》，《胡适全集》第 21 卷《时论》(一)，安徽教育出版社 2003 年版。

② 胡适：《人权论集·序》，《胡适文集》五，北京大学出版社 1998 年版。

三、关于中西文化的主要观点

胡适有关中西文化的一些观点，也颇为引人注意并引发了一些重大争论。这些主张虽然不是直接谈论政治的，但也是和他采取资产阶级改良主义和坚持政治自由主义有很大关系的。正是基于他那中国传统文化导致了中国的落后的认识，正是由于他看到了文化的落后造成中国“万事不如人”，才使他如此决绝地走上了西化的道路，至少在政治上是如此。他对中西文化的基本观点主要包括以下几个方面。

（一）对于中国传统文化的基本否定

胡适在《介绍我自己的思想》中说：“少年朋友们，现在有一些人要煽动起你们的夸大狂，天天要你们相信，中国的旧文化比任何国高，中国的道德比任何国好……我要对你们说，不要上他们的当，不要拿耳朵当眼睛。睁开眼睛看看自己，再看看世界。我们如果想把这个国家整顿起来，如果还希望这个民族在世界上占一个地位，只有一条生路，就是我们要认错，我们必须承认自己万事不如人。”接着他列举中国在文学、音乐、艺术、物质、技术和政治制度、道德、知识、身体健康等方面的“不如人”。

1934年，他又发表了《信心与反省》、《再论信心与反省》,① 认为祖宗的光荣自是祖宗的光荣，“不能救我们的痛苦耻辱”，“今日的大患在于全国人不知耻。所以不知耻，只是因为不曾反省”。“老实说，如果过去的文化是值得恢复的，我们今天不至于糟到这步田地。”因此他呼吁国人说：我们必须反省，必须闭门思过，“要认清祖宗和我们自己的罪孽深重”。后面列举中国历史上种种丑恶的东西，如女人的小脚、太监、姨太太、贞节牌坊、骈体文、律诗、五世同堂的大家庭、地狱般的监牢、夹棍板子的法庭，等等。他认为一个文化竟然容忍这些东西几千年，这样的文化还有什么值得留恋？直到临死前不久，他还在美国国际开发总署主办的“东亚区科学教育会议”开幕式上发言声称：“我认为我们东方这些老文明中没有多少精神成分。一个文明容忍像妇女缠足那样惨无人道的习惯到一千多年之久，还有多大的精神文明可说；一个文明把人生看作痛苦而不值得过的，把贫穷和行乞看作美德，把疾病看作天祸，又有些什么精神价值可说!”

① 见《胡适文集》五，北京大学出版社1998年版。

（二）反对“东方的精神文明—西方的物质文明”的两分法

针对胡适等人的西化派理论，一些文化保守主义者曾提出，西方只是在物质文明上比中国先进，西方文化是典型的“唯物”的，中国文化才是“精神”的，在精神文明上则是中国高于西方。胡适认为这是一种病态的心理，是对东方民族“夸大狂”的迎合。理由是：文明本身是一个民族应付环境的总成绩，一个文明的造成必有两个因子，一是物质，一是精神，不存在单有物质没有精神的文明，也不存在单有精神没有物质的文明。他批评这种思维方式是自己欺骗自己的“酸葡萄主义”：东方人最大的悲剧是，“人类的先知先觉眼看无数人的冻饿，不能设法增进他们的幸福，却把‘乐天’、‘安命’、‘知足’、‘安贫’种种催眠药给他吃”。他们这是自己欺骗自己的“酸葡萄主义”，享受不到物质的快乐，只好说物质上的享受是不足羡慕的，而贫贱是可以骄人的。更有甚者，一些人还从自欺自慰走向自残自杀，“人生观变成了人死观”。这样一种精神是“逆天拂性”的，它必然养成民族的懒惰，使人甘心接受环境的拘束与限制。这样一个民族是“一分像人九分像鬼”的民族，是“懒惰不长进的文明，是真正唯物的文明。这种文明只可以遏抑而决不能满足人类精神的要求”。

在他心目中，西方国家的民族才是既有高度物质文明，又有高度精神文明的民族。西方文明一方面为人类增加了不少物质享受；一方面又确实很能满足人类的精神享受。比较起来，他认为西方文明才是非唯物的、理想主义的文明。特别是近代以来，科学、宗教和新道德容易社会化，日趋人化。而中国人只知道静坐澄心，无知无欲，永远也进入不了真理之门。①

（三）中西文化的自然折中论

和五四时期的其他闯将一样，胡适曾以支持和主张文化上全盘西化而著称。后来，这种说法遭到各方面的激烈批评，因此胡适改用“充分地世界化”提法。他在20世纪30年代《独立评论》上发表文章说：“我是主张全盘西化的，但我同时指出，文化有一种惰性，全盘西化的结果，自然会有一种折中的倾向。……只有努力全盘接受这个新世界的新文明，全盘接受了，旧文化的惰性自然会使他成为一个折中调和的中国本位文化。”他认为，尽管人们主观上

① 参见《我们对于西洋近代文明的态度》，《胡适文存》四集，《胡适全集》第3卷，安徽教育出版社2003年版。

要全盘西化，实际结果不可能如此，而是一种折中调和的结果。① 后来在《评所谓“中国本位的文化建设”》一文中更加明确地指出：“中国旧文化的惰性实在大得可怕，我们正可以不必替中国本位担忧。我们肯往前看的人，应该……让那个世界文化充分和我们的老文化自由接触，以借他的朝气锐气来打掉一点我们的老文化的惰性和暮气。将来文化变动的结晶品，当然是一个中国本位的文化。……如果我们的文化里真有无价之宝，自然会因为这一番科学化的淘洗而格外发挥光大的。”

从他的思路看，主观上全盘西化，事实上只能是综合东西文化之长处，收到折中的效果。如果连主观上的西化或充分世界化都不敢，按照古语“取法乎上，仅得其中；取法乎中，仅得其下”的道理，则永远只能是抱残守缺。总之，为了拯救老文化，“不妨拼命地走极端，文化的惰性自然会把我们拖上折中调和的”②。

（四）关于对孔子的评价

五四时期尊孔与反孔成为新旧两种势力冲突的焦点。胡适作为新思潮的主帅之一，写下了许多抨击儒家伦理观的文字，特别称赞曾经提出“打倒孔家店”口号的吴虞是“只手打倒孔家店的老英雄”，是“中国思想界的一个清道夫”。认为两千年吃人的礼教都是打着孔子的招牌，因此“孔丘的招牌，无论是老店还是冒牌，不能不拿下来，捶碎，烧去！”然而胡适也只是反对作为偶像、作为历代统治工具的孔子，并不是反对孔子本人。对于孔子本人，胡适还是给予了很高的评价的。他在著名的《说儒》一文中，就把孔子作为值得尊崇的伟大的革新者，认为孔子是殷遗民而生于周代，却声称在文化上“从周”，能够大胆破除部族文化的界限，放弃原始儒家的保守与部族性，重建了以“仁”为核心的新儒教，形成了一种新的文化主义。同时他也承认，儒家重视自由问答和对知识的真诚，提倡独立思考，在开创知识界的“苏格拉底传统”方面发挥了重要作用。

四、自由主义的历史命运及其内在矛盾

（一）自由主义思潮的历史地位

自由主义在传入中国之后，尽管影响范围有限，但是毕竟对于中国的实际

① 胡适：《充分世界化与全盘西化》，《胡适文存》四集，《胡适全集》第4卷，安徽教育出版社2003年版。

② 见《独立评论》第145号。

政治生活产生过一定的实际政治影响，尤其在五四时期，曾经风靡一时，在青年知识分子中间产生过很大影响。在后来的思想发展过程中，随着中国社会内部政治力量的分化改组，阶级阵营的对垒日益明显，自由主义也日益成为摇摆于国共两党中间而又偏右的一种重要政治势力。考察中国近现代的政治思潮演变，自然不能离开对这一思潮的具体了解。

从一般意义上看，自由主义所处的社会属于半殖民地半封建社会，相对于专制主义、相对于封建主义来说，作为资本主义价值体系的自由主义当然代表着历史的进步。它反映了反对封建主义、在中国发展资本主义的历史要求，它呼唤人的个性解放，高扬人格独立和精神自由，追求民主和科学发展，对于传统的意识形态起到了巨大的结构、扫荡作用，对于中国近代思想大解放和精神启蒙运动产生了不可磨灭的积极影响，在总体上具有与中国近现代社会发展趋势同步的方面，在马克思主义传入中国之前，自由主义为中国的思想领域提供了新的生命力和源头活水。同时，从一定的意义上说，有了它的摧枯拉朽的破坏作用，才为马克思主义在中国的传播提供了思想上的准备。也正因为如此，国外的一些站在马克思主义对立面的学者才会激烈地抨击“五四”、批判胡适。即使从历史发展的横断面看，自由主义也是独立于蒋介石政权思想体系之外的一种思潮，它标榜独立的地位，对于国民党的政治持批评态度，在黑暗的专制统治下高声呼吁人权，呼吁民主法治，宣扬个性与思想自由，在“无声的中国”发出了哪怕是不甚响亮的声音，也会打破思想专制的一统天下。

（二）中国自由主义的困境

第一，自由主义作为近代兴起的政治思潮，在其母国就一直面临种种困境。政治上的自由主义是以经济上的私有制和自由经济为根基和依托的。但是19世纪以来直至第一次世界大战爆发，资本主义私有制就暴露出越来越多的问题，最大的问题是财产占有的不平等最终会危及人在社会政治地位上的平等、独立与自由。正是基于这种事实，19世纪出现了各种批判资本主义的社会主义思潮，最后发展到马克思主义的科学社会主义思潮。在一定的意义上说，自由主义的困境正是马克思主义产生的条件。

自由主义传入中国后，更面临着如何适应中国国情的问题。中国近代社会的主要课题是反帝反封建，解决与列强、与国内落后势力的矛盾，最终挽救民族危机，实现国家的独立和富强。一切具体的政见和主张，最终都要服从于这个主题，否则就无法在社会上形成影响。随着中国近代现代化过程的不断失败和挫折，越来越多的人意识到，中国的许多问题是相互联系的，要想解决外部的压力，必须改造中国的内政，要想改造内政，必须改造社会，解决所有制问题，必须扫除旧的伦理道德，进行思想文化方面的革命，一系列的问题都会牵扯在内。因此，在他们看来，中国的问题非要通过一个一揽子方案彻底解决不可。相反，时局的严峻性和救亡任务的迫切性似乎都不能允许渐进式的改良，而且帝国主义是依靠洋枪洋炮打进来的，不用武力的革命就不能打倒外部的敌人；封建势力也不会自行退出历史舞台，专制制度、私有制不合理的现象必须通过彻底的革命才能解决。因此，在当时的情况下，自由主义的主张对于大多数中国人来说是难以产生说服力的。

第二，胡适本人就无法摆脱这种矛盾和困境。胡适一生提倡个人主义，主张个性独立和个性自由，认为每个人自己的充分发展，“这是顶高的一层”，而且对于在中国营造一种独立的非政治化的学术传统情有独钟。梁启超曾经在《清代学术概论》中提出，在中国要想取得学术发展，必须具有“为学术而学术”的精神，“断不以学问供学问以外之手段，故其性耿介，其志专一，虽若不周于世用，然每一时代文化之进展，必赖有此等人”。这实际上就是一种个人主义的表现。胡适一生也是为此而不懈努力。但是他又偏偏处在当时严峻的民族危机和政治斗争的漩涡中，民族情结几乎没有一个人能够避免。鲁迅正是为了要医治中国人灵魂上的疾病才走向文学道路，才“哀其不幸、怒其不争”，用笔作投枪和匕首，无情地揭露、批判国人的劣根性。胡适曾打定主意不谈政治，似乎是放弃了对于国家、民族的责任感，实际上在他心目中，直接地谈论政治，总逃脱不了主义之争，是不能解决中国的问题的。在他看来，解决中国的问题不能走捷径，非得有二十年耕耘生聚，二十年寂寞辛苦，方能实现整个中国文化革故鼎新的总目的。不如每个人发挥自己的个性和特长，研究具体问题，才能获得真正的进步。同时，在当时的条件下，保持独立的学术立场，就是争个人的自由，而争每个人的自由就是争国家和民族的自由，可见这学问恰恰就是最大的政治，他的一切学问恰恰都带有从总体上解决中国政治问题的刻意经营。这样，学术最终还是成为实现他政治抱负的手段。华裔学者林毓生在《中国意识的危机》一书中就指出了胡适及其同时代人的这一思维特点。而且，由于北洋军阀和国民党的黑暗统治，也使他无法安心于书斋，度过青灯黄卷的生涯，有时不得不搁下手中的笔去直接问政。有人说，胡适的书桌好像架在一条驶入江心的漏船上，虽然不舍得离开书桌，但又怕船会沉没使他无法做学问，因此又很想去看看水手们是否堵住了漏洞。到了最后，他实际上还是放弃了独立的姿态，出任驻美大使，做了国民党的过河卒子。所以他没有办法抵挡住外界的诱惑，只能写下许多半部书，思想和学术停留在开风气之先河上，为了政治牺牲了学问。

胡适一方面不得不卷入政治；另一方面又化解不了学术的情结，对政治始终保持疏离感。为了刻意追求独立，有时不惜成为时代的落伍者，甚至面对全体民众的流行意识，他敢于逆流而动，甘作“人民的公敌”。比如，别人不要他参加段祺瑞卖国的筹安会，他偏要去看看有无发挥作为的可能；他两次进宫去会见溥仪；在抗战的一片高调中间，他偏偏唱低调，呼吁寻求外交解决，学生应该回到课堂读书，不应该参加抗日救亡活动，抗日是政府和军队的事情。连崇拜他的一些弟子也觉得，他太爱和旧势力周旋了。从这一方面看，似乎是应了他自己说的话：以学者从事政治，既搞不好学术，又搞不好政治。他永远只能是一个在学术和政治两方面的“客串演员”。

自由主义本身只是一种倾向，一种主张和平渐进的主张，这决定了他们不可能发动起有组织的政治运动，更不可能以武力和军队来实现其政治理想，只能停留于宣传和呼吁方面。在20世纪一片喊杀声中，自由主义的呼声显得非常微弱和不合时宜。

第三，中国的自由主义自身也有先天的不足和内在的矛盾之处。自由主义本身就是讲人道、讲解缚、讲反对和摆脱压迫的，而中国的自由主义在很大程度上恰恰又是伴随着西方武力征服传入的，所以中国的自由主义者就无法解释：为什么先生还会打学生？究竟有没有普遍适用的自由主义精神？摆脱不了这种困窘，自由主义就无法吸引群众。另外，自由主义也和中国的民族主义存在着冲突。从自由主义的精义出发，必然要求和平、人道和民族独立，而近代帝国主义不会自动放弃其在华利益。而且，在中国，自由主义本来就是以民族主义为条件和背景的，正是基于民族主义的需要，很多人才会对西方的观念感兴趣。自由主义和其他思潮一样，在很多人心目中主要是当作救国的工具加以认同的。所以，自由主义在中国的流传，主要是它在一些人心目中的工具性价值而非终极价值，归根结底还是服务于现实斗争需要的。一旦它被人们发现不能产生实际的功效，一旦人们发现一种更能解释现实困境、明示未来前途的“主义”，自由主义就会黯然失色。

总之，正如国内一位学者在介绍美国汉学家格里德《胡适与中国的文艺复兴：中国革命中的自由主义（1917—1937）》一书时所指出的那样：“总是号召积极参与公共事务，但又总是注意保持个人的独立地位；总是珍重自己的政治发言权，但又总是超乎政治之外，不愿意付出卷入政治的代价；总是强调个人的独立判断能力，但又总是愿意以社会共同利益为准则；总是批评社会的种种弊端，但又总是保持一种温和节制的态度；总是和先有的政治组织离心离德，但又总是尊重和利用现行的法律秩序；总是在内心深处对人的生存状态怀有强烈的价值理想，但又总是倾向于在现实层面采取审慎的经验主义方法。”他在小心翼翼地、左右为难地维护个人自由。但他的悲剧在于，在一个衰朽的政治中偏要去做一个只有在正常有序的政治中才能发挥作用的知识分子；他认识到了自己在一个合乎理性的民主社会中应该扮演的角色，却看不出自己在一个专制制度下应该何去何从。他假定社会应当是有秩序的，但当时却正处在混乱之中；他假定社会应当存在共同的价值标准，而当时恰恰又不存在；他假定人应该靠理性来生活，而当时的中国却恰恰是由武力来塑造的。①

☞思考题：

1. 中国近现代思想史上，很多思想家和政治人物都曾经利用进化论来论证自己的政治主张。试比较康有为、孙中山和胡适等人各自从进化论中得出了什么样的结论。

2. 胡适的实用主义哲学与其自由主义之间有何逻辑关系？

3. 试分析胡适改良主义政治主张的理论根据与现实根据。

① 刘东：《衰朽政治中的知识分子——读〈胡适与中国的文艺复兴〉》，《读书》1989年第5期。

第十章

乡村建设派的政治主张

——以梁漱溟为中心

第一节　乡村建设派的形成及其活动

严格地说，乡村建设派不是一个统一的政治派别，而是对从事乡村教育或乡村建设以谋求社会改良的一批人的统称，实际上其中有许多类型。乡村教育运动兴起于20世纪20年代，到30年代达到高潮。

一、从清末的村治运动到平民教育运动

乡村教育主要由平民教育和村治运动演变而来。

20世纪20年代在中国纷纭复杂的社会改良思潮中，有一部分知识分子看到西方工业国家的发达富强无不与其先进的教育有关，因而形成一种教育救国的思想。其中一部分人又认为，教育救国的关键是平民教育，因此把注意力集中于对平民的教育上。如后面我们将要介绍的晏阳初就是20世纪20年代回国从事平民教育的。此后，这种平民教育又自然延伸到乡村教育和对农村的全面改造上。因为他们认为中国是一个农业国家，改造中国的关键是解决农民和农村问题，教育救国最终要落实到教育农民和改造农村问题上。如黄炎培于1914年举办城市职业教育，后来扩大为举办农村改进区，由平民教育扩大为乡村自治和农村经济建设。又如江苏省立教育学院院长高阳，于1928年起在学院兴办乡村民众教育事业，在各地设立乡村教育试验区，后又由教育试验区推广为综合的乡村建设运动。

属于由村治运动演变为乡村建设运动的，以河北定县的米氏家族和山东曹州的王鸿一等为代表。定县翟城村的米春明家族是当地望族，早在清朝光绪末年（1904年，光绪三十年）米春明就在本村兴办现代学校，进行乡村改造的实验，得到地方政府的支持。民国后，其子米迪刚从日本留学归来，借鉴了日

本的乡村自治的经验，使当地的乡村自治进一步向规范化、系统化发展。他还创办《河北日报》宣传村治的理论，认为地方自治是全国农村复兴之本，而村治又是地方自治的根本。米氏父子的村治运动，为后来晏阳初等人在定县开展的平民教育运动奠定了很好的基础。王鸿一也是辛亥革命的元老、曹州地方实力派，早年即受俄国民粹派的影响，主张必须靠振兴农业、农村而救国，因而提出建设“以村为本位之政治”，即“村本政治”思想，企图在20世纪初年内外交困的中国，以农村为组织生产、行政与文化建设的单位，逐级实行乡治、县治，进而达到国家振兴的目标。为此，他还提出“到农村去”、“到边疆去”的口号，并身体力行，在曹州老家兴办学校，推广农业科学知识。1928年在北京创办《村治》杂志，主张村治主义，1930年与梁漱溟等人在河南创建村治学院。其村治思想和实践对梁漱溟产生了很大影响。

乡村建设运动在20世纪30年代达到高潮，也与国民党政权的支持、提倡有关。当时国民党为了对付中国共产党的土地革命运动，以乡村改良反对土地革命，成立了农村复兴运动委员会。1932年12月开始，国民党政权又声称为了实现孙中山的训政思想，必须从事地方建设，发展地方自治，为此在全国搞县政改革，以便为实现地方自治做准备，于是试图把乡村建设运动纳入其县政改革的轨道之内，故各个大学也纷纷加入到乡村建设运动的行列，甚至像阎锡山、韩复榘这样的军阀也在推行乡村建设。这样，乡村建设就成为20世纪30年代颇有影响的社会改良运动。其中比较有代表性和比较有理论的是晏阳初和梁漱溟。

二、晏阳初的平民教育思想与实践

晏阳初（1890—1990年），四川人，早年留学美国，第一次世界大战期间曾志愿到法国对10万华工进行识字教育，因痛感教育落后给中国人带来的悲惨命运，立志要在中国开展旨在平民识字的教育运动。一战后回到美国完成学业后，晏阳初随即于1920年回国，到早因村治闻名的河北定县推行平民教育，并把全家迁往定县农村，从此以“平民教育家”出名。1923年他发起成立“中华平民教育促进会”（平教会），总部设在北京，自任总干事，并办《民间》杂志。1929年平教会迁往定县，全面推行平民教育，后发展为全面的乡村建设试验。20世纪30年代接受了乡村建设这个名字。其精神确实非常感人。当年每次平教会集会，他总是带头唱《中华平民教育运动歌》：“茫茫海域寻同志，历尽了风尘，结合了同仁，共事业，勉精神，并肩作长城，力恶不出己，一心为平民，奋斗牺牲，务把文盲除尽，男男女女老老少少，一齐见光明。”在定县参加平教会从事平民教育运动的都是清一色的负笈海外、留学归来的学者。晏阳初认为欲化农民，我们自己先要农民化，反对把定县搞成“小北京”。于是自己带头，把全家人迁到定县乡下一住就是八年。他的两个女儿都是在乡下长大，穿的是粗布大褂，住的是漏雨的房子，与农民同吃住。定县最多时集中了几十名著名教授，一时有“博士下乡”的说法。毛泽东当年在长沙也参加过晏阳初倡导的扫盲识字运动，1938 年毛泽东对晏阳初说：“以宗教家的精神，努力平民教育运动，深致敬佩。”此后由于日本人的侵略，他辗转到湖南、四川从事乡村建设活动。

20 世纪 40 年代初，他以平教会的名义成立“中国乡村建设学院”，任院长。50 年代去菲律宾等国推行乡村建设，后去美国定居。改革开放后曾三次回国。1990 年于纽约逝世。

晏阳初在 20 世纪三四十年代是十分有名的。40 年代初，与美国的爱因斯坦、动画艺术大师迪斯尼等人一起被美国学术界推为“对于人类发展做出革命性贡献的世界十大伟人”之一。美国总统罗斯福曾在二战后提出人类的四大自由原则：言论自由，信仰自由，免于匮乏的自由，免于恐惧的自由。晏阳初则认为，仅仅如此还不够，还要有第五大自由：免于愚昧无知的自由。他认为这第五种自由较其他四种自由更伟大。

晏阳初认为，改造中国的根本出路在于扫除文盲，发展平民教育即“除文盲，作新民”。这种主张与他对中国社会基本问题的认识分不开。在他看来，中国最大的问题是人民身上存在着“四大病患”：“愚”、“穷”、“弱”、“私”，这在农民身上表现得尤为突出。中国人口的 80% 不识字，愚昧无知，大多数人的生活是在生与死的夹缝中挣扎，谈不上起码的生活水平线；大多数中国人是病夫，生命的存亡付与天命，没有起码的科学治疗与公共卫生条件；中国人又缺乏团结合作的精神，缺乏起码的道德陶养和公民训练，没有公民意识。这“四大病患”是导致民族衰老和民族堕落的根本原因①。这种思维方式，站在马克思主义立场来看，和胡适的“五鬼”、张东荪的“四病”说一样，都只能是病状、是表现，而不是真正的病因。

在晏阳初看来，“四大病患”是中国人都有的，改造中国的落后状况，只有发展平民教育。他在 1927 年说：“吾辈恐惧四万万的大民族，不能生存于智识竞争的世界。”“更羞见有五千余年历史、自尊神明贵胄黄帝的子孙，对于

① 晏阳初：《中华平民教育促进会定县工作大概》，《乡村建设试验》第一集，中华书局 1934 年版，第 56~57 页。

二十世纪的文化无所贡献。四顾茫茫，终夜徘徊。”① 而农民占中国人口的80%，是教育的重点，是复兴民族的根本，因此提出以“三大方式”进行“四大教育”的主张。“三大方式”就是学校、家庭、社会三种教育方式。“四大教育”是指教育的具体内容，包括文艺教育、卫生教育、生计教育、公民教育。文艺教育解决“愚”的问题，生计教育解决“穷”的问题，卫生教育解决“弱”的问题，公民教育解决“私”的问题。在定县进行了具体试验。在接受乡村建设主张后，又提出要配合“四大教育”进行文化、经济、卫生、政权方面的“四大建设”。② 希图通过“三大方式”、“四大教育”和“四大建设”彻底解决中国的问题。

平教会在定县搞了十年，取得了一些成就。在学校教育方面，在各村设立小学，进行正规教育，另外由平教会招收失学青年，设立平民学校；对于一般农民则举办半农半读的读书班，结合生产生活情况进行教育，力求使所有人都纳入一定的教育体系中。在社会教育方面，主要是利用各村的乡绅为指导员，组织拒毒会、禁赌会、仲裁会、体育运动会等，利用这些民间自我教育组织解决社会矛盾，培养公民意识。在家庭教育方面，主要是将各个家庭地位、年龄、性别相同的成员组织起来进行教育，如组织家主会、主妇会、少年会、闺女会、幼童会等，提高综合素质。还规定了具体指标评选模范家庭，如小孩整洁、儿童及时入学、家庭和睦、能够替国家社会做一件好事等，对被选为模范家庭的给予一定的奖励。通过平教会的努力，确实取得了一定的成效。如在文化建设方面，通过设立学校和各种识字班，提高了成人的识字率。在卫生建设方面，在县城设立了保健医院，治疗好许多病人，人口死亡率明显下降。经济建设方面，推广选种、园艺、畜牧等方面的科学知识。

第二节　梁漱溟的乡村建设理论

一、生平及思想发展脉络

梁漱溟（1893—1988 年），原名梁焕鼎，当代新儒家和文化保守主义的代表人物。出身于北京的一个官宦家庭。父亲梁济（字巨川），举人出身。梁漱

① 《晏阳初全集》第一卷，湖南教育出版社 1989 年版，第 116 页。

② 晏阳初：《中华平民教育促进会定县工作大概》，《乡村建设试验》第一集，中华书局 1934 年版。

溟虽然六岁入私塾接受旧式教育，但其父较早接受新思潮的影响，比较注意培养他的独立意识，同时有意识让他接受西洋新知识。别的孩子学习“四书”，其父梁济却让他读初级世界历史。梁济这样做显然受到了当时经世致用的治学风气的影响。据说他对中国传统知识分子专务虚文、不注重实际的学风非常反感，平生最看不起那些只会做诗、著文的人，认为中国的衰弱就是由他们造成的。1899 年北京开设中西小学堂时，梁济就把梁漱溟送进该校读书。后又在西式中学读书。这样，使梁漱溟很早就接受到更多的现代新式教育。青年时期梁漱溟还是梁启超的崇拜者，喜欢西方的代议民主制，受边沁的功利主义政治哲学影响很大。另外，他还喜欢做翻案文章，不肯落俗套。受当时经世致用思潮的影响，青年梁漱溟十分鄙视传统的学问，视之为不急之务。1911 年间，他和父亲发生了思想冲突：父亲因为对于清朝的立宪运动感到失望，转而主张搞大众教育，主张通过教育改造中国；儿子却主张革命，参加了同盟会。辛亥革命后清帝逊位时，梁漱溟参加了狂欢的队伍庆祝胜利，而其父却在祖宗的牌位面前暗自发誓，要殉清死义。七年后，梁济终于实现誓言，投北京积水潭自杀，以他的生命完成了对儒家道德理想的一次悲壮实践。

民国成立后，梁漱溟中学毕业，20 岁即担任《民国报》编辑，开始用梁漱溟的名字。在这期间他又对社会主义非常着迷，写了《社会主义粹言》的小册子，分送朋友。1912 年间，因为父亲执拗地沉溺于对清朝灭亡的悲痛中，双方经常发生思想冲突，加上他自己也对人生的出路、国家的前途感到迷惘苦闷，曾两度产生自杀的念头。在这期间，早期接触的功利主义哲学对他的世界观形成起了重大的作用。从功利主义的方法论出发，梁漱溟也和父亲一样，注重从实用、利害的角度观察分析问题。他看到家里的女佣人天天洗衣做饭，辛苦异常，但问女佣人是否辛苦时，女佣人却答“习惯了”。梁漱溟由此联想到，自己虽然算不上家产富足，但却备受父母宠爱，更无衣食之忧，可是为什么自己内心世界里却异常痛苦、充满冲突，反而不如家里的女佣人幸福呢？经过反复思考，他发现人的苦乐不在于外界的环境，而在于人的内心主观世界，在于人类永远无法得到满足的欲望；而通常的观念却常常以为，人生的苦乐在于客观环境的优劣，以为处富贵则乐，处贫贱则苦，其实“有一种淆乱错误隐伏其间”。① 这样一种对人生的体验，实际上奠定了他后来一生的思想轨迹。正是基于这种人生的体验，1913 年他下决心寻求佛法，因而迷上了佛教，闭门静思自修，潜心钻研佛典，并研读了许多西方哲学著作，同时立誓终生茹素

① 参见马勇《梁漱溟文化理论研究》，上海人民出版社 1991 年版，第 10~11 页。

不婚，拒绝父亲要他结婚的安排。后来虽因儒家孝道的影响而结婚，但终生吃素还是坚持下来了。

经过四五年的研究佛学，又由佛学转入儒学。儒学的道德理想主义的乐观态度重新燃起了他的生活热情，24 岁时重新出来做事，担任北洋政府司法部秘书。加上在 1915 年至 1916 年，他根据自己研究佛学的体会写了几篇文章，其中《究元决疑论》在《东方杂志》上发表后，引起初任北大校长的蔡元培的注意。1918 年他 26 岁时，蔡元培邀请他担任北京大学印度哲学讲师。北大当时是思想革命的大本营，新思潮占主导地位。但梁漱溟一见蔡元培的面就明确表示："我此来除替释迦、孔子发挥外，更不做旁的事。"虽然讲学，但是一直内心有圣痕，以淑世救民为己任。同年，他因家事去南京，回京途中路过南北军阀混战最为激烈的湖南，第一次亲眼看到了战争留下的废墟，战死者的尸骨以及百姓所遭受的苦难，觉得惨不忍睹，怒不可遏。回京后即写了《我曹不出奈苍生何》的小册子送人①。此年就在 1919 年新文化运动的高潮中，发起"孔子哲学研究会"，并在报上刊登启示，要求有志者一起研究东方文化。他回忆当时的思想情况是："今天的中国，西学有人提倡，佛学有人提倡，只有谈到孔子羞涩不能出口……孔子之真，若非我出头倡导，可有那个出头？这是逼得我自己来做孔家生活的缘故。"但在当时的思想潮流下，他的倡议自然是空谷足音，得不到任何响应。1920 年，开设"东西文化及其哲学"课程，随即将该讲义出版成书，在一片"打倒孔家店"的呼喊中，他却在书中公开标榜归宗于儒家，主张通过复兴儒家来复兴中国的文化，拯救中国，表现出突出的豪杰之举和鲜明的个性。故是书出版后，一下子使他声名远扬。虽然在胡适这样一类受过西方学术训练的人看来，此书非常笼统武断，内容粗陋轻率，但是从今天的角度来看，这本书是第一次将中国文化纳入世界文化的框架中加以讨论的著作，从比较文化的角度看，是具有一定的创意的。

梁漱溟不是那种单纯的学者，他追求的是"知行合一"境界，始终带着非常具体的现实问题如人生问题和社会问题等从事学问。他说："即讲学、搞学问要与做社会运动合而为一，不是单纯在课堂上讲学，在书斋里做研究，而是有言又有行，与社会改造融为一体，打成一片。"② 又说："我生而为中国

① 参见马勇《梁漱溟文化理论研究》，上海人民出版社 1991 年版，第 16~17 页；另见［美］艾恺著、郑大华等译：《最后一个儒家——梁漱溟与现代中国的困境》，湖南人民出版社 1988 年版，第 54、58 页。

② 汪东林：《梁漱溟问答录》，湖南人民出版社 1988 年版，第 50 页。

人，恰逢近数十年中国问题极端严重之秋，其为中国问题所困扰自是当然……我一向喜欢行动而不甘于坐谈。有出世思想，便有出世生活；有革命思想，便有革命实践。特别是为了中国问题，出路所指，赴之恐后；一生劳攘，亦可概见。”①

梁漱溟既然已经认定复兴儒家文化才是拯救中国的唯一出路，就必然要付诸行动。大约在1923年，梁漱溟已经隐约感到，解决中国的问题似乎要从农村开始。为了具体实践明代理学中的泰州学派的平民化、大众化的学风，同时也受当时风行的民粹派思潮的影响，于1924年辞去北大教职，到山东菏泽办学。他解释自己这样做的原因说，自己既归宿于儒家思想，且愿再创宋明人讲学之风，特别“有取于泰州学派之大众化学风”，希望能将其“与现代运动融为一事”。②。但是这时候还没有形成明确的“村治”思想。办学结束后，于1927年带一批学生回北京，在什刹海租房子，闭门谢客，共同读书一年。同时又派他的一些学生到南方各省进行了一番考察，于是逐渐确立了乡村建设思想，③ 从此投入到乡村建设运动的具体实践中，直到抗战爆发才结束。抗战时加入国民参政会，后担任民主同盟中央常委兼秘书长。新中国成立后加入新政协。1953年因和毛泽东发生争执遭到批判。“文革”中拒绝批孔，写信给台湾的著名新儒家代表人物唐君毅，表示他决不批孔。林彪、江青一伙强迫他批孔，他说“三军可夺其帅，匹夫不可夺其志”。被海外视为“大陆最后一位儒家”。除著有《东西文化及其哲学》外，还有《中国文化要义》、《中国民族自救运动之最后觉醒》、《人心与人生》等著作传世。

二、梁漱溟的中西文化观

（一）梁漱溟中西文化观的哲学基础

梁漱溟的乡村建设理论是和他的东西方文化观联系在一起的，而他的东西方文化观又是与其文化哲学、世界观联系在一起的，所以从他的思想整体来说，实际上包含着“世界是什么”、“文化是什么”、“中国文化是什么”、“中国人应当做什么”等问题。首先让我们看看他的世界观以及认识论和人生观。

梁漱溟的世界观是东西方哲学的混合。在东方主要是吸收了王阳明的心

① 梁漱溟：《中国文化要义·自述》，学林出版社1987年版。

② 梁漱溟：《自述早年思想之再转再变》，《中国哲学》第一辑。

③ 马勇：《梁漱溟文化理论研究》，上海人民出版社1991年版，第66~69页。

学，在西方主要吸收了柏格森的生命哲学。

生命哲学的特点是夸大生命或生命意志的作用，认为生命意志或生命冲动是一切事物的本质，是一切事物存在的发动力。一切事物都充满活力、生命力，它冲动不已，不断创造与破坏。在认识论上崇尚直觉，贬低理性。

在柏格森那里，生命意志叫做绵延或生命冲动、“发展中的自我”。万事万物都有这种绵延或冲动，构成世界的基础。这种绵延冲动在本质上是一种神秘的自我意识状态，是一种非理性的心理体验，绵延不断的冲动就是一种绵延不断的意识状态，它是不断派生和创造宇宙万物的意志。生命冲动创造万物有两种形式：生命冲动的自然运动、这种自然运动的逆转。生命冲动如同发射的花炮一样，存在着两种相互牵制的力量或倾向，一方面向上发射；另一方面向下堕落。一般说来，冲动总是要受到堕落倾向的牵制，总是会遇到物质的阻碍，生命意志受到抑制和阻碍程度不同，就会产生生物界和无机的自然界，而那些沿着生命冲动自然方向前进、未能受到阻挠的生命力，就派生出精神性的事物，如人的自由意志和灵魂。显然，只有人的精神是可以克服物质的阻碍而不可逆转，因而人的意志是自由的，灵魂可以不朽。

生命冲动或绵延是绝对自由的，它不服从任何必然的规律，是自动创造、连续发射的过程，是自由意志的不停息的冲动、不停息的制作。在这种创造意志面前，没有已造成的事物，只有正在创造的事物；没有保持的状态，事物实际上是不存在的，只有动作，只有正在变化的状态，整个宇宙实际上是一个无间断、不可分割、无量变的生命之流，是绝对新的东西的连续制造。认识这种生生不息的生命之流，自然不可能依靠理智或科学的方法。因为理智的方法是从绝对僵固、静止的观点看问题，是基于对事物的间断性、可分性、稳定性的假设之上的，要用固定的概念、符号，用僵固的知觉感觉和逻辑的方法，而生命冲动是自由意志，无法服从任何逻辑。所以理智的方法只能认识实在的阴影，只有用直觉、非理性的心理体验，才能把握宇宙的实在。

梁漱溟可以说是全盘接受了这一套生命哲学的观点，并与中国的陆王心学相结合。认为柏格森是他最佩服的西方哲学家，是“远越古人，独辟蹊径”。而阳明一派也是绝对夸大意志的作用，以心为宇宙本体，因而也被梁漱溟认为是“得孔子之真”。

柏格森认为绵延、生命冲动是宇宙的实在，梁漱溟则认为宇宙本质上是一个大生命，一切自然与人类社会历史，都是大生命的“无尽已的创造”；一切生命和自然界都是这个大生命的表现。他还用中国古代哲学中的变易思想来说明这个问题。柏格森认为生命、绵延的本质是自由创造，梁漱溟则说“生活的根本在意欲”①，宇宙大生命落实在个体方面就是意欲、人生态度，就是无穷无尽的意欲。意欲是社会和文化存在发展的根本源泉。

在认识论上，柏格森哲学崇尚直觉，贬低理性，陆王心学继承原始儒家的基本观点，认为人先天具有良知良能，却受到后天的人欲、私欲蒙蔽，故向内心体验便可以“致良知”。梁漱溟把这二者结合起来，认为良知是直觉，科学家的方法只看见生命的一些影子，要认识本体“必须生活的直觉才行”②。

在人生哲学方面，主要是从柏格森的宇宙观出发，重点发挥陆王心学的乐观主义人生观。儒家基于天人合一的思想，认为天地人间都受共同的道支配，合乎这个道，达到知天命的境界（天命之谓性，率性之谓道）人生就是快乐的。人心与超现实、超功利的宇宙本体（道）、终极价值沟通，就会在现实的现象世界面前具有自足性，就会“吾性自足”，不假外求，自得其乐，这便是“孔颜乐处”。如孔子就说过：“朝闻道，夕死可也。”又称赞颜回说：“贤哉回也！一箪食，一瓢饮，居陋巷，人不堪其忧，回也不改其乐。”朱熹对此的解释是：“箪瓢陋巷非乐事，盖自有其乐耳。”阳明学派特别是其中的泰州学派的王艮更提出“人心本是乐”的命题，如他的《快乐歌》说：“人心本是乐，自将私欲缚；私欲一萌芽，良知还自觉；一觉便消除，人心依旧乐；乐是乐此学，学是学此乐。”梁漱溟把生命哲学和儒家的孔颜乐处结合起来，用个体生命与宇宙大生命的沟通、个体生命顺应宇宙大生命运动而获得流畅的状态来解释人生的快乐。用他的话说，“乐寄于生命流畅上”，“高明有修养之士则其生命流畅，不假外求”。生命流畅自如就快乐，反之，为某种外力束缚而停滞就是苦。那么，生命流畅的状态又是如何产生的呢？“有道之士，得乎生命自然流畅之道不假外求，便无时而不乐”③。也就是说，个人的生命和宇宙大生命联系在一起，人生与某种神秘崇高的宇宙本体沟通，形成生命的自然流畅，人生就会感到尊严充实，就会是快乐的。由于这种乐是基于对宇宙大生命的认识，是和宇宙大生命交融、沟通而产生的，是摆脱了一切物质的形式而获得的意志自由，因而是绝对与外界的物质无关的、超功利的，或者说是“超对待，绝关系”的，是无所谓得失、无待外求的自得其乐，因而是一种“真乐”。达到这种境界，就会在外物诱惑面前做到不动心，生命就会“生趣盎然，天然

① 梁漱溟：《东西文化及其哲学》，商务印书馆 1922 年版，第 48~49 页。

② 梁漱溟：《东西文化及其哲学》，商务印书馆 1922 年版，第 149、178、78 页。

③ 梁漱溟：《东方学术概观》第 9~10 页，转引自朱义禄《梁漱溟“新王学”述评》一文，收入方克立等编《现代新儒学研究论集》(一)，中国社会科学出版社 1989 年版。

活泼，无入而不自得，决没有哪一刻是他心里不高兴的时候”①。相反，一般人由于被物所牵制，心是向外奔驰而失其所，只能获得与物相联系的乐。这种乐取决于客观的物质欲求能否实现，因此只是一种相对的乐，不是真乐。

这种贬理智、尚直觉，贬物质、尚精神的立场，预示着他对中西文化的基本态度。

（二）东西方文化观——文化的“三路向”说

有关梁漱溟的文化及东西文化“三路向”说，主要见于他的《东西文化及其哲学》和《人心与人生》两书。下面主要依据这两本书的内容加以概括地介绍。

在梁漱溟看来，宇宙这个大生命的生命意志表现在人类社会就是意欲，则意欲就成为一切社会现象和文化现象的存在基础，也是解释一切社会文化现象的根本出发点。

1. 关于文化的起源。

文化是什么呢？他的解释是：文化就是人类生活的样法。这种生活的样法又是由什么决定的呢？回答是：由意欲决定的。具体来说，人类生活受宇宙大生命大意欲的支配，会对生活中的问题进行追问、追寻不已，不断追寻便不断地解答，这样就构成了生活的“相续之流”。换句话说，人的意欲绵延，无穷无尽，和环境之间存在着紧张冲突，人们满足意欲、解决冲突的方式或过程就构成了文化。

文化的不同是由意欲的不同造成的。这一点在他后来的《人心与人生》中阐述得更加详细。具体来说，“生活的样法”即文化是由人的意欲的努力方向不同造成的，而意欲的取向又是由人生面临的问题造成的。人生面临的问题分为三大类：第一类是人对于物的关系，人所面临的是克服自然障碍求得生存问题，为了满足生存的需要，意欲的取向是顺应需求的方向，朝前去征服环境、改造自然，即在这种情况下意欲是向前的。第二类是人和人的关系，即注重人与人关系的解决。解决这种关系，满足在这方面的意欲，不能以个人为本位，不能像对待自然和动物那样靠奋斗和改造来解决。在他看来，人在本质上应是和宇宙大生命相联系的，是“通乎宇宙万有而为一体”的，应该从天人合一、人我不分的角度去把握人与人的关系，所以处理关于人与人的关系不是意欲向前，而是变换调和意欲，以调和持中为根本精神，随遇而安，因而获得

① 梁漱溟：《东西文化及其哲学》，商务印书馆 1922 年版，第 118、137 页。

内在的满足和生活的愉悦。第三类是人与自我的关系，实质上是灵与肉、心与身的关系问题。人的意欲、人的精神总是渴望无限，追求绝对的自由，而人的肉体、个体却是有限的、暂时的，人都有确定的终点——坟墓或死亡。为了解决灵与肉的冲突（不解决就会无限痛苦），只有使意欲反身向后，就是说取消意欲，采取禁欲的态度。

2. 世界三大文化的特点。

在梁漱溟看来，上述人生的三大问题导致了三种不同的解决方式，从而形成了三种不同的文化。西方是第一种类型文化的代表，它主要解决人与物的关系，意欲向前，向外不断追求，崇尚理性，重视事功，重视对于自然外物的改造与占有，以满足基本的生存需要。意欲向前的取向使西方产生了以个人利己为目的的科学、民主，最后导致共产主义的集体自利。譬如面对一座破房子，西方人为满足意欲，就会想办法推倒它另造一个。中国是第二种文化的代表，它主要解决人与人的关系问题，以意欲调和持中为根本精神，不以个人为本位，而以群体为本位，注重反省内求，追求精神的自得和人际关系的和谐，发展出以儒家为核心的道德学说。譬如面对一座破房子，中国人的态度是修修补补，随遇而安。印度为第三种文化的典型，它以意欲反身向后即禁欲的态度去解决有限与无限的关系问题，追求灵魂的不灭与永生。譬如印度人面对一座破房子，它会根本取消要求改善居住条件的愿望。

3. 中国文化在世界的地位与前途问题。

在梁漱溟看来，这三种文化分别代表了人类不同需求层次上的三大问题，三个问题本来应该按照由低级到高级、由浅入深，在人类的意欲中顺次展开，顺次提出与解决，就是说，应当按照先西方文化、其次中国文化、最后印度文化的顺序先后展开。中国人本来也是走第一条道路的，但“不待把这条路走完，便中途拐弯到第二路上来”，把以后要走的路提前走了，造成中国文化“理性早启，文化早熟”，它跨越了西方文化的阶段，走入了第二个路向，其文化主题不是解决人和物的冲突问题，而是解决人和人的关系问题，谋求和谐与情感满足。而印度文化更为早熟，它未经过前面两个发展阶段，就折入第三条道路。① 至于这三种文化没有依次交替发生而是并列发生的原因，梁漱溟似乎没有给出多少充分的说明。

如何区别这三种文化的高下呢？他认为，不能笼统地判断哪种文化高哪种

① 参见梁漱溟《东西文化及其哲学》，商务印书馆 1922 年版，第 204 页；《中国文化要义》，学林出版社 1987 年版，第 304 页。

文化低，关键在于哪种文化更“合乎时宜”。但是，他断言，现在西方文化已经走到了尽头，第一条路已经走完，下一步是全世界都要走孔家的路、中国的路，全世界都将面临儒家文化复兴的时代。

第一，中国文化在本质上是解决人生的高层次意欲问题的文化。它注重人际关系的和谐与天人合一，由人与人的关系达到人和宇宙、自然的沟通，由对宇宙大生命的把握进而认识生生不息、健动不已的变化之道。中国人体认生命相续之流不是靠理智，而是靠直觉去把握“内界生命”。这种文化不计利害，不假外求，而注重情感意志，不注重于物质生活的完美上，而是集中于内在精神世界的自得其乐，因而是一种“绝对的乐”，也因此而获得一种更真实的存在。所以它更合乎意欲的自由，比西方哲学的层次要高。而西方哲学传统主要是满足物质方面的意欲需求，主要着眼于外界的物质，生命是有对待的，是依附于物质的。所以人生哲学方面主要是尚理智重功利，以物质欲求的充分满足为其最高的人生准则，只求物质生活完满，是追求低等价值的人生，是“相对的乐”。对于物质享受的贪恋不仅造成经济上的剧烈竞争，而且使人以斤斤计较的态度去处理人与人之间的关系，造成人人界限分明，自己以外全是敌人。所以，梁漱溟总结说：虽然中国人的车不如洋人的车，中国人的船不如西洋人的船……中国人的一切起居享用都不如西洋人，而中国人在物质上所享受的幸福，实在倒比西洋人多。……穿锦绣的未必愉快，穿破布的或许很乐；中国人以其与自然融洽游乐的态度，有一点就享受一点，而西洋人风驰电掣地向前追求，以至精神沦丧苦闷，所得无多，实在未曾从容享受。① 谭嗣同的《仁学》也说，佛教最先产生，孔教次之，基督教最后产生。基督教之所以最先昌明发达，孔教亦将复兴，而佛教却晦盲如故，原因就在于：“佛教大矣，孔次之，耶为小。小者先行，次宜及孔，卒乃及佛，此其序矣。”其思路和梁漱溟是一样的。但梁漱溟自己也承认，人生还有灵魂与肉体的冲突问题，那么他所说的“绝对的乐”也就很值得推敲了。

第二，第一次世界大战是西方文化罪恶的总爆发，说明它已经走到尽头，中国文化复兴的时代已经来临。西方一方面取得了科学进步与生产的发展，但精神上也受了伤，生活上也吃了苦。西方现在人心惶恐，人际关系疏远，精神空虚，唯利是图，道德沦丧，根本原因在于“理智活动太强太盛”。“欧战过后，西方人由于精神上受莫大的打击，他们的视线便景仰到东方，西方文明破产了，东方文明是救世的福音。”总之，“以前人类似可说在物质上不满足的

① 参见梁漱溟《东西文化及其哲学》，商务印书馆 2006 年版，第 202~203、156 页。

时代，以后似可转入精神不安宁的时代，物质不足必求之于外，精神不宁必求之于内”，只有中国文化才能满足人类在精神上的需求，因此全世界都要过孔子的生活。①

至于印度文化则是更高阶段的文化，它的时代尚未到来。梁漱溟本人深受佛家的影响，对于佛家评价极高，认为“宗教之真，唯一见于古印度早熟佛教之内，将大行其道于共产主义末期”，并说“持佛家精神，过佛家生活是我的心愿”，认为印度文化代表人类未来文化发展的未来和归宿。

三、复兴中国文化之路：梁漱溟的乡村建设理论

概括地说，梁漱溟改造社会的基本主张是从复兴中国固有文化即儒家学说入手，从事乡村建设，谋求政治上的出路。这一主张又是与他对中国社会的基本问题和中国社会性质的认识分不开的。

（一）文化失调是中国一切问题的总根源

正如有的论者所说，在当时众多的救国方案中，“最引人注目和最激动人心的莫过于认定帝国主义和军阀是中国问题的根本所在。持这种观点的人，不仅数量多，而且囊括了左、中、右各色人等。他们认为中国社会的衰落，特别是中国农村经济的破产，其原因不尽在农村本身，而主要的还在于国际资本主义的侵略。外国资本主义凭借优越的政治、经济势力，在不平等条约的掩护下，以商品为武器侵入中国农村，使中国农村经济基础开始动摇，数千年来自给自足的自然经济逐渐粉碎”②。照此思路，既然帝国主义和军阀是造成中国问题的根本病因，那么解决中国的问题也只有从此入手。而梁漱溟则认为，外国资本主义的侵略只是中国农村破产的外部条件，军阀也是中国社会的产物，如果不能解决军阀赖以存在的社会基础，铲除旧军阀还会出现新军阀，所以他认为，中国问题的根本解决，关键在于中国社会本身。

由此，梁漱溟对中国问题的基本诊断是：中国社会的主要问题是文化失调的问题，只能从文化着手，让老根开新芽，通过复兴中国固有的文化谋求政治上的出路。

在他看来，既然中国的文化是更高层次的文化，那么现在就是要利用西方文化走到尽头的转机，把中国文化复兴为世界文化，具体来说，就是要复兴以

① 参见梁漱溟《东西文化及其哲学》，商务印书馆 1922 年版，第 63、167、171 页。
② 马勇：《梁漱溟文化理论研究》，上海人民出版社 1991 年版，第 78~79 页。

孔孟之道为核心的固有伦理道德。但是，梁漱溟也无法否认这一事实：近代以来中国文化在西方文化的冲击下发生了严重的危机。因此，他又认为复兴中国文化不是简单地复古和发扬国粹，而是以固有文化为主体，吸取外来文化。原因是：中国文化也存在着缺陷，这一缺陷概括地说是“先天早熟，后天失调”，它是当今中国一切问题的总根源。由于它没等把第一条道路走完就折入第二条道路，文化早熟，没有解决好征服自然的问题，因此“见厄于自然”，不待有我就讲无我，不待个性发展就讲“屈己让人”，至今不能从思想权威下解放出来，理智不发达，专用直觉，“至今思想也不得清白”，学术也较盲目。加上外力的作用，导致今天这步田地。“中国的问题并不是什么旁的问题，就是文化失调——极严重的文化失调，其表现出来的就是社会构造的崩溃，政治上的无办法。”① 他历数近代以来中国在西方文化冲击下节节败退的事实，认为洋务运动没有使中国富强，接着搞变法与革命，注意从政治制度方面救国，但最后仍然失败了。最后出现了新文化运动，希望从文化上解决问题。说明经过反复证明，从文化上着手已经是不言而喻的道理。②

在梁漱溟的理论逻辑中，之所以说中国的问题是文化问题，解决中国的问题应从文化着手，除了是从他的文化理论中得到的必然结论之外，更重要当然还是来自他对中国社会性质的认识，即对现实的中国基本国情的分析。具体来说，由于中国文化是“意欲调和持中”的文化，这造成中国社会特殊的性质或基本结构：它以家庭为社会组织细胞，是一种“伦理本位，职业分途”的社会。因为是“意欲调和持中”的文化精神，因此中国人格外重视伦理道德，维系人与人之间的基本关系是义务关系、情谊关系，因此讲礼让、不争、克己，“向里用力”，这具体体现为父子、兄弟、朋友、夫妇关系，以及个人与团体之间的互相尊重关系。人与人之间只有士、农、工、商的职业不同，在身份上是平等的，都有上升的机会（社会是流动的），不存在阶级差别。如果再具体展开来说就是：中国人以伦理为本位，不重利益，不存在团体阶级竞争；在中国土地自由买卖；生产工具没有垄断；遗产诸子同分，而非长子继承制；科举制度下政权向一切人开放，“朝为田舍郎，暮登天子堂”；不讲个人主义和阶级斗争，所以，马克思的阶级斗争学说只适合西方，不适合中国。西方是

① 梁漱溟：《乡村建设理论》，《梁漱溟全集》第2卷，山东人民出版社1989年版，第164页。

② 梁漱溟：《朝话》，《梁漱溟全集》第2卷，山东人民出版社1989年版，第124页。

意欲向前的文化，主要满足个人的基本需要，故重视科学，崇尚理智，斤斤计较的利己主义盛行，导致人与人之间的对立与阶级斗争产生。所以，第一，中国不能走民主的道路，因为中国的精神是知足不争（西方不知足尚争、重法、性恶、纵欲），缺乏利己主义；第二，中国不能搞社会主义、搞阶级斗争式的革命，不能采取阶级斗争手段解决中国的问题。因为缺乏相应的条件，面临“三难”：阶级基础难，没有工人阶级作为革命的动力；革命对象难，军阀不能构成单独的革命对象，帝国主义也不能；统一理论难，由于存在以上的问题，无法形成统一的革命理论。①

那么，如何解释中国近代以来不断发生革命运动的事实呢？他说，中国近代的革命并不是中国自身社会发展的结果，而是外力引发和模仿的。辛亥革命是留日学生引发的，北伐战争是留俄学生乱搬乱学造成的，共产党的工农革命是无中生有制造出来的。这些模仿造成中国文化的失调，导致中国社会组织的崩溃，导致中国固有的“法制礼俗悉被否认”，因而社会动荡不安，民族沉沦。②

总之，从文化入手解决中国的问题是不言而喻的。但是，梁漱溟也和那些一味复古的守旧派不同，他所说的从“文化着手”，主要是指复兴儒家文化的基本精神，是立足于中国文化的精神，同时大胆吸取西洋的长处，是要老根发新芽，调和中国文化精神与西洋文化长处，而不是全面复古，一味排外。这是梁漱溟解决中国问题的一个基本指导思想。在他看来，西方文化重理智，虽然缺乏洞察宇宙本体的“内界生命价值”，但对人生具有实用价值；理智所导致的科学可以造福人类，满足基本的需求，其厚生利用的价值对于全世界各民族都是适用的。从这一点出发，他也反对宋明理学的禁欲态度，而是和当代新儒家的其他人物一样，主张“内圣外王”，以儒家精神为中华民族注入活力，同时开出西方的科学民主。在他看来，科学民主就是西方的长处，认为科学民主“是无论世界上哪一地方人不能自外的”，“是有绝对价值、普遍价值的”③，

① 参见梁漱溟《乡村建设理论提纲》，见《村治》二卷五期，1933 年 8 月；《中国文化要义》，学林出版社 1987 年版，第 167、170 页；梁漱溟：《我们政治上第二个不通的路——俄国共产党发明的路》，见前揭《中国现代政治思想史资料选辑》上册，四川人民出版社 1983 年版。

② 梁漱溟：《中国民族解放运动之最后觉醒》，中华书局 1936 年版，第 178、125~126 页。

③ 梁漱溟：《答胡评〈东西文化及其哲学〉》，《梁漱溟全集》第 4 卷，山东人民出版社 1989 年版，第 741 页。

即科学民主是普世化的，适用于一切国家和民族。因此，必须一方面发扬儒家固有精神；另一方面要大力引进西洋的科学技术。

（二）乡村建设：复兴中国文化之路

在梁漱溟看来，以文化解决中国的问题，落实到具体的实践道路上就是走乡村建设道路。梁漱溟认为，中国目前唯一的出路是“继续自己的历史”，通过乡村建设道路复兴中国文化的固有精神。这是因为，中国的社会性质和结构与欧洲的工商业为主导的社会不同，是一种“村落社会”，实际上也就是今天常说的农民、农业、农村为主的社会，中国的文化也是从这样一种“村落社会”发育起来并以它为基础的，因此复兴中国不能走西方以城市为重心的工业化道路，而要走以乡村建设为重心复兴中国文化的道路。就是说，复兴中国必然复兴农村，必须走以农业引发工业的内在引发道路。

在梁漱溟的设计中，乡村建设的主要内容包括“政”、“教”、“富”、“卫”四个方面。其中的核心是创办乡农学校，建立政教合一的乡村基层组织。具体包括：以山东乡村建设研究院为县级以上的指导机关与行政机关，建立从县政府到乡学、村学为骨干的地方自治体系，用乡学代替区公所，村学代替村公所。乡学、村学都是集政治、经济、教育、军事于一体，既是乡村自治机关，又是教育机关、发展经济的组织和乡村自卫组织。通过发挥上述自治组织体系的功能，实现在“教”、“富”、“卫”方面的目标，即通过一套自治组织，对村民进行传统伦理教育，恢复和完善“法制礼俗”，同时传播文化与科学知识，推广良种，组织农业生产合作社，通过促进农业发展带动工业；举办乡村自卫组织，建立民团，训练地方武装，建立良好的社会秩序。总的目标是：通过这样一种乡村建设和乡村自治，重建儒家理想式的具有伦理情谊的社会。①

四、对梁漱溟乡村建设理论简单评析

正像许多学者指出的那样，梁漱溟是个重视实际行动大于理论思考的人，加上没有系统地接受东西方的学术训练，使他虽然归宗于儒家文化而反对全盘西化，但对于儒家的经典却缺乏系统的了解，对于西方文化更是知之甚少，很多问题与其说是来自他对儒家经典的诠释，不如说是得自他个人的人生体验。

① 梁漱溟：《山东乡村建设研究院及邹平实验县工作报告》，见《梁漱溟全集》第5卷，山东人民出版社1989年版。

这方面，他的确有陆王心学贬斥书本、“静坐澄心”的学风。这一方面造成他独特的语言风格和思维方式，引起与思想界对话的困难；另一方面也确实使他难辞思想矛盾、武断、逻辑不清之讥。

从学理上说，他对于造成不同文化发展道路的原因解释过于笼统，并归于偶然，由于本身就是崇尚东方文化的，因此不大注意甚至不屑措意于理论的逻辑性。特别是对于中西文化的区别概括得比较简单。严格地说，在西方有利他主义的伦理观，中国也有利己主义的伦理观；西方的斯多葛学派以及后来的基督教都曾经是禁欲主义的，而且梁漱溟无法解释的事实是，中国近代以来许多学者和思想家都指出，中国人散漫自私、缺乏公共精神的问题非常严重，这些问题都被梁先生所忽略不论。他又说西方人重物质，中国人重精神，似乎世界上真有只重精神或只重物质的“文化”。应该说，胡适对他的反驳更有说服力，也更接近唯物主义：任何文化都是人类应付环境的总成绩，都不可能是单纯的精神或单纯的物质；西方的宗教就是最讲超越的现实的精神。

从实际操作层面上看，他用意欲来解释社会历史和文化的起源与发展，进而引申出他的乡村建设的理论与实践，这和马克思主义从经济的角度解释社会历史是根本不同的，也是和信奉马克思主义的中国共产党的社会改造路线是根本不同的。海外华人林毓生在其《中国意识的危机》(贵州人民出版社 1988 年版）一书中，曾以鲁迅、胡适、陈独秀等所谓“西化派”为案例，指出“五四”一代知识分子的共同特点是要“借思想文化以解决问题”，即以文化的变革作为社会变革的基础或途径。通过以上的分析我们也不难看到，梁漱溟虽然和“西化派”打了不少笔墨官司，其实在把“思想文化的变革”当作解决社会问题根本途径这一点上，他和“西化派”并无什么不同。姑且不论其理论中包含有多少合理的成分，但在国势危如累卵的情势下，这种迂缓的道路显然没有中国共产党的“基本问题”分析及由此产生的“根本解决”方法更有吸引力，因而其实践的结果也就可想而知。另外，梁漱溟抱着“经世致用”、“知行合一”的态度，由讨论人生、文化问题进而涉足社会、政治的改造与设计领域，就知识结构而论，实际上跨越了人文与社会科学的两大领域。这就意味着，他必须具有良好的人文和社会科学的训练，特别是他要设计出一个彻底改造中国的方案，就不能不考虑操作性和技术性的问题，也就不能不要求他具备相应的社会科学方面的知识准备。可惜的是，他这样一个文化哲学家硬要涉足一个自己缺乏知识准备、技术性和操作性很强的领域，说了许多在今人看来是不懂政治学、不懂社会科学的外行话，甚至他孜孜以求要全世界都走孔家的路，而他自己却连儒家的经典也很少系统地研读。不懂政治、也不屑于研究政治的人，偏要被时代的潮流裹挟着大谈特谈“政治”，这既是梁先生所遭遇的尴尬与困窘，也是近现代乃至当代许多知识分子的共同遭遇。其结果是为了政治虽然浪费了许多纸张笔墨乃至生命，而中国人的政治智慧和政治知识却是依然故我，不上轨道。

需要提及的是，1951 年 10 月间，梁先生在《光明日报》上发表《两年来我有了哪些转变》一文，表示以“极大惭愧心”“检讨自己的错误之所在”，称赞劳动人民在中国共产党的领导下获得翻身解放是“不争的事实”，并断言阶级斗争理论使中国共产党创造了“鬼斧神工”般的奇迹，“阶级斗争便是解决中国问题的真理”。但这并不意味着他已经彻底放弃自己的思想体系。毋宁说，他是基于“民族大义”或曰“爱国”立场，从共产党革命所带来的实际后果上或感情上（而非从信念上）接受与其思想实际格格不入的“阶级斗争”理论，但在思想深处却固守新儒家的立场，这从他后来遭到批判中也可以看得出来。

不过梁漱溟在近代的西化大潮中提出了另一种思考角度，对于开阔理论视野、促进不同思想的交锋碰撞、最终达到民族精神的健康发展是有意义的。作为当时新儒家的一个著名代表，他一方面提出对于西方文化的质疑，指出科学和理智对于解决人生问题不是万能的；同时又在坚守中国文化的本位基础上，主张吸取西洋的科学技术和政治文明的成果，这对于近现代思想的纵深发展也是具有启示作用的。最后，梁先生在“四害”肆虐的时候拒绝批孔，与那些削尖脑袋要从“舞台边缘”挤进中心、自取其辱而事后毫无忏悔之心的人相比，人格高下真不能以道理计。

☞思考题：

1. 试从文化哲学的角度分析：梁漱溟为什么主张从文化方面着手实现中国的复兴？

2. 梁漱溟乡村建设运动的基本内容有哪些？

第十一章
战国策派的文化形态史观与政治主张

第一节 战国策派思想的产生背景

一、代表人物及其思想发生的时代背景

战国策派是抗战时期出现的一个通过文化形态史观阐述政治主张的思想派别，代表人物主要有雷海宗、林同济两位学者。

林同济（1906—1980年），出身于福建福州一个世代官宦家庭。1926年官费赴美，先后获加利福尼亚大学伯克利分校政治学硕士、博士学位。1934年回国后在天津南开大学、云南大学等高校任教。1945年至去世，一直任上海复旦大学英语及西方文学教授，为著名的莎士比亚研究专家。雷海宗（1902—1962年），河北省永清县人。1922年清华大学毕业后公费留美，1927年获芝加哥大学哲学博士学位。回国后辗转在南京中央大学、武汉大学、清华大学和西南联合大学等高校任教。1952年，全国高等学校院系调整后，一直任天津南开大学历史系教授，为著名的世界历史学家。1940年，在中国抗日战争最艰难、民族危机空前严峻的大背景下，林同济、雷海宗等人创办《战国策》杂志，聚集了国内一批很有影响的知识分子纷纷为该杂志撰稿，这些人被称为“战国策派”。该派主要用文化形态史观来解释中国历史文化和世界格局，批评中国柔性文化（所谓“无兵的文化”）传统和国民劣根性，大力倡导“尚力”精神和英雄崇拜，主张战时在政治上实行高度集权等，客观上与当时国民党政府的政策合拍，是抗日战争期间有影响的知识分子派别。他们发表的文章后来结集出版为《中国文化形态史观》(1946年出版)、《中国文化和中国的兵》(1940年出版）等书。后来，《中国文化形态史观》一书再次出版时改名为《中国之危机》(台湾元山书局1986年版)。这里主要以《中国之危机》一书为依据介绍和分析他们的思想。

二、理论来源

战国策派的思想体系、思想模式主要来自斯宾格勒和汤因比的文化形态史观，与西方存在主义思想家雅斯贝斯也有相似之处。

19 世纪西方历史学界主要被郎克（德国）为代表的实证研究方法所主导，同时进化观念也支配着历史、文化和社会学领域。20 世纪以来，出现了一种试图从更为深刻的层面把握历史本质的理论，这就是文化形态史观。所谓的文化形态史观，又称为文化有机体说、历史形态史观，是一种用总体的眼光从精神方面解释文化和历史发展动因、概括不同文化形态的理论和方法。如英国历史学家汤因比以文明作为研究单位，认为环境对于人类的“挑战”和人类对于环境的“应战”构成文明生长发展的原因。德国存在主义哲学家雅斯贝斯在《历史的起源与目的》中则提出“轴心时代”理论，用轴心观念来解释历史的起源与发展。他的理论可以概括为两点：第一，人类文明发展的历史一般经历了史前期、古文明时期、轴心期和科技时代。史前期是历史生命的形成期，产生语言工具与火，人类形成。从生物学的角度看，各族人类皆出于同源，否则不能互相理解认识。古文明时期（中国、印度、埃及）出现了文字、建筑、艺术、国家组织，学会了使用马，在内在精神方面虽然从非历史走向历史，但人所面临的基本问题尚未显现，尚处在神话阶段，未出现精神运动。轴心期在公元前 800—公元前 200 年的中国、希腊和印度出现，最突出的现象是出现了精神繁荣：众多的哲学家在这三个地区涌现，如中国的诸子，印度出现了《奥义书》和佛陀经，希腊贤哲如云。这是一个意识上的大觉醒阶段，人类开始思考人类整体性的问题，认识到自己的有限而感到恐惧，于是从自己的内心发现根源和意义，去抗拒外部世界；创造了宗教，冲破了个体的有限，使精神向理想飞跃，产生了我们至今思考的基本问题如“道”、“上帝”、“涅槃”。科技时代则以欧洲为中心，始于 15 世纪，到 17 世纪取得决定性发展，进入 19 世纪则全面展开。第二，四个时代的历史意义是不同的。历史是一个向着“不朽精神”迈进的过程。第一阶段、第二阶段是历史的间歇期，轴心期是突破期，科技时代是第二个间歇期，这预示着可能会导致第二次突破。轴心期构成了历史的中心，是历史的真正起点。在轴心期提出了人类全部的基本问题：“直至今日人类一直靠轴心期所产生思考和创造的一切而生存。”人类后来的每一次飞跃都要回顾它，靠它重燃火焰，获得精神动力，达到新的复兴。没有获得轴心期心灵突破的民族是原始的，继续其没有历史生命的生活，生活在轴心期之外的民族要么与这个轴心期文化接触而被拖入历史，要么与世隔绝而趋于灭亡。

德国学者斯宾格勒的思想主要反映在其著名的《西方的没落》一书中。他根据自己考察的人类历史上先后出现的八种文化，如埃及、巴比伦、印度、中国、希腊罗马文化、玛雅文化、伊斯兰文化和西方文化（西欧），得出如下结论：

第一，每一种文化都具有外在的形式和内在的灵魂两个部分。文化的内在灵魂是指文化的内在精神原则，文化的外在形式主要指家庭、国家、经济、语言、科学、艺术、建筑等。就像人的灵魂一样，文化灵魂是文化存在发展的生命力所在，是文化的生命主宰。整个文化就是一种历史灵魂的形式，整个文化就是一个有灵魂、有形式（躯壳）的生命有机体。整个历史就是文化的灵魂不断冲动、不断实现其形式的过程。在灵魂觉醒之前，人类处于蒙昧的原始状态或童稚状态，那是一个无界永生、无宗教无艺术的无形式阶段，灵魂一旦觉醒，便从无形式到有形式，从无界永生到有界、会死，即产生了文化。文化像植物一样，在一块有确定的风景的土地上开花结果。它一经产生，便挣扎着实现自己的潜力，完成自己的内涵："西方文化便是年轻而战栗的文化灵魂，它不断与自身与自然中黑暗邪恶斗争，它最终获得了纯粹而明快的表达形式。"从而文化就接近完成，彻底进入一个辉煌灿烂期，也进入了一种文化上的温柔、脆弱状态，"一种痛苦的甜蜜状态"。这时，灵魂便僵化了，文化就成熟了，它节制自己，冷冻了血液，瓦解自己的力量。它虽然有时还会眷恋自己的童年，激起一些反弹，终归还是疲倦冷漠，失去原有的热情。文化从此变成了文明，这就是历史的没落，西方文化也是如此。

第二，历史和文化既然是一种生命有机体，就具有和植物、人一样的生长衰亡过程，具有生命周期的特征，都有生长、青春、成熟和衰亡期或春夏秋冬阶段。各种文化都无不宿命地注定地走向衰亡。世界上八种文明中的其他七种都已经灭亡，仅存的西方文化也已经没落，滑铁卢战役就是这种征兆的划时代标志。西方文化必将灭亡，而且是无嗣而终。

第三，文化经历四个成长阶段，文化灵魂也表现出与之相适应的特征：在文化的生长期或春天阶段，文化灵魂挣脱原始的精神状态而觉醒，属于前文化阶段，原始民族阶段，没有国家与政治；在文化的青春期或夏天阶段，属于文化阶段的早期，文化灵魂经过早期的理智批判活动而成熟，出现了民族和国家制度，此时是乡村和乡下人精神占支配地位的时代；在文化的成熟期或秋天阶段，文化灵魂通过理智活动实现其内在潜力，出现了城市这种形式，形成城市与乡村的对立；在文化的衰亡期或冬季阶段，文化进入文明阶段，文化灵魂丧失创造能力而衰竭，城市彻底战胜乡村。在他看来，文化是个人的有机统一，而文明则是原子化的个体的机械堆积；文化由宗教艺术完成，文明由科技完成。文化意味着生命冲动，意味着浮士德式的躁动不安，意味着创造性、自发性和精神性，意味着宗教、扩张、情感，文明意味着灵魂的倦怠，是“灵魂的木乃伊”，意味着过于理智和心智成熟，意味着精巧、创造力衰竭、无宗教、扩张力萎缩，以及欠缺灵活性、硬化、不变和死亡。它以特大城市的出现为象征，凡事重外表轻内在，夸大狂，机械组织笼罩一切，重视享受，艺术枯竭，反战主义和社会主义思潮泛滥，居民都是无根的大众，他们非精神、非哲学、非宗教、非艺术，“不计一切地追求具体的成功”，把想象力完全指向具体的事物，“文化从这里走向无机”。进入文明阶段时一般出现列国纷争，然后进入帝国时代。他预言西方将在2000—2200年进入帝国时代，届时城市将毁灭，文化将彻底终结。

第四，与上述观点相联系的是，他认为历史的发展不是直线向前的，而是像抛物线一样，生命冲动达到一定的高度就会堕落、冷却、死亡。人类只是动物学的名词，人的生命和田园的野花一样，是漫无目的的，谈不上进化发展，谈不上规律和计划。对人谈规律、谈直线进步如同对毛毛虫谈进步一样。

以上观点的积极意义在于，他提出一种多元主义文化观，认为人类社会产生后，在世界历史的不同时空各自产生不同的文化系统，这些文化系统各自按照相同的发展阶段走完自己的生命历程。这就打破了欧洲中心的观念。同时以一种悲观的宿命论的方式宣布西方文化的没落。但是在价值取向方面，这种理论崇尚原始的冲动和直觉，用一种神秘的灵魂解释历史的起源与变化，对理智与科技持绝对的否定态度。

第二节　战国策派的文化形态史观与政治主张

一、从文化形态史观解释中国历史①

（一）关于中国文化的发展阶段

战国策派根据西方文化形态史观的理论，将西方理论中的文化灵魂说或轴

① 参见《重印〈文化形态史观〉序》，雷海宗、林同济：《中国之危机》，台湾元山书局1986年版。

心观说转化为“中心价值观”，以这一核心概念为标准，推演出中国文化和历史的以下发展阶段：

封建时代（西周）：这个阶段的中心价值观念是“上下别”。在政治上表现为分权制度，天子为天下共主，他不直接进行统治，而是权力层层分封；军事上仅有贵族可以当兵，当兵是一种权利，大规模的战争很少；经济上是农奴采邑制度，土地分封，不得自由买卖；社会上存在着法定的身份等级制度与世袭制度，人们的价值取向是以世业为荣。

贵族国家时代（春秋）：这个阶段的中心价值观为“内外分”。理由是上下阶级分野逐渐消失，平民有可能上升为贵族，国家形态逐渐形成，有了此国与他国的分别，因此上下之分变为内外区分的意识。表现为在政治上，诸侯贵族势力抬头，掌握实权，各个诸侯逐渐发展为国君，周天子成为傀儡；在军事上，因国家的形成而不断发生“国际”战争，战争的目的在于维持均势而非吞并，养成贵族侠士之风，战场上还保留着礼仪，平民可以当兵；经济上，采邑制度被破坏，土地可以自由买卖，商人阶级抬头。①

帝国主义时代（战国）：这个阶段的中心价值观念为国家至上。表现在政治上，平民取得了政权，最初取得了表面上的自由平等，逐渐出现独裁政治；军事上，大规模的战争开始，战争诡谲狡诈，不受道义谴责和礼仪约束，战争的目的在于吞并别国的领土，是兼并战，使得“国际”上只有两三个列强对峙，在兵役方面实行全民皆兵，采取征兵制；在经济上，土地分封彻底破坏（坏井田），以商品自由经济为特征。

大一统时代：这个阶段的中心价值观念是“养生”，实际上是无价值、反价值的观念。政治上，大一统局面，专制皇帝高高在上，下面是无差别的臣民，官僚制度达到成熟，表面上是选贤任能，实际上是专制皇权以此羁縻人心；军事上，虽在统一初期出现短暂的武功强盛、疆土扩张状况，但后来尚武精神衰退，征兵制难以维持，改用募兵，募兵不能维持又改用犯人奴隶和夷狄；经济上，出现“国营”官办事业，起初尚能为国计民生谋点好处，后来逐渐演变为中饱私囊的机构。他们引用韩非子的话说，“府库空虚于上，百姓穷饿于下，然而奸吏富矣”，因此是中间取饱。中国就是“中饱之国”的意思。②

① 林同济：《形态历史观》，《中国之危机》，台湾元山书局 1986 年版。

② 参见林同济《形态历史观》、《中饱：官僚传统的一面》，《中国之危机》，台湾元山书局 1986 年版。

(二) 关于历史演变的动力与原因

战国策派认为:“每一个所表现的历史形态中,有一个价值的中心观念在支配着这一阶段的整个形态的各个方面。”就是说,有一种似乎是神秘的“价值的中心观念”在支配着历史的发展变化。

具体说,在封建时代摆脱了原始的混沌状态,以“上下别”作为价值的中心观念,而形成讲求差别的分权制的社会结构:天为最高的价值中心目标,天与天子,天子与诸侯,诸侯与大夫都相对存在“上下别”。“上下别”又是以接近天的程度来区分的,天子距离最近,故拥有祭天的特权。在军事制度方面是贵族才能当兵,勤王是神圣的事业,因而这种特权不能属于平民。经济制度上,也是配合上下分权采用等级式的采邑制度。在社会职业方面采用世袭制和身份制。宗教方面主要是多神崇拜,祭祀祖先、拜英雄,加以山川神祇,从日常生活到国家大事都通过宗教仪式决定,认为宇宙充满神力,一切由神支配,故率民以事神,在精神上是中国的宗教时代。封建时代讲求“上下别”的观念,其历史意义在于,由此造成社会各阶层的距离和差别的鸿沟,在这冷酷的区分中,此前混一无别的人群无形中产生两种相激相引的看法:由上看下产生的自高自恃,由下看上产生的景仰与向往,并形成“贵士传统”:承认差异有序、上下有别的秩序,以及尚德主善的价值取向。这种贵士风尚对于整个社会有“引升向上”的作用。推而广之,西方社会之所以发展到今天,贵士传统为原因之一;贵士传统是任何一个文化体系的主要生命源泉。

春秋战国时代合在一起,被称为“列国时代”,是文化上最活跃最灿烂、最紧张最富于个性的哲学时代。在中心价值观念方面,从“上下别”发展到“国家至上”的原则。封建时代作为最高的价值中心目标的“天”到这时被国家所取代,以尽瘁于国家作为最高价值中心目标。政治、经济生活各方面都是围绕着“国家至上”原则发生。“国家至上”导致各国之间的激烈战争,战争又是力与力的较量,是国家力量的向外膨胀,从而导致宗教思想的衰退,理性主义抬头,表现为哲人辈出。这些哲人提出一些关于宇宙和人生的基本问题,从宗教时代进入哲学时代。

大一统时代,中心价值是“养生”。“养生”表面上是积极的价值观,实则是反价值观,一切价值观念都消失了,既无原始的宗教价值观,又无“国家至上”的价值观,人生目的只在于满足身体的欲望。一切政治、经济、军事都直接或间接地以“养生”为目的。不论是多么专制的政治,只要能够维持民众肉体的生存,就可以忍受。人们不求向上追求和向外膨胀,只求“天下无事”，最迫切的愿望是“太平”。所以战国时代“争于力”，而大一统时期是“止于安”。官僚制度就是最好的“养生”制度，做官可以求名，又可以中饱，名利双收。此时尚武精神已经衰退，没人愿意当兵。在精神生活方面，则是上层士大夫虚无主义流行，下层百姓则寻求杂教邪宗以自我安慰。

总之，历史形态的发展过程，“实是人类的价值中心观念的发展过程”(有时干脆采用尼采的“权力意志观念”说明历史的发展演变)，从宗教价值中心观念到国家价值中心观念，再到反价值的“养生”观念，最后走向人类文化的灭亡。①

(三) 中国文化“独具二周”说②

从总体上说，中国文化上述发展阶段和世界各文化体系是相同的，现在唯一没有走完全部历程的是西方文化。西方文化在 14 世纪前是封建时代，14 世纪后的文艺复兴到今天为列国时代，列国时代的最高峰是始于拿破仑战争的战国时代，目前正处在类似于中国的战国阶段。第二次世界大战的美、苏、英、中、德、意、日，正好是两千年前中国“战国七雄”的重演。列强争霸之后会出现“三足鼎立”和“两极对峙”，大约到 2065 年西方才能走完战国时代，进入文化的破灭时期。

本来，所有的文化走完以上生命周期后都会灭亡，但是中国文化却独独具有第二个生命周期，是世界文化史上唯一的例外。他们是这样分析的：

第一周期	
宗教时代	西周殷商　公元前 1300—公元前 771 年；
哲学时代	春秋　公元前 770—公元前 473 年；
哲学派别化与退步与哲学消灭时代	战国　公元前 473—公元前 221 年；
学术化时代	秦至东汉中期　公元前 221—公元 88 年；
文化破裂期	东汉末期到“五胡乱华”　公元 89—公元 383 年；

① 参见《重印〈文化形态史观〉序》，林同济《形态历史观》、《中饱：官僚传统的一面》，《中国之危机》，台湾元山书局 1986 年版。

② 参见雷海宗《历史的形态与例证》，《中国之危机》，台湾元山书局 1986 年版。

续表

第二周期	
南北朝隋唐	公元383—公元960年　佛教大盛；
宋代	公元960—公元1279年　程朱理学；
元明	公元1279—公元1528年　元明理学；
晚明盛清	公元1528—公元1839年　汉学考证盛行；
清末以下至今	思想与学术并衰。

为什么中国文化会独具第二次生命周期？他们的解释是，本来“五胡乱华”已经走完了第一个生命周期，后因为受到外来思想的刺激，促使中国文化如同木本之花，可以二度开放。而其他的文化则是草本植物，只能一展风姿。

但是他们也承认，第二周期的文化毕竟和第一周期的文化不同。第一周期的文化是一个完整的文化形态演进过程，政治、经济、军事思想各方面都在演进，而第二周期的文化仅仅是在宗教、思想和学术单方面演进的过程，其他方面则完全陷于停滞，故不能以第一周期的发展过程命名称呼，而只能以宗教、哲学或学术称呼，如魏晋南北朝至隋唐之间，除了佛教大盛之外，其他方面毫无封建时代的痕迹，宋代为哲学时代，但除了哲学之外，也是毫无贵族国家的痕迹，因此是一个孱弱不健全的文化形态演变过程。

二、中国的命运与出路

（一）“战国时代的重演”说与中国所处的时代

根据他们上面的分析，中国目前正处在文化破灭期，而第二周期的文化孱弱不健全，除了哲学、学术之外，其他毫无建树。从秦汉大一统至今造成文化的种种流弊，概括地说是“四毒一少”：一是皇权毒。在专制政治下养成官僚腐败，只知道妾妇之道，做官媚上凌下，粉饰太平。二是文人毒。整个官僚队伍只会做文章不会办事，千百年的苦心与经验，养成的只是“办公文字”，以各种套话官腔推诿责任，点缀威严，久而久之，误以为办文书就是办事。西洋人是把说话当成办事的起点，中国人把说话就当成办事，说话就是办事的终点，说过了就等于办过了，所以说中国人是满脑子的文字神经，却没有现代人的一点技术感觉。三是宗法毒。家族制度与官僚制度结合，产生任人唯亲的恶劣风气，以血亲为出发点的“亲亲伦理”盛行。四是钱神毒。这是官僚与商人结合产生的毒害，官僚暗中勾结商人贪污中饱。除了“四毒”之外，他们又从“力本体哲学”和“强力意志”观念出发，批评中国的文化是与“力”相对立、反“力”、反“武”的文化①，抨击在两千年大一统的专制局面下，造成国家意识丧失，尚武精神衰退，整个中国文化是“无兵的文化”。

既然中国文化已经走到第二周期的末期，恰恰又遇到西方进入中国时代，这种战国时代是中国战国时代的“重演”，因为这个战国是在世界范围内展开的，故又称为“大战国时代”。大战国时代自拿破仑战争揭幕，包括此后三五百年。总起来看，大战国时代的根本原则是“战”字，具体说有三大倾向：第一，以战为中心，一切以战争为中心，战争决定一切。第二，战为全体，即总体战、战争向全体化发展，“人人皆兵，物物成械”，是全体性的战争，此时国家是全能的，“一切为战，一切皆战”，这是全能国家的根本意义与历史作用。第三，战在歼灭，以歼灭为本色，敌国的活力没有被彻底消灭，战争便不会停止。

但是他们又认为，这个“大战国时代”与中国的战国时代又有所不同：第一，中国古代的战国时代尚未充分发展为全体性，今则以空前的科学发明与组织，百分之百地把国家的一切人力、物力向着一个中心目标——战争集中。第二，中国古代的战国时代歼灭方法比较粗浅，今天的歼灭方法则深入细密得多，由原来的活埋坑杀，到今天的奴化教育，从精神上消灭种族。第三，战国时代的归宿是由吞并而形成大一统，形成规模更大的世界大帝国，形成世界性的权力，如纳粹帝国和欧美联邦。

战国策派的学者们认为，战国精神是一种浮士德精神，是一种无穷的追求欲、无穷的膨胀力，国与国对峙从根本上是力的对抗，国家的政治从根本上是力的政治，“最辣狠的国家往往就是最成功的国家”。一个国家在战国时代存在着两种力量：一种是基于个人才性尊严与活力形成的自由平等潮流，它是国家的离心力；一种是基于秩序要求的统一与集权潮流，又叫国力潮流。这二者相克相成。

在他们看来，大战国时代的中国，遇到具有高度技术的西方文化，是十分危险的。在这样一个时代，应该意识到，没有人能躲过被歼灭的危险，不能战者不能生存；此时“左”、“右”倾之争，意识形态之争已经完全没有意义，

① 关于战国策“力本体哲学”与“强力意志”一说，参见唐文权《觉醒与迷误：中国近代民族主义思潮研究》，上海人民出版社 1993 年版，第 274~277 页。

应以国力潮流为主题，一切都要服从于时代的潮流，服务于战争的要求。①

（二）中国社会的根本问题与中国的未来

他们认为，民族的存在与文化的存在是密不可分的，文化消灭了，民族也就不存在了。中国当前一切的问题是文化问题，是古老的文化遇到了一个战国文化的“适应性”问题，也即一个古老的文化遇到战国文化后，能否存在的问题。应该看到，中国目前面临的问题是极其危险困难的。当前战国大争之世演变的结局可能有两个：一是中国灭亡，自然是民族灭亡永不再起。很可能是这种结局，因为中国文化已经走过了第二周期；二是中国在兼并战争中独霸天下，并能再度创造出文化。但这种可能性不大，因为即使一个民族在武力上突出强大，也不表示它能创造出文化，如蒙古人、罗马人都没有自己的文化。目前中国最危险的是：置身于火药库房，却还专爱和人家交换安祥梦，喜欢追求大一统的懒散态度。所以，他们认为中国近代以来的核心问题“始终是一个彻头彻尾的民族生存问题。一切是手段，民族生存是目标。在民族生存的大前提下，一切都可谈，都可做。在民族生存的大前提外做工夫，无往而不凶”。为此他们既反对“左”，也反对“右”，声称要“抱定非红非白、非左非右、民族至上、国家至上之旨”。

那么中国的出路何在？中国人目前能够做出的选择是什么？他们总的看法是，虽然希望十分渺茫，但理论上既然中国文化的生命有第二周期便可能有第三周期。唯一能做的是努力创造自己的文化，最关键的是创造文化的理想、中心价值观念。虽然极其困难，但还有希望。如何创造呢？就是需要全体国民接受第二周期文化孱弱不健全的教训，发展出崭新的文化，使文化的各方面都是健全的，以适应战国时代。就是说，要“倒走两千年”，重建战国七雄时代的意识与立场。具体地说，就是医治两千年来大一统皇权之下形成的痼疾，改变中国文化活力颓废的状态，通过“焕发个性”、“国命整合”和“恢复贵士传统”三种方法，恢复活力，达到西方那样的“活力乱奔”。西方文化能有今天，就是由于存在三种要素：

第一，贵士传统（aristocratic tradition），这是西方文化的主要资源。贵士传统并不就是贵族制度，而是一种君子风范和道德感、荣誉心，一种文质彬彬的尚武精神。荣誉感是一种强烈的自我尊敬心，对于外来的污垢要决斗，对于

---

① 参见林同济《战国时代的重演》、《官僚传统——皇权之花》、《论文人》(上)，《中国之危机》，台湾元山书局 1986 年版。

自作的污垢要自杀，有一种凛凛风霜的死的决心，社会上充满剑的意味；有荣誉感的人必然尚侠重义，奉行“忠”“敬”“勇”“死”四大原则：“忠”是对上以诚；“敬”是持诚之道，是自己脚跟站着承认对方的价值，是寻找到自己人格的位置而后公允地接受他人人格的一种威仪；“勇”是至诚之力，它来自“死”的决心，整个士大夫人格的要素就是“死”，就是必死的决心。

第二，个性焕发。贵士传统有其保守腐化的一面，荣誉感要有所执守，就容易保守、静止僵化，于是由个性焕发加以补充。个性焕发来自贵士传统，其实质是贵族的自尊心普及化、民间化的结果。个性焕发首先重视个人独立的价值，不以他事他物为存在理由；同时肯定个人独立自由地发挥才智欲望的权利，造就天才，养成创造精神，从而一方面导致理性化，发展出科学；另一方面导致感性化，发展出艺术。

第三，国命整合（national integration）。个性焕发、个人意识觉醒延伸到国家和民族范围，就会导致民族和国家意识的觉醒，用一种敏锐的感觉将国家视为一个有机的整体，并希望它会成为一个理想的存在，因而国命的整合是个性焕发的升华。但也要看到，个性焕发与国命整合，一则意味离心力、一则意味向心力，存在着一定程度上的冲突。

中国的出路就在于，发扬以上三种因素，注意在以上三种因素中寻求和谐。① 这实际上也就是要重塑文化、重新创造文化，具体说就是要创造出第三周期的文化生命，从而战国策派也不知不觉地走上了林毓生所谓的“借思想文化以解决问题”一途。

三、战国策派的理论缺陷与思想实质

从政治上看，战国策派在抗战时期竟然从西方文化哲学，特别是德国哲学中寻找理论武器，鼓吹“力”的哲学和尚武精神，批判中国文化是“无兵的文化”，并因此主张超越一切党派、意识形态的争论和分歧，树立全能国家、国家至上、民族至上的精神，虽然是书生论政，但客观上确实为蒋介石政府鼓吹的法西斯主义精神和为蒋介石的“一个主义”、“一个领袖”的宣传起了推波助澜的作用。

从理论上说，他们构造文化形态史学说既然是出于明显的实用目的，因而不免机械地照搬西方文化形态史观的模式，强以史实就我，用事先认定的理论

① 参见林同济《战国时代的重演》、《文化的尽头与出路》、《大夫士与士大夫：国史上的两种人格》等文，《中国之危机》，台湾元山书局 1986 年版。

裁剪中国的历史和社会，其刻意模仿、牵强附会的痕迹十分明显。同时，他们断定中国历史发展的动力在于价值观念，把一部历史简单地归因于价值观念的演变史，用这种精神一元论的历史观解释中国历史，其说服力不强，可信程度不高。这不仅与马克思主义存在根本分歧，也为西方许多有影响的学术大家所不取。最后，正像一位论者所指出的，该派的思想也有着逻辑上的矛盾，比如"按照他们的设计，中国文化首先要解决人的解放问题，使个体生命蓬蓬勃勃旺盛发达，创造出'力'文化的一片新天地。但从民族救亡来说，又必须把集体生命放在首位，这就势必倾向权威主义。'力'的文化启蒙最终让位于'力'的政治权威，这一悖论给人们留下不少有待深思的问题"①。

不过也要看到，战国策派的思想实际上是自鸦片战争以来中国民族主义思潮的一个重要发展阶段而已。可以说，他们的理论无非是当时知识界强烈的民族危机感的一种极端反映，是"中华民族到了最危险的时候"这一意识的学术化表述。其主观上是出于"哀其不幸，怒其不争"的急切心理，意在警醒国人奋发图强，救亡图存。

☞思考题：

1. 战国策派为什么认为摆脱中国危机的根本出路在于重新焕发文化的创造力？

2. 为什么说战国策派的思想是当时知识界强烈民族危机感的一种极端反映？

① 唐文权：《觉醒与迷误：中国近代民族主义思潮研究》，上海人民出版社 1993 年版，第 278 页。

第十二章

马克思主义在中国的传播与发展

——新民主主义革命理论

在20世纪前期传入中国的各种新思潮中，马克思主义无疑是影响最大的。以毛泽东为代表的中国共产党人把马克思主义与中国实际情况相结合，创造性地发展出新民主主义革命理论这一中国化的马克思主义，并指导中国革命取得胜利。所以，介绍中国现代史上的科学社会主义、马克思主义，主要应着眼于马克思主义在中国的传播及新民主主义革命理论的形成与内涵。

第一节　马克思主义在中国传播的原因与特点

以俄国十月革命为界，马克思主义在中国的传播过程可以分为前、后两个阶段。

一、早期的马克思主义传播

马克思主义最早是随着社会主义的传入而开始为中国人所知道的。以1848年《共产党宣言》的发表为标志，马克思主义形成于19世纪40年代，开启了欧洲社会主义运动的新时代，并逐渐影响到世界其他国家和地区。所以早在19世纪70年代，中国的知识分子就对西方的社会主义学说有了初步的接触。1873年，早期维新思想家王韬就曾将报纸上的有关报道辑为《普法战记》，首次介绍了巴黎公社事件。这期间随从郭嵩焘出使英国的参赞黎庶昌也在其《西洋杂志》一书中，明确提到“索昔阿里斯脱”（英文“社会主义socialism”的音译）的主张。① 1873年到1881年，江南制造总局附设的编译馆也曾不定期地编译出版《西国近事汇编》，其中提到了欧洲“康密尼党”、“康密尼人”（英文“共产主义者”communist的音译）等，并初步谈及社会主义

① 《西洋杂志》，湖南人民出版社1981年版。

"平俸给，齐贫富"的思想。而最早在中国提到马克思及其学说的，是基督教传教组织广学会所办的中文期刊《万国公报》。在1899年2~5月的《万国公报》(第121~124册)上，连载了由英国传教士李提摩太等人摘译介绍的英国社会学家颉德《社会进化论》一书的前三节，取名《大同书》，第一次提到著名的"百工领袖"马克思的名字及其学说，但当时只是将其当成欧洲各种"安民新学之一家"，即社会主义的一个支派而已。梁启超流亡日本期间，也多次撰文，称马克思为"日耳曼社会主义之泰斗"，说他反对"少数人掠夺多数人"，主张土地、财产归公，等等。

此外，当时的一些留日学生在介绍各种社会主义思潮的同时，也初步介绍和传播了一些马克思的学说。如《译书汇编》创刊号就刊登了《近世政治史》译文，提到马克思领导"万国工人总会"(第一国际)等；革命党人马君武也在1903年2月第十一期的《译书汇编》中撰文称："马克司者，以唯物论解历史学之人也。马氏尝谓：阶级竞争为历史之钥。"在1902年到1904年，国内还出版了多种译自日文的介绍社会主义的论著，影响较大的有福井准造的《近世社会主义》和幸德秋水的《社会主义神髓》。前者在评价德国各派社会主义时，明确肯定马克思的剩余价值理论和对资本主义剥削实质的分析，是不同于其他空想思想的科学学说。后者虽然只有两万余字，但由于它以《共产党宣言》和《社会主义从空想到科学的发展》为依据，介绍了马克思主义的基本观点，对于后来留学日本的革命者如李大钊、吴玉章等人都产生过影响。据称梁漱溟也曾因读了幸德秋水的这本书而热衷于社会主义，还写了《社会主义粹言》的小册子，油印后分送给朋友。

以孙中山为代表的资产阶级革命派在对马克思主义的早期介绍方面也发挥了重要作用。孙中山本人就认为，他的三民主义其实就是社会主义。其他革命党的重要干部如朱执信、宋教仁、马君武、廖仲恺、胡汉民、李石曾等都曾学习、介绍过社会主义。大致在1905年到1915年，革命派以《民报》为阵地，发表了大量这方面的文章，特别是朱执信在1906年《民报》第二号上发表的《德意志社会革命家小传》一文，介绍了马克思、恩格斯的生平及《共产党宣言》的要点，介绍了《资本论》以及剩余价值学说的某些内容，在当时算是比较详细、准确的。

另外，中国的无政府主义者刘师培及其妻子何震，也在他们所办的《天义报》上介绍过马克思主义。如1907年《天义报》第十五卷发表了恩格斯1888年为《共产党宣言》英文版写的序言，并在编者按中说："《共产党宣言》发明阶级斗争说，最有裨于历史。"1908年又在该报第十六卷至第十九卷译载了《共产党宣言》第一章，编者并称阶级斗争“固不易之说也”，但是译得不够准确。

总之，中国的知识分子一方面对社会主义表现出浓厚的兴趣；另一方面又缺乏深入的了解，尤其是对什么是空想社会主义、什么是科学社会主义还不太清楚，特别是对马克思主义还知之甚少，介绍得还很零碎，还停留在对其个别词句、观点和个别章节的介绍。这说明中国自古就有向往平等、平均的思想传统，因此容易从已有的思想材料，把社会主义也当成一种平均、平等思想加以接受，从而表现出浓厚的兴趣。但是，由于以下几方面原因，当时社会主义、马克思主义的影响不大：第一，从中西文化交流、从中国政治现代化的基本趋势上看，这个时期还主要处在制度变迁阶段，尚处在全面的、大规模的政治思想变革的前夜；第二，当时中国的资本主义发展水平太低，工人阶级力量太小，尚缺乏大规模介绍和传播社会主义的土壤和社会基础；第三，从国际共产主义运动的情况看，第二国际的领导人当时不承认殖民地国家的革命属于国际共产主义运动的性质，认为这些国家不可能产生社会主义性质的无产阶级革命，而且主张通过议会的方式取得革命胜利，不会注意东方的革命问题。

二、十月革命后马克思主义的传播

马克思主义在中国产生实际影响始于俄国十月革命。

“十月革命一声炮响，给我们送来了马克思列宁主义。”这场革命使正处在苦闷彷徨的中国知识分子欢欣鼓舞：“十月革命帮助了全世界的也帮助了中国的先进分子，用无产阶级的宇宙观作为观察国家命运的工具，重新考虑自己的问题。走俄国人的路——这就是结论。”① 故李大钊、陈独秀、毛泽东、瞿秋白、蔡和森、李达等激进的民主主义者在欢呼革命的同时，很快就接受了马克思主义，并且大力宣传。“五四”后四百多种杂志，大部分都不同程度受到十月革命和马克思主义的影响，登载了不少这方面的言论，还形成了不少受马克思主义影响的进步团体。特别是李大钊、陈独秀等人以《新青年》为阵地，发表了大量的文章介绍马克思主义。通过这些宣传，马克思主义迅速成为中国思想界和进步知识分子中的一个巨大思想潮流，并在五四运动后进一步与工人、农民运动结合，成为中国革命的指导思想。

为什么十月革命后马克思主义在中国迅速传播？

第一，这与传播的媒介有关，即它是经过在俄国取得胜利的十月革命传来

---

① 《毛泽东选集》第4卷，人民出版社1991年版，第1471页。

的，确切地说是以列宁主义式的马克思主义传播进入中国的。十月革命的象征意义与启示作用在于：首先，十月革命是作为世界帝国主义和资本主义的对立面出现的，从而使中国的知识分子直观地、感性地看到，这种革命的理论——马克思主义也是资本主义的对立物。马克思主义作为对资本主义的社会批判理论，作为敲响了资本主义丧钟的理论，正好顺应了中国人反抗帝国主义列强侵略、救亡图存的需要。其次，十月革命是在俄国的马克思主义即列宁主义的指导下取得胜利的，而列宁主义和第二国际的社会主义有着根本区别，如在斗争方式上，一是主张革命，一是主张改良；在对待殖民地问题上，第二国际认为无产阶级革命只能在发达的资本主义国家、通过议会的和平方式取得胜利，列宁则认为社会主义可以在帝国主义资本主义阵营中最薄弱的一国或数国中取得胜利，革命的方式是武装斗争，肯定民族殖民地的革命属于世界无产阶级革命的一个组成部分。而十月革命的胜利又证明了列宁主义的正确，使人看到了它对指导中国革命的有用性、有效性，看到了民族解放的希望。再次，中国受帝国主义的压迫，与俄国的命运地位接近、国情相似，在中国的早期马克思主义看来，列宁主义既适用于俄国，同样也适用于中国。① 如李大钊指出："俄国人口有百分之八十至八十五是农民，农民的气质和中国人差不多"，他们"与政治不发生什么关系"。② 新民学会成员彭璜也认为，和俄国一样，中国的物质文明也不高，"中国国情，如社会组织、工业状况、人民性质，皆与俄国相近，故俄国之过激主义可行于中国"。③ 陈独秀更从十月革命与世界革命普遍联系的角度指出："俄罗斯之革命，非徒革俄国皇族之命，乃以革世界君主主义侵略主义之命也。"④

第二，从国际上看，以下几个方面的因素也影响着中国知识分子的思想变化。首先，在新文化运动期间，知识分子中占压倒地位的倾向是与中国固有的思想文化彻底决裂，全面接受西方的科学、民主思想和伦理观念。但是在第一次世界大战结束后的巴黎和会上，列强却不肯改变其对华"侵略主义"的态度，中国在外交上遭到失败，使中国的知识分子感到失望，形成严重的挫折感。他们无法理解"老师为什么打学生"，从而对标榜自由、平等的资本主义

① 参见朱义禄、张劲著《中国近现代政治思想研究》，上海社会科学院出版社 1998 年版，第 255 页。

② 《李大钊文集》下，人民出版社 1984 年版，第 456 页。

③ 《新民学会资料》，人民出版社 1980 年版，第 24~25 页。

④ 《独秀文存》，安徽人民出版社 1987 年版，第 100~101 页。

文明产生了怀疑。其次，作为资本主义社会批判思想的社会主义在中国的传入，已经使中国的一部分知识分子感到了西方思想的“分裂”和西方面临的危机，而西方资本主义经济危机的日益加剧，特别是人类历史上空前规模的第一次世界大战爆发，更让人感到资本主义已是穷途末路，走到了尽头，对西方主流思想与文化的热情顿消，而把社会主义当成代表人类未来希望的“第三种文明”。近现代思想史上一些原本激进、新潮的西化人物往往在晚年又回归中国文化，形成奇特的“文化返祖现象”，就与此有很大的关系。因此在这种新环境的刺激下，连反对激进的梁启超都断言世界大战把资本主义的“罅漏”一下子全暴露出来了，“第二种文明”(资本主义）必亡，“第三种文明”(社会主义）必兴，社会主义取代资本主义是不可避免的历史趋势。李大钊更是从十月革命看到了在中西两种文明之外的第三种文明、第三种选择，认为中国的传统文化已经腐朽而不能救中国，西方文明也是死路一条，而只有十月革命后出现的俄罗斯文明“诚足以当媒介东西之任”，“具有调和东西文明之资格”，才能“救世界之危机”。①

第三，从根本原因上说，马克思主义之所以在中国得到广泛传播，是由于中国自身需要这种理论。中国近代社会的主要矛盾，决定了中国需要一种反帝的理论和思想武器。按照毛泽东的说法，近代中国是帝国主义国家争夺的中心地区，自鸦片战争以来，各主要帝国主义国家都到中国进行掠夺侵略，形成瓜分中国的狂潮，帝国主义与中国的封建势力结合，把中国变成半殖民地，激起了尖锐的民族矛盾。但是“从一八四〇年的鸦片战争到一九一九年的五四运动的前夜，共计七十多年中，中国人没有什么思想武器可以抗御帝国主义。旧的顽固的封建主义的思想武器打了败仗了，抵不住，宣告破产了。不得已，中国人被迫从帝国主义的老家即西方资产阶级革命时代的武器库中学来了进化论、天赋人权论和资产阶级共和国等项思想武器和政治方案，组织过政党，举行过革命，以为可以外御列强，内建民国。但是这些东西也和封建主义的思想武器一样，软弱得很，又是抵不住，败下阵来，宣告破产了”。② 这样最终找到了马克思主义。具体来说，中国在十月革命前后已经具备了接受马克思主义的社会阶级基础和思想准备。“五四”前后，随着资本主义的发展，工人阶级队伍迅速发展壮大。1919 年已经形成 200 余万产业工人，构成了接受马克思

① 李大钊：《法俄革命之比较》，《李大钊文集》上，人民出版社 1980 年版。

② 《历史唯心论的破产》，《毛泽东选集》第 4 卷，人民出版社 1991 年版，第 1513~1514 页。

主义这种无产阶级斗争理论的阶级基础。不管反对者说工人阶级如何少，但毕竟是有工人阶级，如果完全没有，就根本没有传播的可能。同时五四运动对于旧的思想观念进行了彻底的摧毁，促进了思想解放和启蒙运动，为马克思主义的传播扫清了道路，作了思想准备。

三、马克思主义基本理论的输入与介绍

1919 年前后的马克思主义传播过程中，早期马克思主义究竟传播了、接受了哪些具体内容？他们为什么会接受这些内容？或者说，他们是在一种什么样的“接受机制”作用下选择这些内容的？这是我们将在本节重点考察的内容。首先考察一下当时传播了哪些马克思主义原理。

（一）从唯物史观的立场出发理解社会政治现象

唯物史观是马克思主义的基本世界观和方法论，早期共产主义者对马克思主义的传播也是由此开始的。综合当时李大钊、陈独秀等代表人物的言论看，这些早期马克思主义者都主张，应该站在唯物史观的基本立场上，从经济的角度去观察、分析社会现象和政治现象，把经济作为解释社会历史变迁的根本原因，从经济方面理解一切社会政治现象，并强调经济是一切社会政治、法律、精神的基础，经济基础决定上层建筑。

如在 1919 年 5 月、11 月的《新青年》第六卷第五、六号上，李大钊发表了《我的马克思主义观》这篇被视为“第一篇真正介绍马克思主义学说的长文”，他明确指出：马克思主义的理论基础就是唯物史观，“离开他的特有的史观，去考他的社会主义，简直是不可能。因为他根据他的史观，确定社会组织是由如何的根本原因变化而来的”。又说，唯物论者观察社会现象，“以经济现象最为重要”，物质的生产力是“最高动因”。① 在以后与胡适进行“问题与主义”的论战中，李大钊又发表了《再论问题与主义》一文，指出：

> 依马克思的唯物史观，社会上法律、政治、伦理等精神的构造，都是表面的构造。他的下面，有经济的构造作他们一切的基础。经济组织一有变动，他们就跟着变动。换一句话说，就是经济问题的解决，是根本的问题。经济问题一旦解决，什么政治问题、法律问题、家族制度问题、女子

① 《李大钊选集》，人民出版社 1978 年版，第 176 页。

解放问题、工人解放问题，都可以解决。①

此外，陈独秀、李达等许多早期马克思主义者也从各自不同的角度介绍了唯物史观。同时，他们还尝试着运用唯物史观的方法和基本观点去分析中国的问题，如李大钊写了《由经济上解释中国近代思想变动的原因》、张闻天写了《社会问题》、李汉俊写了《中国的乱源及归宿》，等等。

（二）基于唯物主义立场的国家学说

从唯物主义的原则和立场出发，必然触及国家的阶级实质问题，将国家视为阶级统治的工具。陈独秀在《谈政治》一文中，就比较透彻地阐述了马克思主义关于国家本质的学说。比如他在分析剥削阶级的国家的本质时指出，世界上“最不平最痛苦的事，不是别的，就是少数游惰的消费的资产阶级，利用国家、政治、法律等机关，把多数极苦的生产的劳动阶级压在资本势力底下，当作牛马机器还不如”。又说：“劳动者自来没有国家没有政权”，过去和现在，国家“都在资产阶级的手里”，无论是古代“以奴隶为财产”的国家，中世纪“以农奴为财产”的国家，还是近代“以劳动者为财产”的国家，它们“都是所有者的国家，这种国家底政治法律，都是掠夺的工具”。正因为他看到了国家是阶级统治的工具这一点，因此明确主张将来一定要“用革命的手段建设劳动阶级（即生产阶级）的国家”。李达还在《马克思派社会主义》中这样分析国家产生的原因：“国家是一定发展阶段之中的社会的一个产物，是阶级的冲突和经济的利益不能妥协的一个证据。”②

（三）阶级斗争学说

在中国早期的马克思主义者看来，既然社会政治问题的根源在于经济问题，那么社会政治问题的根本解决就是经济问题的解决，要解决经济问题就必须进行阶级斗争，所以在唯物史观这个大前提下，阶级斗争学说就格外受到重视。在前面提到的《我的马克思主义观》一文中，李大钊就认为马克思主义由三个组成部分，即“关于过去的理论，就是他的历史论”；“关于现在的理论，就是他的经济论”；“关于将来的理论，就是他的政策论”，而“阶级竞争说恰如一条金线，把这三大原理从根本上联络起来”。在《再论问题与主义》

① 《李大钊文集》下，人民出版社1984年版，第37页。

② 《李达文集》第1卷，人民出版社1980年版。

一文中，李大钊更明确地阐述了阶级斗争的必然性：“到了生产力非常发展的时候，与现在的社会组织不相适应，就成了改造社会消灭阶级的最后的手段”，“最后的阶级竞争是阶级社会自灭的途辙，必须经过的，必不能免的”。在《谈政治》一文中，陈独秀更是处处显示出阶级分析的眼光，集中阐述了阶级斗争观点，他揭示了剥削阶级利用手中的政权实行阶级压迫的事实，号召劳动阶级要“直接行动”，用革命的方式、“阶级战争”的方式去革资产阶级国家的“命”，去建设劳动阶级的国家。

早年毛泽东和他的战友蔡和森都对阶级斗争学说确信不疑。蔡和森在给毛泽东的信中称：“和森为极端马克思派，极端主张：唯物史观、阶级战争、无产阶级专政。所以对于初期的社会主义，乌托邦的共产主义，不识时务穿着理想的绣花衣裳的无政府主义，专主经济行动的工团主义，调和劳资以延长资本政治的吉尔特社会主义以及修正派的社会主义，一律排斥批评，不留余地。”毛泽东则对此表示：“我没有一个字不赞成。”毛泽东还曾明确地承认，对于马克思主义，“我只取了它四个字‘阶级斗争’”①。事实上，直到新中国成立初期，毛泽东在《丢掉幻想，准备战斗》一文中也确实是这样阐述唯物主义的：“阶级斗争，一些阶级胜利了，一些阶级消灭了。这就是历史，这就是几千年的文明史。拿这个观点解释历史的就叫做历史的唯物主义，站在这个观点的反面的是历史的唯心主义。”这段话到文化大革命时期还被当成“最高指示”，被当成对唯物主义最权威的解释，在亿万群众中反复朗诵，耳熟能详。从毛泽东一生的情况看，他确实是着重从阶级斗争的方面接受马克思主义、接受唯物论的。

（四）无产阶级专政学说

既然国家在本质上是阶级统治的工具，劳动阶级为了争得自己的翻身解放，也必须通过阶级斗争的手段，推翻剥削阶级的统治，建立自己的国家。因此，从马克思主义的国家学说和阶级斗争学说中，必然会得出无产阶级专政的结论。如陈独秀在《谈政治》一文中阐述无产阶级专政的必要性时说：

> 我们要明白各国底资产阶级，都有了数十年或数百年底基础，站在优

① 《蔡和森文集》，人民出版社 1980 年版，第 74 页；《毛泽东书信选集》，人民出版社 1983 年版，第 15 页，转引自李锐《毛泽东的早年与晚年》，贵州人民出版社 1992 年版，第 114 页。

胜的地位，他们的知识经验都比劳动阶级高明得多；劳动阶级要想征服他们固然很难，征服后想永久制服他们不至死灰复燃更是不易。这时候利用政治的强权，防止他们的阴谋活动；利用法律的强权，防止他们懒惰，掠夺、矫正他们的习惯、思想，都是很必要的方法。

最后陈独秀得出结论："我承认用革命的手段建设劳动阶级的国家，创造那对内对外禁止一切掠夺的政治法律，为现代社会第一需要。"并由此坚决反对无政府主义的主张。蔡和森给毛泽东的信也说："现在政治完全为资本家政治，资本家利用政权法律军队方能压住工人。所以工人要得到完全解放，非先得政权不可。因此阶级战争—无产阶级专政，我认为这是现世革命唯一制胜的方法。"他还指出，不仅推翻政权、夺取政权是如此，巩固政权也要靠无产阶级专政，工人阶级"无政权不能保护革命"。① 李大钊在《平民政治与工人政治》一文中指出："革命的时期，为镇压反动者的死灰复燃，为使新制度新理想的基础巩固，不能不经过一个无产阶级专政。"在《共产党》月刊第一号上他又说："只有用阶级斗争的手段，打倒一切资本家阶级，从他们手中抢夺来政权，并且用劳动专制的制度，拥护劳动者底政权，建设劳动者底国家以至于无国家，使资本主义永远不发生。"

也有人注意到关于无产阶级专政的未来与前途问题，如施存统在《共产党》月刊 1921 年 5 月号上发表的《我们要怎样干社会革命》一文指出："我们的最终目的，也是没有国家的。不过我们在阶级没有消灭以前，都极力主张要国家，而且是主张要强有力的无产阶级专政国家的。阶级一天一天趋于消灭，国家也就一天一天失去效用。我们的目的并不是拿国家树立无产阶级特权，是要拿国家来撤除一切阶级的。"

大致可以看出，马克思主义在这个时期的传播与影响主要表现出两个特点：第一，还只是一般性地介绍了马克思主义的基本原理，确立对中国问题"根本改造"的世界观和方法论。② 由于尚处在对马克思主义的传播和认识的早期，故在运用这一理论去具体分析、解决中国问题方面还很薄弱。第二，对马克思主义的介绍、传播和理解偏重于唯物史观，对恩格斯所说的马克思的另一个重大发现——剩余价值理论虽偶有提及，但并没有作为重点内容加以关注

① 《蔡和森文集》，人民出版社 1980 年版，第 51 页。

② 按："根本改造"一说虽然出自毛泽东，但颇能代表早期马克思主义者们的共同心理。

和阐述。而在介绍唯物史观时，也有一种倾向，就是把唯物史观的内容具体化，甚至化约为阶级和阶级斗争理论，并由此涉及国家理论与无产阶级专政学说，同时明确必须以暴力革命的方法或"根本改造"的手段作为改造中国、拯救民族危亡的基本手段。

众所周知，恩格斯曾在马克思墓前演说中指出，唯物史观和剩余价值是马克思的两大发现。马克思主义原本有着丰富的内涵，唯物史观显然不能完全涵盖马克思主义，阶级斗争也不能简单地等同于唯物史观。为什么中国早期的这些"先进的知识分子"会着重从唯物史观接受马克思主义、又从阶级斗争的角度理解唯物史观呢?

首先，唯物史观对社会历史问题的解释更具体、更明确、更科学，因而更有吸引力。在中国传统思想中固然也有关于历史发展变化、甚至进步的观念(这是部分学者的观点)，但这毕竟不够系统、明确。相对来说，关于历史治乱相循、五行相生相克的循环论思想则比较流行。但循环论和后来传入中国的进化论相比，对历史的解释就显得不够贴近人们的现实经验，比较笼统、武断，主观随意性太大。加上近代帝国主义列强一方面在内部你争我斗；另一方面疯狂瓜分、蚕食弱小民族的严酷现实，造成中国思想界强烈的危机感和竞争意识，因此，中国近代的一些思想家如康有为、梁启超、严复、孙中山，甚至李大钊、陈独秀和胡适等人都在不同程度上接受了进化论。然而，进化论把人类社会历史的组织与发展演变规则等同于生物世界的活动规则，用简单的生存竞争原则解释人类社会，这种观察角度无助于解释人类社会的独特性，无法把人和动物区别开来，这不仅和一向注重"成人"、人与禽兽之辩、讲求人与人之间和谐的传统思想存在冲突，而且在当时中西文化交流存在巨大落差、中国人感到自己明显落后于西方的心理劣势下，过分强调弱肉强食的进化论无异于宣告中国人永无出头之日，所以康有为偏重于用"爱力"解释社会进化的原因；孙中山也用"仁爱"来构建他的民生主义和"国民革命"理论，以便能留下一个光明的前途。相比之下，唯物史观则能够从活生生的现实生产和生活，从社会内部生产力角度解释人类社会的存在与发展，"具体实在地解释了人类历史"①，让人感到既合逻辑，又合历史事实，因此更有解释力和说服力。

其次，唯物史观也更适合中国人的思维方式。从具体方面说，中国传统思想中一向讲求"经世致用"，注重从思想学术的实际功效方面，从社会的经济(食货)等现实情况出发探求政治兴衰与治国之道，而且较早地认识到经济生

① 参见李泽厚《中国现代思想史论》，安徽文艺出版社1994年版，第15页。

活对其他政治、伦理道德的制约作用，如“民以食为天”，“仓廪实则知礼节，衣食足则知荣辱”，以及先富后教等。① 这种“不究虚理”，注重从现实经济生活、从人们的生活常识和经验出发去思考问题的思维方式，是造成早期马克思主义者容易认同唯物史观的重要原因之一。

此外，由于中国近现代的社会政治问题太尖锐、民族危机太严重、拯救危亡的任务太迫切，这就不可避免地使中国近现代一切先进的知识分子产生一种“闻道心切”的心理，使他们迫切地需要寻找一种能够对中国问题进行“根本解决”、能够使中国迅速摆脱危机的思想武器。如我们从毛泽东早年的一封信中就可以看出端倪。在这封信中，毛泽东批评袁世凯、孙文、康有为的思想都缺乏“本源”，认为：“今日变法，俱以枝节入手，如议会，宪法，总统，内阁，军事，实业，教育，一切皆枝节也。……本源未得，则此等枝节为赘疣。……今吾以大本大源为号召，天下之心岂有不动乎？天下之心皆动，天下之事有不能为者乎？天下之事可为，国家有不富强幸福者乎？”② 而唯物史观把经济视为一切社会政治问题的“终极原因”，把基于一定的社会生产方式之上的阶级斗争视为社会发展变化的直接动力，从而也就指出了一条认识和解决中国社会政治问题的根本途径，为中国人提供了“根本解决”的思想武器，因而使之能够迅速地认同唯物史观和阶级斗争理论。

最后，中国人接受阶级斗争理论，也跟中国固有的“邪”与“正”、“好人”与“坏人”的区分观念有很大关系。一方面中国传统社会没有西欧中世纪那样等级森严、严格而“硬化”的等级身份制度，而是“有钱则买，无钱则卖”、“田无定主”，特别是科举制度普遍实行后，原则上“取士不问家世”，“朝为牧牛郎，暮登天子堂”，社会的上下流动非常频繁，故中国人传统意识中一般没有“阶级”观念，顶多只有士、农、工、商的“四民分业”思想。但是，在中国传统思想中却存在着一个往往不大为人注意的问题，这就是特别重视“君子”和“小人”、“邪”与“正”、“好人”与“坏人”的区分。按照儒家的理想，“君子”、“正人”代表着儒家“大道”和社会正义，在正常情况下应该是正义战胜邪恶、好人战胜坏人，因此“邪”、“正”是不两立的。所以，这种思想的突出特点就是把人分为相互对立的两大类别和两大势力，并相信代表正义的一方必将战胜代表邪恶的另一方，这与阶级和阶级斗争思想具

① 李泽厚：《中国现代思想史论》，安徽文艺出版社 1994 年版，第 15 页。
② 毛泽东：《致黎锦熙信》(1917 年 8 月 23 日)，《毛泽东早期文稿》，湖南人民出版社 1990 年版。

有很大的相通之处。而从另一方面看，阶级斗争理论基于对现实经济生活的考察，在解释正义战胜邪恶力量的历史趋势方面，比朦胧、直感地相信“邪”、“正”观念更具体、更深刻，因而又更有说服力，从而形成接受阶级斗争理论的思想基础。

总之，以上马克思主义基本原理的传播和逐渐为人接受，为后来的新民主主义革命理论提供了基本的世界观和方法论原理，奠定了重要的政治哲学前提。但在形势的紧逼下来不及全面系统、完整准确地理解马克思主义的整个思想体系和丰富内涵，这对于“文革”时期过分把马克思主义“实用化”、对于后来过分重视阶级斗争理论，以至于发生阶级斗争扩大化的错误，都产生了一定的不利影响。

第二节　新民主主义革命理论及其对马克思主义的发展

一、新民主主义革命理论的逐步形成

根据学术界的一般看法，以毛泽东为代表的中国共产党人对新民主主义革命理论的探索，始于20世纪20年代初，逐步形成于30年代末。其标志是明确了新民主主义革命的总路线。

第一，中国共产党最低纲领的提出。1921年，中共一大所制定的党纲中，虽然提出党的目标就是要领导无产阶级革命军队，推翻资产阶级政权，实行无产阶级专政，消灭资本家所有制，最终实现共产主义。这是首次提出党的最高奋斗目标和最高纲领，但当时还没有提出如何实现这一目标的最低纲领。1922年初，中国共产党派代表出席了在莫斯科召开的远东各国共产党及民族革命团体第一次代表大会，并受到了列宁的接见。在1922年7月的中共二大上，根据列宁关于民族殖民地的理论和对中国革命规律的初步概括，开始把马克思列宁主义基本原理与中国革命的具体实际结合起来，摸索中国革命的道路。大会宣言认为，中国是半殖民地半封建的社会，中国现阶段的革命是资产阶级民主主义性质的革命，因此中国革命的第一步为民主革命，革命的对象是帝国主义和封建军阀，革命的动力包括工人阶级、农民阶级、小资产阶级和民族资产阶级。基于这种分析，宣言重申了党的最高纲领，提出了最低纲领。最高纲领是：“组织无产阶级，用阶级斗争的手段，建立劳农专政的政治，铲除私有财产制度，渐次达到一个共产主义社会。”这也就是中国革命的第二步的目标和任务。最低纲领规定，党在当前的奋斗目标和任务是：“一、消除内乱，打倒

军阀，建设国内和平；二、推翻国际帝国主义的压迫，达到中华民族的完全独立；三、统一中国本部（东三省在内）为真正民主共和国。”

第二，统一战线方针的制定。1923 年 1 月，根据中国革命形势的发展，共产国际正式做出《关于中国共产党与国民党关系的决议》，指出：鉴于当前中国革命的主要任务是反帝反封建，独立的工人运动尚不太强大，中国共产党与国民党的合作是必要的，共产党员留在国民党党内是适宜的，但中国共产党必须保持自己的独立性，绝对不能与国民党合并。根据这一决议精神，1923 年 6 月的中共三大制定了实行国共合作、建立革命统一战线的方针、政策。会议指出，为反对帝国主义这一共同敌人，代表无产阶级和劳动人民利益的共产党和代表民族资产阶级和上层小资产阶级利益的国民党，都需要寻找政治上的同盟者；国民党是当时中国“唯一重大的革命集团”，在广东地区拥有根据地和武装，而且在相当程度上允许工农运动，在群众中有相当的影响；孙中山本人愿意改组国民党，吸收新鲜血液，实现国共合作。因此，同国民党实行党内合作，既是必要的，又是可能的。

第三，革命领导权问题和同盟军问题的逐步明确。随着革命形势的高涨，1926 年 1 月中国共产党召开了第四次全国代表大会。会议分析了中国社会各阶级的状况、特点，认为无产阶级是最受压迫、最有集合力和革命性的阶级，中国革命必须在无产阶级的有力参加并取得领导地位的情况下，才能取得胜利。大会根据列宁关于农民同盟军的思想，认为农民阶级是中国革命运动的重要组成部分，是工人阶级的天然同盟者；在中国的特定国情下，农民问题是中国革命的一个重要的问题，没有农民阶级的广泛参加，实现中国无产阶级的领导地位和中国革命的成功都是不可能的。这样，就明确提出了革命领导权问题和无产阶级同盟军的问题。随后，在同党内错误思想以及国民党右翼思想斗争的过程中，毛泽东从 1926 年 11 月到 12 月间先后写了《答少年中国改组委员会问》、《国民党右派分裂的原因及其对于革命前途的影响》、《国民革命与农民运动》、《中国社会各阶级的分析》等通信和文章，不仅进一步阐述了革命运动中的领导权问题和农民问题，而且初步概括了新民主主义革命的基本思想。其主要内容有：说明了分清敌友的重要性，强调分清敌友是革命的首要问题；着重分析了无产阶级的特点，明确提出这个阶级特别具有革命性，特别能战斗，是革命的主力军和领导力量；更加具体细致地分析了小资产阶级和半无产阶级各个阶层的政治态度，认为以贫农为主的半无产阶级和以中农为主的小资产阶级，是无产阶级最广大和最忠实的同盟军，这是解决无产阶级领导权的中心问题；对中国的资产阶级进行了独特的分析，把半殖民地半封建社会的资产阶级区分为买办资产阶级和民族资产阶级两个部分，买办资产阶级是极端反动派，是革命的敌人，民族资产阶级则由于自身的地位决定了它对革命具有矛盾性和两面性，从理论上解决了无产阶级领导权中最复杂的问题；指明中国革命的直接目标是建立各革命阶级联合统治的国家，这是后来总结出的人民民主专政思想的雏形。

第四，关于中国革命道路理论的提出与新民主主义革命理论的最后形成。1927 年 3 月，毛泽东发表了《湖南农民运动考察报告》，肯定了农民在中国革命中的伟大作用，初步提出建立农民武装和农民政权的问题，并提出党在农村的阶级路线应是依靠贫农，联合中农。这对于后来的土地革命，甚至是新中国成立初期的农村土改政策都有深远的影响。在国共合作破裂后的红色政权创建时期，毛泽东在 1928 年 10 月和 11 月写了《中国的红色政权为什么能够存在》、《井冈山的斗争》，1930 年 1 月写了《星星之火，可以燎原》，提出了以无产阶级领导的武装斗争为主要形式、以土地革命为基本内容、以农村革命根据地为战略阵地三者结合的革命思想，开始形成以农村为中心，农村包围城市，武装夺取政权的中国革命道路的理论。中共中央转移到陕北后，毛泽东于 1935 年瓦窑堡会议上作了《论反对日本帝国主义的策略》的报告，全面阐述了抗日民族统一战线的理论、路线和政策。从 1935 年到整个抗战时期，毛泽东又先后发表了《〈共产党人〉发刊词》、《中国革命与中国共产党》、《中国革命战争的战略问题》、《新民主主义论》和《论联合政府》，对于中国社会的性质和基本国情，对于中国革命的性质与任务、领导权，统一战线，革命斗争形式和组织形式，以及关于新民主主义革命与社会主义革命的关系、中国革命与世界革命的关系等问题，进行了系统的总结和阐述，标志着新民主主义革命理论的成熟与完成。

二、关于近现代中国社会的性质与主要矛盾的理论

（一）关于认识中国社会性质的重要意义

对于中国近现代各个主要政治势力来说，如何认识中国社会的性质问题都是至关重要的。因为从政治上看，认识社会性质问题就是评估基本国情问题，认识了基本国情，才能诊断出中国近现代一切社会政治问题、一切民族灾难的总根源，用毛泽东的话说就是抓住了中国近现代社会的主要矛盾，从而才能对症下药，采用相应的方案去挽救民族的危亡。因此，认识中国的基本国情、中国社会的基本问题，分析基本矛盾，这是近现代一切政治思潮的基本理论前提

和出发点。各种思想流派的区别和冲突，首先表现在它们各自对这些问题的基本分歧上。从新民主主义理论来说，认清这一问题是明确中国国内的基本政治关系，明确中国革命的性质与任务，确定新民主主义革命总路线和基本纲领的理论前提，是解决一切革命问题的基本根据，从而也是它和各种非马克思主义思想流派的根本分歧之一。正如毛泽东在《中国革命和中国共产党》中所说："只有认清中国社会的性质，才能认清中国革命的对象、中国革命的任务、中国革命的动力、中国革命的性质、中国革命的前途和转变。所以，认清中国社会的性质，就是说，认清中国的国情，乃是认清一切革命问题的基本的依据。"

（二）中国共产党关于中国社会性质问题的认识过程

早在中共二大会议的宣言中，就曾根据列宁的民族殖民地理论认定，现阶段中国是一个半殖民地半封建社会，从而得出中国革命的性质属于资产阶级民主革命的结论。后来毛泽东在《中国社会各阶级的分析》中则使用了"半殖民地"的提法。如在分析地主阶级和买办阶级的时候指出："在经济落后的半殖民地的中国，地主阶级和买办阶级完全是国际资产阶级的附庸，其生存和发展，是依附于帝国主义的。"毛泽东在1928年发表的《中国的红色政权为什么能够存在》中也提到，中国的红色政权是发生在"帝国主义间接统治的经济落后的半殖民地的中国"，使用的也是"半殖民地"的说法。此外，在国民党统治区的文化学术界，也于20世纪20年代末到30年代初展开了关于中国社会性质的大论战，论战中受中国共产党领导和影响的知识分子（主要以《新思潮》杂志为阵地）则坚持中国是"封建社会"的说法。可见，尽管当时大体上提出了半殖民地半封建的思想或提法，但还不够系统、明确。

关于中国社会的性质问题，直到毛泽东写了《中国革命和中国共产党》和《新民主主义论》之后，才对这个问题进行了系统、完整的阐述。在《中国革命和中国共产党》这篇文章中，毛泽东明确地指出，自鸦片战争以来，帝国主义对中国的日益严重的侵略和渗透，逐步改变了中国社会"完全的封建社会"性质："自从一八四〇年的鸦片战争以后，中国一步一步地变成了一个半殖民地半封建的社会。"他还进一步指出："自从一九三一年'九一八'事变帝国主义武装侵略中国以后，中国又变成了一个殖民地、半殖民地和半封建的社会。"毛泽东还列举这一转变的具体标志，如帝国主义通过多次侵略战争，抢去和"租借"了中国的一部分领土，索取了大量的赔款；通过一系列不平等条约取得了在中国驻扎军队和领事裁判权力；控制了中国的海关和对外贸易，控制了中国的交通事业；在华经营了许多轻工业和重工业，压迫中国的民族工业，直接阻碍了中国生产力的发展；列强通过对华借款、在华开设银行等垄断了中国的金融和财政；在中国造成了一个买办的和商业高利贷的剥削阶级，同时又使中国的封建地主阶级变为他们统治中国的支柱；为了造成中国的军阀混乱和镇压中国人民，帝国主义列强供给中国反动政府大量军火和大批军事顾问；在中国进行各种各样的文化侵略。而自“九一八”日本大举进攻中国以后，更使中国的一大块土地沦为日本的殖民地。

（三）对殖民地、半殖民地和半封建社会特点的认识

对于这个问题，毛泽东归纳了以下几点：

第一，“封建时代的自给自足的自然经济基础是被破坏了，但是，封建剥削制度的根基——地主阶级对农民的剥削，不但依旧保持着，而且同买办资本和高利贷资本的剥削结合在一起，在中国的社会经济生活中，占着显然的优势。”

第二，“民族资本主义有了某些发展，并在中国政治的、文化的生活中起了颇大的作用，但是，它没有成为中国社会经济的主要形式，它的力量是很软弱的，它的大部分是对于外国帝国主义和国内封建主义都有着或多或少的联系的。”

第三，“皇帝和贵族的专制政权是被推翻了，代之而起的先是地主阶级的军阀官僚的统治，接着是地主阶级和大资产阶级联盟的专政。”

第四，“帝国主义不但操纵了中国的财政和经济的命脉，并且操纵了中国的政治和军事的力量。”

第五，“由于中国是在许多帝国主义国家的统治或半统治之下，由于中国实际上处于长期的不统一状态，又由于中国的土地广大，中国的政治、经济和文化的发展，表现出极大的不平衡。”

第六，在帝国主义和封建主义的双重压迫之下，中国人民，特别是农民日益贫困化以至大批破产，“中国人民的贫困和不自由的程度，是世界所少见的”。

总之，中国的殖民地、半殖民地和半封建社会的性质和特点，“是外国帝国主义和国内封建主义相结合的产物”。

在《新民主主义论》中，毛泽东指出：由于外国资本主义侵略中国，“中国已经逐渐地变成了殖民地、半殖民地、半封建的社会。……现在的中国，在日本占领区，是殖民地社会；在国民党统治区，基本上也还是一个半殖民地社

会；而不论在日本占领区和国民党统治区，都是封建、半封建制度占优势的社会。这就是现时中国社会的性质，这就是现时中国的国情”。

（四）对中国社会的主要矛盾的认识

由于中国社会这种“殖民地、半殖民地和半封建”的性质是外国帝国主义和国内封建主义相结合的产物，因而帝国主义和国内封建势力就成了阻碍中国社会向前发展的主要力量，从而也是中国一切社会政治问题的总根源和主要的矛盾，所以毛泽东指出：“帝国主义和中华民族的矛盾，封建主义和人民大众的矛盾，这些就是近代中国社会的主要的矛盾。……而帝国主义和中华民族的矛盾，乃是各种矛盾中的最主要的矛盾。这些矛盾的斗争及其尖锐化，就不能不造成日益发展的革命运动。伟大的近代和现代的中国革命，是在这些基本矛盾的基础之上发生和发展起来的。”①

上述对社会性质的分析与认定，对于建立新民主主义革命的理论，对于说明中国共产党领导的革命运动的历史必然性，是十分必要的。不承认中国是半殖民地和半封建社会，就无从谈起中国社会的主要矛盾和民族灾难的总根源，无从谈起中国存在着依附于帝国主义的资本主义和封建主义，也就无从谈起有无产阶级领导下的、以工农联盟为基础的、同时又是资产阶级性质的新民主主义革命。

三、关于中国革命的性质与道路的理论

（一）中国革命的基本任务

中国革命的性质问题，是由中国革命的任务、对象、动力和领导权等因素直接决定的。为了明确这一问题，就必须首先明确革命的任务、对象、动力和领导权等问题。

既然中国社会是半殖民地、半封建社会，既然帝国主义和国内的封建势力是压在人民大众头上的“大山”，是主要的敌人，是阻碍中国进步与发展的主要障碍，那么中国革命的基本任务当然就是反帝、反封建，就是以“愚公移山”的精神挖掉压在人民头上的两座或三座“大山”。那么，究竟哪些人是“三座大山”、是主要敌人？哪些人是革命的动力？哪个阶级是革命的领导阶

① 毛泽东：《中国革命和中国共产党》，《毛泽东选集》第2卷，人民出版社1991年版，第631页。

级呢？

从外部来看，帝国主义作为中国革命的主要对象之一，这是非常明确的。从中国社会内部来看，就存在一个如何区分敌、我与盟友的问题。

在以毛泽东为代表的中国共产党人看来，中国社会性质的转变，亦即中国社会的殖民地、半殖民地和半封建化对中国社会阶级结构发生了重大影响。除了传统的或“完全的封建社会”中地主阶级、农民阶级这两大基本阶级构成之外，还产生了新的资产阶级和无产阶级这两个“历史上没有过的阶级”，从而形成了新的阶级结构和政治关系。

地主阶级是指占有土地、自己不劳动或只有附带劳动而靠剥削农民为主的阶级。地主阶级是帝国主义统治中国的主要社会基础，是在经济、政治、文化上阻碍中国社会进步的反动阶级。资产阶级又分为两大部分，其中的买办阶级或大资产阶级是由大地主、大官僚和大买办、大商人转化而来，他们也和地主阶级一样，依靠帝国主义对中国的侵略，拥有雄厚的经济实力和政治特权，直接为帝国主义服务，因此买办阶级和地主阶级都是“代表中国最落后的和最反动的生产关系，阻碍中国生产力的发展。他们和中国革命的目的完全不相容”①，他们是中国革命的主要敌人和对象。

工业无产阶级虽然只有二百多万，但他们除了一般无产阶级的基本优点（如与最先进的生产形式相联系，富于组织纪律性，没有私人占有的生产资料）之外，还有许多独特的优点，如身受帝国主义、封建主义、资产阶级的三重压迫，最具有革命性；自从登上历史舞台以后，就在中国共产党的领导下，成为最具有革命觉悟的阶级；他们大多是破产农民出身，与农民阶级有着天然的联系，便于和农民结成亲密的联盟等，因此他们是中国革命的主导力量和最基本的动力。但是，在坚持和理解工人阶级领导权的问题上应当注意以下方面：

第一，工人阶级的领导权不是天然形成的，必须经过争取、斗争才能得到，同时还要坚持与不断地巩固；

第二，工人阶级必须通过本阶级的政党——中国共产党实现其领导权；

第三，在一个农民占绝大多数的国家，如何保持党的无产阶级性质，是一个非常重要的问题，因此党必须注意加强自身建设，用无产阶级思想武装自己。

---

① 毛泽东：《中国社会各阶级的分析》，《毛泽东选集》第1卷，人民出版社1991年版，第3页。

农民阶级是人数最多的阶级，农民阶级的主体是中农和贫农。中农一般不剥削别人，在经济上能够自给自足，受帝国主义、地主阶级和大资产阶级的剥削，他们不但能够参加反帝反封建的革命，并且能够接受社会主义，因此整个中农阶层都可以成为无产阶级的可靠的同盟者，是革命动力的重要的一部分。贫农是没有土地或土地不足的广大农民群众，是农村中的半无产阶级，是中国革命的最重要的动力，是无产阶级天然的和最可靠的同盟者，是中国革命队伍的主力军。

包括广大知识分子、小商人、手工业者和自由职业者在内的社会群体，毛泽东称之为“小资产阶级”，他们和农民阶级中中农的地位有某些相似，都受帝国主义、封建主义和大资产阶级的压迫，日益走向破产和没落的境地，因此，他们也是革命的动力之一，是无产阶级可靠的同盟者。他们也只能在无产阶级的领导下，才能得到解放。

资产阶级中的民族资产阶级（中产阶级），一方面由于经济实力薄弱，在金融、原料、关税、运输等方面受帝国主义及其买办阶级的排挤、扼制，这就决定了他们必然具有反帝反封建的革命要求，从这方面说他们是革命的力量之一。但是由于他们在经济上和政治上的软弱性，以及他们和帝国主义、封建主义并未完全断绝经济上的联系，所以他们又没有彻底的反帝反封建的勇气，当革命发展到危及其利益和地位时，他们又怀疑革命，因此，民族资产阶级是一个具有两重性的阶级。这决定了他们能够在一定时期和一定程度上参加革命，成为革命的力量；而在另一时期，就有跟在买办大资产阶级的后面，成为反革命助手的危险。

总之，在中国社会各个阶级中，工人阶级是革命的领导力量，农民阶级是工人阶级坚固的同盟军，城市小资产阶级也是可靠的同盟军，民族资产阶级则是在一定时期和一定程度上的同盟军，地主买办阶级是革命的对象。

（二）关于中国革命性质的理论

既然中国革命的任务是反帝反封建，中国革命的动力基本是工人、农民、城市小资产阶级，有时还有民族资产阶级参加，那么革命的锋芒就不是向着一般的资本主义私有财产，所以现阶段革命的性质不是无产阶级社会主义的，而是新式的特殊的资产阶级民主主义的革命，即新民主主义性质的革命。这是因为：

第一，它和旧式的欧美资产阶级革命不同，它是无产阶级领导的、人民大众的、反帝反封建反对官僚资本的革命，其中无产阶级掌握领导权，这是区别于资产阶级革命的根本标志，从而决定着革命的性质和命运，同时领导权问题也是新民主主义革命理论的灵魂，正因为这一点，它不造成资产阶级专政，而是中国革命的组成部分，它将为社会主义发展扫清道路，是社会主义革命的必要准备，因此不同于欧美式的资产阶级革命。

第二，它也不同于苏联的社会主义革命，因为它只推翻帝国主义和国内反动阶级的统治，不破坏尚能参加这场反帝反封建革命的一般资本主义成分，在一定条件下资产阶级还可以成为革命的力量，参加革命的统一战线。

第三，从国际上说，在第一次世界大战和俄国十月革命之前，中国的资产阶级民主主义革命属于旧的世界资产阶级民主主义革命的组成部分；在此之后，由于中国的资产阶级民主主义革命是彻底反对帝国主义的，因此它不为帝国主义所容许，却为社会主义所容许，得到社会主义国家和国际无产阶级的援助，从而变为世界无产阶级社会主义革命的一个组成部分，是世界无产阶级社会主义革命战线的同盟军。

（三）中国革命的道路、主要斗争形式及策略原则

1. 关于中国革命的道路、斗争形式和组织形式问题。

新民主主义革命理论认为，中国是一个半殖民地、半封建的国家，中国革命所面临的阻力和敌人“异常强大”，又没有像独立的资产阶级民主国家那样的民主形式可以利用，工农大众没有可以进行议会斗争的舞台，没有合法斗争和政治上自由的权利，反动阶级总是利用手中的暴力机器对人民实行独裁统治，“异常残酷”地镇压革命的力量，所以中国革命的主要方法和主要形式不可能是和平式的，而必须是在中国共产党领导下的武装斗争；而中国又是一个半殖民地、半封建的农业大国，农民阶级占中国人口的绝大多数，是革命军队的主要来源和无产阶级最可靠的同盟军，所以中国的武装斗争也不可能是在城市组织武装暴动、起义以及采取暗杀、爆炸等恐怖活动，而必须是深入广大的农村，发动农民参加革命，以农民为主体组织起革命的军队，以农民为主体进行武装斗争。就是说，中国革命的斗争形式是战争或武装斗争，主要组织形式是军队；武装斗争的实质是建立以农民为主体的人民军队，进行以农民为主体的人民战争。

这种武装斗争的形式和实质，也就意味着中国革命的道路是以农村为中心开展土地革命和武装斗争，走农村包围城市、武装夺取政权的道路。在中国革命之前，工人革命的先例都是以城市为中心走向夺取全国政权的，如巴黎公社和俄国的十月革命。中国共产党成立后，也是按照苏联的经验，积极促成第一

次国共合作，以广州为中心开展北伐战争。在1927年共产党遭到镇压之后，仍然是以城市为中心，通过发动南昌起义开始其武装斗争的；接着发生的广州起义也是基于同样的思路，但是这些在城市举行的武装暴动都未能扭转革命形势的恶化与低潮。而毛泽东率领秋收起义的部队，在井冈山地区建立了革命根据地，开始了对革命新道路的探索。通过总结革命失败的教训和井冈山斗争的实践经验，使以毛泽东为代表的中国共产党人日益加深了对中国国情和中国革命规律的认识。毛泽东看到，中国是一个农民多而工人少的半殖民地半封建国家，政治上没有资产阶级民主所提供的合法的斗争舞台，加上城市与广大的农村在经济、政治上发展得极为不平衡，广大的农村基本上属于自给自足的自然经济，一方面在经济上远远地落后于城市；另一方面又使农村具有相对的独立性。这就决定了：第一，反动派在城市的统治力量相对集中和强大，而工人阶级人数不多，因此不能靠在城市发动工人罢工、起义或者通过攻打中心城市来夺取政权。第二，反动派在农村的统治力量相对薄弱，农村与城市发展的不平衡，以及中国的大多数人口集中在乡村，因此有利于开展武装割据斗争。第三，各个帝国主义列强操纵、支持下的军阀混战，反革命营垒内部的不统一和充满各种矛盾，也使红色政权的长期存在成为可能。第四，农民是武装斗争的主体，土地革命是现阶段中国革命的主要经济内容。通过在农村实行打土豪、分田地的土地革命，就能发动广大农民积极参加革命，所以土地革命既是新民主主义革命的目的，又是革命的策略原则，是奠定农村革命根据地经济基础的根本途径。正是基于这样的认识，毛泽东提出了以农村包围城市、最后夺取全国政权革命路线。这条路线的基本内容就是：在中国共产党的领导下，以武装斗争为主要形式，在农村开展游击战争，建立革命根据地，实行土地革命，使革命力量波浪式地长期地发展壮大，由农村包围城市，最后夺取城市。

2. 关于中国革命的策略原则问题。

从以上对于中国革命的对象、任务和动力的分析思路出发，必然引导出革命的统一战线问题。由于中国社会的性质、中国革命的性质和任务所决定，必然要求建立无产阶级领导的、以劳动人民为主体的广泛的革命统一战线。具体来说，由于工人阶级人数太少，力量不大，而农民阶级和城市小资产阶级却占人口的绝大多数，他们受帝国主义和封建主义的压迫剥削，具有革命的要求，他们是革命的广大的同盟军，只有在他们广泛积极的参与下，无产阶级的领导权才有可能实现，革命才可能取得成功。因此，建立劳动人民为主体的统一战线，既是必要的，又是可能的。但在实现统一战线的过程中，必须牢牢坚持党的领导权。这是中国统一战线的最根本特点。舍此，就会改变新民主主义革命的性质，就不能实现革命的任务，不能发挥统一战线对革命的作用。统一战线的基础是工农联盟，包括工人阶级、农民阶级、城市小资产阶级和其他劳动人民。除了工农联盟之外，统一战线还包括全体劳动人民同一切可以合作的非劳动者的联盟，其中民族资产阶级是可以团结争取的力量，同时对他们又要坚持斗争中的团结，团结中的斗争。大资产阶级永远是革命的对象，但在民族矛盾尖锐等情况下，为打击主要敌人和解决主要矛盾，也可以与其建立民族统一战线。

四、新民主主义的国家思想

通过无产阶级领导的反帝反封建的革命，究竟要建立一个什么样的国家？这是新民主主义理论中一个必不可少的内容。关于这个问题，中国共产党人根据不同时期的斗争形势和主要矛盾的转变，提出了不同的口号，最后系统地提出了人民民主专政的思想。

在中共二大的宣言中，提出中国革命分为两步走：第一步就是推翻帝国主义和封建军阀压迫，建立“真正的民主共和国”；第二步是建立社会主义社会。后来又随着国共合作的破裂，提出建立工农苏维埃政权，即工农民主共和国或无产阶级领导下的工农民权独裁性质的政权。“九一八”事变后，又根据国内主要矛盾的变化提出了建设“人民共和国”的口号。它虽然还是无产阶级领导的、以工农联盟为基础的，但是在政权参与力量方面有所扩大，除了工、农、城市小资产阶级外，还包括一切其他阶级中愿意参加民族革命的分子。瓦窑堡会议后，又根据形势的发展，为争取蒋介石抗日，改为“民主共和国”的提法。直到毛泽东发表《新民主主义论》，又在提出国体和政体概念的基础上，从理论上系统地阐述了各个革命阶级联合专政的思想。他指出：所谓国体，就是“社会各阶级在国家的地位”。在新民主主义革命的现阶段，中国的国体既不应该是大地主、大资产阶级专政，也不应该是无产阶级专政，而只能建立由无产阶级领导下的、几个革命阶级联合专政的国家。所谓政体，是指“政权的构成形式问题，指的是一定的社会阶级取何种形式去组织那反对敌人保护自己的政权机关”。在中国现阶段，可以在各级政权机构采取人民代表大会制度，由各级人民代表大会选举产生政府，并采取不分男女、信仰、财产、教育等差别的真正普遍平等的选举制度。这种制度也就是民主集中制。在中国共产党即将取得全国政权的 1949 年 6 月间，毛泽东又发表《论人民民主专政》，提出要建立无产阶级领导的（经过共产党）、以工农联盟为基础的人民民主专政国家，认为“对人民内部的民主方面和对反动派的专政方面，相互结合起来，就是人民民主专政”。所谓的“人民”，是指工人阶级、农民阶级、城市小资产阶级和民族资产阶级；而专政的对象则是帝国主义走狗即地主阶级和官僚资产阶级以及代表这些阶级的国民党反动派及其帮凶；而且由于帝国主义和国内反动派、国内阶级的存在，人民民主专政的国家机器必须强化，不能削弱。

五、新民主主义理论对马克思主义的发展

首先，从思想方法上看，新民主主义理论的提出，是坚持实事求是的思想路线的产物，是以毛泽东为代表的共产党人在马克思主义基本原理指导下积极探索中国革命的独特道路、坚持思想解放的产物。因为在中国这样一个拥有几亿人口、同时具有悠久封建历史传统的落后国家实行无产阶级领导的新民主主义革命，最终走向社会主义道路，不仅在中国历史上没有先例，在世界历史上也没有先例，在马克思主义著作里也没有现成的答案。如果亦步亦趋地从本本出发，把马克思主义教条化，要么就会取消革命，要么就像前几次所犯的“左”倾错误那样，不顾中国的实际情况，生搬硬套苏联的经验，搞“城市中心”暴动，就会使革命遭到严重挫折。而毛泽东则把马克思主义的基本原理与中国的实际情况相结合，既坚持原则，又坚持实事求是、具体问题具体分析的态度，创立了适合中国国情的革命理论，最终引导革命走向胜利。不仅在如何对待马克思主义方面，而且在如何对待一切外来文化方面，这种做法都对后人具有很大的启示。

其次，新民主主义理论也是对马克思主义理论的重大丰富与发展。马克思、恩格斯在世的时候，曾经根据当时的情况预言，社会主义革命不可能单独在一个资本主义国家取得胜利。他们当时也不可能预见到，在中国这样一个半殖民地半封建国家无产阶级如何取得革命胜利的问题。列宁虽然提出殖民地半殖民地国家的民族解放运动属于世界无产阶级革命的一个组成部分，但也没有回答这些国家通过什么样的具体道路取得革命的胜利，以及革命胜利后应当具体建立什么样的国家的问题。以毛泽东为首的领导集体则成功地解决了这一问题，找到了一条在中国这样一个半殖民地半封建的农业大国取得新式革命，即新民主主义革命胜利的独特道路，这对马克思主义是一个重大贡献和发展。

☞思考题：

1. 试分析：关于中国社会性质问题的认识在新民主主义革命理论中的重要地位。

2. 新民主主义革命理论对马克思主义有哪些新发展？

主要参考书目

萧公权著:《中国政治思想史》,辽宁教育出版社 1998 年版。

李华兴著:《中国近代思想史》,浙江人民出版社 1987 年版。

高军等编:《中国现代政治思想史资料选辑》,四川人民出版社 1983 年版。

陈旭麓主编:《五四以来政派及其思想》,上海人民出版社 1988 年版。

朱义禄、张劲著:《中国近现代政治思想研究》,上海社会科学院出版社 1998 年版。

李泽厚著:《中国近代思想史论》,安徽文艺出版社 1994 年版。

李泽厚著:《中国现代思想史论》,安徽文艺出版社 1994 年版。

熊月之著:《中国近代民主思想史》,上海社会科学院出版社 2002 年版。

袁伟时著:《中国现代思想散论》,广州教育出版社 1998 年版。